湛庐 CHEERS

与最聪明的人共同进化

HERE COMES EVERYBODY

THE FOUR-DIMENSIONAL HUMAN

[英] 劳伦斯 · 斯科特 著
（Laurence Scott）
祝锦杰 译

四维人类

浙江教育出版社 · 杭州

前言

特立独行的四维人类

我很高兴能有幸参观那座“山寨”的城堡，毕竟作为观光客来说，我也算不上有多“真”。我还记得和朋友一起坐在阳台上的情景，就在葡萄牙的辛特拉。那是 2008 年的春天，不是旅游旺季，所以想必在深一些的山谷里应该还有不少沙发客的床位。那时距离爱彼迎（Airbnb）的创立还有几个月的时间，我们当时刚从雷加莱拉宫（Quinta da Regaleira）回来，说它“山寨”是因为这座富丽堂皇的宫殿并非皇亲国戚的房产，而是 20 世纪初一位咖啡及珠宝商人的宅邸，可谓气势不凡。虽然我很喜欢在城堡地道里摸索，但是能回到干净舒适的阳台上写写明信片，谁又会不乐意呢?

明信片是给房子的主人的，他是我的一个熟人，在不久前同意把这所空置的房子借给我落脚。但他并不知道我这么快就前去赴约了，因为当时他已经动身前往国外，没有看到我发送的邮件。那是一所建在高地上的独栋别墅，富有哥特气质逼人的乔治亚风。房子里有一盏坏掉的吊灯，从餐厅透过装着栅栏的窗户向外望，可以看到一处静僻的花园，除此之外，房子里所有的房间都可以随意进出，唯独二楼有一扇门上了锁。

我试过转动门把手，但是它纹丝不动。我很好奇在那间平时没有访客也要上锁的房间里到底藏着些什么。房子里还有一些地方仿佛时刻在控诉我作为闯入者的行径：餐桌上放着一个碗和一把勺子，上面沾着风干的酸奶，有时则是冰激凌；浴缸旁边的地板上丢着一本杂志，摊开的那一页是一篇题为《最可爱的门》的文章。在那里过的几晚，我不止一次梦见了房子的主人带着无名而不容争辩的怒火突然破门而入，要把我们这两个不速之客撵出去。

尽管如此，我仍然非常感激他。写完那张明信片，我把它放在了一边。与我同行的是我的一个朋友，相当不错的旅伴，她放下手里的书，我们两个开始闲聊起来。我与她有一搭没一搭地说着话，心里却止不住地想着桌上的明信片，它让我隐隐有一种说不出的感受，一种急不可待的焦虑。明明是阳光明媚的大好日子，坐在舒适的别墅阳台上，脚下是绿荫葱葱的山谷，但我的内心涌起一种缺憾感，就像生活里有什么东西被咬掉了一块。对于那个把这栋房子借给我的熟人——屋子里有一盏吊灯是坏的，在受人好意而诚惶诚恐的同时，我又感到某种不耐烦，两者纠缠交错，最终化为内心的自责。我把明信片有字的那一面朝上摆着，等着墨迹在太阳底下干透。它让我心烦意乱，没法把精神集中在与同伴聊天和开玩笑上，在猝不及防间，我的脑海里响起了一个声音，它说道："为什么他还不回复我的感谢？"

现在回想起来，正是在那个鬼迷心窍的瞬间，过去悄悄盘踞和萦绕在我生活中的变化发生了集中的觉醒和爆发，在写下那张明信片的大约 10 年前，我第一次用自己的名字注册了所谓的"电子邮箱"，当时的我还想象了一下在"互联网"

上用这种奇怪的玩意儿大声广播自己名字的感受。而在我写明信片的那一天，每个人口袋或背包里有一台“嗡嗡”震动的手机已经不算什么新鲜事了，那时候的我们经常在拿着黄油刀的时候，脑子里想的却是谁拨来的电话在让放在大腿上的手机嗡嗡作响。

我无意之间把对数字通信技术的时效要求放在了一种更古老的交流方式上。那张明信片成了一种里程碑式的象征，它代表了我的自我觉醒，对自己经历的变化的清楚认知。我的世界观受到了某种重新编程，我开始执迷不悟地坚信别人总是会理所当然地马上回应我发出的信息，而对事与愿违的情况视若无睹。数字技术一直在重塑我看待事物的方式，我的直觉和天性，给我额外添加各种感知方式的注脚。那天，我眼睛的余光一直落在那张明信片上，我从那种明显的不自在里感受到了某个时代的来临。

大约一个世纪之前，就在维多利亚女王传位于英王爱德华七世前后，“第四维”成了一个家喻户晓的概念。它在许多领域都成了受人追捧的新潮流：以太、无意识、时间的流逝，乃至时间本身。不过它最为人所熟知的当属作为一个空间概念，人们相信有四维空间的存在，但是只有找到正确的途径和方式才能到达。几乎每个人都对四维空间怀有向往，它是能够激发数学家、物理学家、化学家、心理学家、哲学家，以及通神论者、通灵术士、雕刻家、画家和作家创造力的神奇领域。

这一时期的虚构文学不乏对其他维度空间的狂野幻想，它们描绘的世界往往神秘莫测，又或者在空间上极度不稳定，比如不是随时都能打开的屋子大门，或者它每次开启都会通向不同的地方。在约瑟夫·康拉德（Joseph Conrad）和福特·马多克斯·福特（Ford Madox Ford）联合创作的小说《继承人》（*The Inheritors*）中，一个叫格兰杰的男人碰上了一名来自四维世界的访客。小说中的故事发生在坎特伯雷，在那里，高维人类向格兰杰展示了穿越“古老空间大门”时的景象。他们站在空中俯视着整个哥特式的城镇，随着天外来客突然发出一阵怪声，脚下的风景立刻开始变化：“有一种更大、更广的东西出现了——比天主教堂还大，比天主教堂象征的神明们还大。笔直的高塔被扭曲成了直角。那东西出现了，不是天花板，不是烽烟，也不是小山，而是一片无边无垠的空间，难以捉摸、虚实难辨。”

距离“第四维”概念流行的全盛时期已经过去了 100 多年，如今我们却发现“四维空间”是对当下人类生活最贴切的描述。20 世纪 90 年代，早期的互联网开始出现，当时现实世界和“那个世界”泾渭分明。当时互联网还有很多不同的叫法。世界上第一台民用调制解调器承担的是要打破两个世界之间坚实隔阂的重任，它犹如一把在层岩顽石间高速旋转的钻头。而我们则学会了坐在这些调制解调器旁边，长袖 T 恤外又穿着短袖 T 恤，无精打采地打着哈欠，偶尔抬头环顾一下四周或者点点手里的鼠标，我们看起来似乎波澜不惊，而实际上却一直在为不期而至的信息保持着高度紧张的状态。

调制解调器尽职尽责的工作似乎能让我们足不出户就去往任何地方，我们相信那就是生活空间的新维度。情绪和喜好开始牵着我们的鼻子走，各色网站千篇一律地按照降序排布内容，而排在头几条的似乎总是让人将信将疑的假新闻或者夺人眼球的“黄色新闻”。不久，人们有了手机——旧世界的终极王牌。数字世界的高楼从平地拔起，再也不是那个局限在阴湿地下的狭窄隧道，这一切发生的时候，皮特·桑普拉斯（Pete Sampras）在澳大利亚网球公开赛的命运仍然扑朔迷离。

调制解调器给了人们一种旅行的感觉。只要通过特定的设备和方式，我们就可以体验到进入另一个世界的感受。在 20 世纪末，数字技术把我们带入了前人梦寐以求的四维世界。不过上面提到的《继承者》里的那个情节恰恰说明，四维世界并不是现实世界的简单延续。高塔折成直角，空间要被扭曲。四维空间不在三维世界里难以到达的某处，也并非藏在什么鲜为人知的地方，它是对原有维度的扭曲。这就是数字世界，它已经脱离了常识中进入和离开的空间范畴，我们只能通过电话线到达那里。

原来的世界本质上已经增加到了第四维，我们生活中的每一刻，生活中的每一件事物，都多出了这个额外的维度。就像在几何学中，平面的正方形可以在三维空间里延展为立方体，我们的日常就像一张密集的网络，每个部分都可以在空间中扭曲成直角，以此延伸到第四维的空间尺度中。我们生活中的经历正在越来越多地被数字技术记录下来。窗外的风景、和朋友的视频通话、突发的奇想、偶尔的闲暇时光或者出离愤怒都有可能，甚至是正在争相成为第四维的存在。

社交媒体就是一个很好的例子，它通过让我们的日常生活片段同时出现在几个不同的地方的方式而将它们四维化。网络时代有一种司空见惯的情况：一顿味美的大餐同时出现在了我们的餐桌、口袋里的手机和海外同事的桌子上，可谓一顿既能满足口腹之欲又能满足虚荣心的饭。“分身术”是四维空间的特征之一，你的生活既发生在当下，同时也发生在别处某些人的脑子里。在数字技术和第四维盛行的今天，一件事如果单单发生在三维世界，未免显得有些扁平和苍白。

用几何学的话来说，“扁平”形容的其实正是原先“立体”的三维世界。如今，我们会觉得不更新状态、不玩社交应用的生活就像一个“扁平无趣”的立方体。顾名思义，那样的生活如同被四面高墙包围，除非墙上有扭曲空间留下的看不见的通道，能够让立方体里发生的事情神不知鬼不觉地泄露出去。而现在，几乎每个人都能轻易找到这种通道，把私人生活泄露给四维空间在如今这个时代可是一个规模惊人的产业。

数字技术对传统空间观念的颠覆不可避免地影响着我们对于隐私空间的理解。“墙壁”不再像从前那么密不透风，第四维的“家”需要一些与数字时代相契合的“新土地政策”。我们越来越多地把网络“生活”挂在嘴边，因为人们在互联网上创建了许许多多的虚拟社区和团体，不仅是虚拟的，就连现实当中的房子也在发生数字化。关于四维房子的长相，我们可以从曾经风靡一时的《宋飞正传》(*Seinfeld*)里窥见一点端倪。

1998年，在《宋飞正传》最后一季的某一集里，克雷默和纽曼这对时常脱线、不靠谱的哥们儿决定把公寓门的猫眼拆下来反装回去，如此一来便能“防止贼人的偷袭”。他们的考虑是，回家进门前可以从反装的猫眼里看看屋里有没有人守株待兔，企图用“装满硬币的袜子给我们头上来一下”。宋飞对这个主意嗤之以鼻，他说：“如此一来，谁都能从门外瞧见你们”，而克雷默得意洋洋地回答说：“我们对自己的肉体有的是自信。如果有人想要一饱眼福，好嘛，来看个痛快！”

如今在我看来，这一集里最让人瞠目结舌的并不是这对哥们儿的馊主意，反倒是宋飞一本正经的反驳。当时的宋飞肯定想不到，把自己的房间内部泄露个底掉，在眼下已经不算什么大不了的事了。在他眼里，围墙和窗户这两样一个代表阻挡，一个代表有限的透露，这两个古老的发明向来代表着我们在公开和隐私之间的权衡取舍，这是典型的三维世界观。那个反装的猫眼就像是对即将到来的数字技术革命的预言，只是这个预言有一个让人不安的地方，那就是猫眼不是我们主动装反的，许多人压根没有意识到自己的家对外人来说已经一览无余了。

此外，还有一种更有趣的情况，就是主动请缨的人，他们迫不及待地把各式各样的窥视孔装到了自己的房子里。比如，某个昏昏欲睡的深夜，我们经常发现形单影只、百无聊赖的自己，在社交媒体上刷着刷着就让自己置身于某个满是陌生人的派对上，你甚至搞不清自己是怎么进到那间欢腾热闹的房子里的。很多人会反驳说，社交媒体不过是精心排布的舞台剧，它的本意就是为了和陌生人一起分享，剧院和隐私不能混为一谈。即便如此，在社交媒体上展示的尺度也不容易拿捏，“常在河边走，哪能不湿鞋”。这就是我们的四维房子，它的窗户朝着别人的房间大开着，室内射出一道明晃晃的光线，直戳伸手不见五指的地平线。

现代西方人格中最典型的特征，是它认为人在根本上是一座孤岛，人与人之间无从亲近。这句许多人不愿意承认和接受的话让人想到很多历史上的名人和他们的身影，有些人是真实的，有些则是人们虚构的：笛卡尔孤零零地坐在火炉边，除了自己的智慧，对世上的一切都持怀疑态度；幻想家堂吉诃德，疑心重重地独守着他的风车；克莱芙王妃独自徘徊于深宫闺房和女修道院之间；鲁滨逊在无人的荒岛上孤立无援。生而为人，注定踽踽独行，虽然这话像是我们说给自己听的心灵鸡汤，不过事实与它也相差不远。但事实上，人类恰恰是一种对陪伴有无限需求的生物。我们白天聚会，晚上还要邀约，共进温馨味美的晚餐，但是不管如何努力维持与他人的联系，梦乡里的我们依旧会被抛得彼此天各一方。

在小说《双城记》里，狄更斯写道：“每个人都是他人眼中捉摸不透的秘密和传说，这真是一个值得深思的事实。”一个不知姓名的“我”在细思了周围众人的不可捉摸后感慨道：“我钟爱的这本书岂是我能轻易翻动的，我竟然还曾指望读透一个人的所有。”把人的不可亲近比作书的生涩难读，同样的比喻也曾出现在埃德加·爱伦·坡（Edgar Allan Poe）的故事《人群中的人》（*The Man of the Crowd*）中，一个无所事事的男人在伦敦的大街小巷跟踪一个陌生人。这个故事最让人惆怅的地方是它的结局，跟踪者最终幡然醒悟，觉得他永远不可能理解被自己跟踪的陌生人："跟踪别人是在白费力气，我依然对他一知半解，遑论他的处世为人。"这个男人觉得那个陌生人的内心比中世纪的教徒还要深不可测，也许正是"上帝的旨意"，才让它"不会轻易被别人看穿"。

如果现代人的孤独是一个人们老生常谈、耳熟能详的话题，那有什么必要在数字技术革命席卷的21世纪再把它拿出来说道呢？这个问题难住了我，它总是时不时地在标准的"绕轴转"中途打断我：查一遍邮箱里的未读邮件，然后在社交媒体上刷一刷别人的实时近况，看别人微笑着娓娓道来。新年将近时，Facebook上的人们在热情踊跃地对过去的12个月进行总结。"真是硕果颇丰的一年！"Facebook的官方宣传如是说，"感谢诸位在过去一年的支持"。我点开了好友圈的一篇总结，发现它对隐私风险的毫无知觉。我的这位朋友，因为这篇图片露骨、配文详尽的总结而沦为每个人都能读懂的书，一只稀罕的人形宠物或者他人眼中风景的华丽点缀。社交媒体非常推崇这种类型的"同志情谊"，它乐于怂恿我们事无巨细地展示自己的私人生活，把我们变成一本本别人手里"读得懂"的书。

与此同时，数字技术让人与人之间的通信变得前所未有地容易和顺畅，形式多样、让人不得喘息的通信交流反而成了彰显孤独的衬托，犹如希腊神话中的情节。奥德修斯被神女卡吕普索软禁多年之后，奥林匹斯诸神终于派出信使赫尔墨斯前来解围。[①] 来到卡吕普索的小岛上之后，赫尔墨斯前往一个山洞寻找奥德修斯，"那里却不见奥德修斯的踪影，因为他几年如一日地坐在沙滩上，形容枯槁，内心不住地啜泣、叹息和自怜。他在海滩上呆呆地望着远方的海浪，眼里饱含泪

① 奥德修斯是古希腊神话中的英雄，特洛伊战争木马计的功臣。卡吕普索：希腊神话中的海之女王，她将回乡途中的奥德修斯困在自己的岛上软禁37年。但是美酒美食和长生不老的许诺都没能留住归心似箭的战争英雄。赫尔墨斯是奥林匹斯十二主神之一，为众神信使。——译者注

水”。我偶尔会想起哭泣的奥德修斯，特别是在邮件或者短信迟迟不来，或者社交网站上的好友圈久久没有新鲜事的时候。我从许多日常生活的细微之处看到了奥德修斯式的欲求不满，比如，人们常会用 5 秒钟时间从口袋拿出并没有新消息的手机，然后再失望地放回去。犹如瓶中的小船模型，可以小见大。

对互联网可以使生活快乐和多姿多彩的笃信催生了人们对它的欲求不满和自身的孤立，而不断满足这种欲求实际上是与快乐、多彩的生活背道而驰的。无论如何，除了奥德修斯的泪水以外，同样真实的还包括向信使之神祈求已然成为我们这个时代的风尚。走路的时候时不时看两眼手机几乎成了公认的社会习俗，“心不在焉”犹如它的字面意思。我们贪恋微风拂面的感觉，大口大口地呼吸着清风送来的新鲜空气。有时候，上网的感觉犹如奥德修斯踏上回家之路，只是和他实实在在存在的房子不同，互联网的“家”只是一种抽象的概念，而这个区别非常关键。奥德修斯终能踏进自己的家门，而你肯定体会过面对空空如也的邮箱、没有邮件可读时的感受，犹如回家的大船面对空荡荡的地平线，在狂风暴雨里飘摇。

互联网的这种“船难”事故是数字技术进步带给我们日常生活的全新体验之一，它让西方文化中的典型人格变得更加复杂和难以捉摸。俗话说，“近朱者赤，近墨者黑”，要在新的潮流和变迁的席卷下保持本色并不是件容易的事。死而复生的拉撒路[①]不再是他自己。漫游仙境总会悄无声息地影响人们，让他们在不知不觉中发生改变：那种通过衣橱里的传送门出入仙境的人或是不再衰老，或是双目失明。

通往第四维空间的大门已经被我们撬开，第四维已然喷薄而出，成为我们日

①《圣经·约翰福音》中的人物，死后 4 天在耶稣的预言下复活，成为神迹。——译者注

常生活不可分割的一部分。一个身影出现在了我们的门口，在强烈诡异的光线下，我们只能看到它的剪影。“既来之，则安之”，我们感受到仿佛有一剂 Web 2.0 的激素打进了身体里。兼具事件主体和报道媒介的个人社交是一种怎样的体验？互联网中持续不断的喜怒哀乐对人类的神经系统会造成什么影响？时间如何在第四维中流逝？生活在四维世界里的大脑会做什么样的梦？拥有一副第四维的躯体可能导致怎样的悖论和讽刺？

数字时代的主要矛盾之一，是在人们欣喜于发现新维度、以前无古人之势把生活转移到第四维的同时，呼吁无视、否定、接受、尊重和贬低“现实世界消亡论”的声音却混成一片。四维世界的大门在我们面前打开还没有多久，“古老”的三维世界却已经展露出日薄西山的疲态。这场“气候变迁”引发的广泛争论，就像由光导纤维拉响的警报。互联网繁荣和实体经济衰退之间的关联已然是人尽皆知的事实。互联网最显著的特点之一，是它对享乐主义的鼓励。社交媒体怂恿我们齐心协力，建造一个日常获取欢愉的社区和联盟。个人主页上每一张上传的图片下方其实都有一行无声的配字：“快看我！”这些经过精心包装的生活片段代表着自我陶醉的虚荣，对它们的贪得无厌是前数字时代所不曾有过的。

当看到一座在傍晚夕阳中泛着金光的大楼时，比我稍微年轻一些的人会说：“我得拍一张照片发到个人主页上。”上传照片和感谢熟人的捧场成了体面的新社交方式，虽然它多少仍然只是一种争宠的新形式而已。我们分享好听的歌曲或者有趣的文章，我们探讨五花八门的话题并互相助力。但是在这些热闹景象以外的角落里，在现实生活中，我们还是那个平凡无奇、靠着互联网甘露的恩泽才能勉强过活的可怜虫。

回望 2008 年在葡萄牙别墅度过的那几周，绿树红花，空气清新，简直如同一则四维时代来临的寓言。从我的房间到办公室，每天早晨我都会经过那个上锁的房间。我工作的书房在办公室旁边，两者由一条异常狭窄的通道连接。书房内的三面墙上都装着书架，剩下的那一面留有一扇巨大的窗户，窗外恬静朴实的乡村风景美不胜收。在停笔休息的间隙，我会在这个小房间里踱步。我的确是被主人邀请的，但没有如实告知入住的消息，因此我在屋子里度过的每一秒都徘徊在擅闯民宅和天经地义之间。

我在踏入屋子后不久马上给自己约法三章，散落在桌面上的那些东西，如果不是面上的，我不会主动翻看；就算不小心瞥见表面的那些东西，一旦察觉内容属于“非礼勿视”的范畴则要立刻终止。但是完全不接触收纳妥善的东西也几乎不可能：书本里会掉出卡片，有的书里还有主人留下的注解和涂鸦。我记得他把一张婚礼请柬当成了便签，详细记录了每一次就餐的地点。甚至后来有一次，房东从国外发来电子邮件，让我帮他在书桌的抽屉里找一份文件。他告诉我说抽屉里有他的车钥匙，还有一些私人信件。他恳请我不要拆阅那些信件。我当然不会做出窥人隐私的勾当，有那么一瞬间，我的内心甚至因为自己的这种浩然正气而感到一丝温暖。

我试着不去想那个上锁的神秘房间，因为这栋房子让我不自在的事已经足够多了。在接下来的日子里，书房奇怪的布局越来越让我觉得它像一个陷阱，如果在里面工作到深夜，我经常会产生窄窄的通道有轻微脚步声的幻听。我在那里的每个早上都醒得不自在，备感压力。在那些熬夜的夜晚，那个上锁的房间会在我脑海中变得无比清晰。偶尔，我还会坐在那个由书本和台灯灯光围成的陷阱里，思考过道那头的房间里到底藏了一些什么。冥冥之中，我想到了“电子设备”，也许里面放了成堆的电脑；或者也有可能是一些健身器材，比如爬楼机、哑铃组和一面镶着镜子的墙壁，可能连主人都觉得这些东西不太得体，所以才把它们锁了起来。乐器练习房也在我设想的可能里（邻里要相互容忍才行），但是不管怎么说，我对那个房间里的东西仍旧一无所知，那是一个我认知的盲区。

突然在某一天的早上，一个想法促使书房里的我把椅子搬到了书架边，伸手去摸索书后面的墙壁。我回头转向那条平平无奇的通道，在白天看来，它是那么逼仄，位置也非常别扭。我的思绪穿过那条通道，经过办公室，最终落在了外面那扇上锁的门前。哪里有什么秘密，我被自己的愚蠢逗笑了。从头到尾，我一直都在那间“禁忌”的房间里。台面散乱的桌子、我的文稿和主人的文件、房间里的电脑和一排排书籍，甚至还有窗外的青天碧日……这些就是我一直苦苦思索的秘密。我一直在猜测的答案就是我自己。那些夜晚，我一面身在书房，一面又猜疑着书房里有什么。就在那一瞬间，所有的猜测和理论都得以自圆其说，先前的未知区域变得豁然开朗，仿佛时间给自己拍了一张自拍照。

目录

THE FOUR-DIMENSIONAL HUMAN

01

四维空间，重新定义“存在”

如今，互联网“无处不在”的特点成了所有人生活的属性之一，数字时代注定重新定义“存在”的意义，以及我们如何在现实和虚拟世界呈现自己的方式。互联网解开了物理世界的空间束缚，但在虚拟世界，物质化和实体化的趋势却愈演愈烈。公众深陷在互联网之中，恨不得将自己的身体虚拟化，进入屏幕里的世界。

无处不在，互联网的新属性

我曾经说过，在葡萄牙写明信片的时候，我第一次发现数字化已经悄然渗透到自己的生活中。我必须承认这样的说法有失妥当，在我的记忆中，这样的灵光乍现其实早就已经发生过。那是在新千禧年年初的都柏林，我和大学同学挑了一个工作日的晚上，陪着导师一同进城游玩。一帮性格迥异、精力充沛的年轻人，与他们敬仰的导师一起玩乐，那样尽欢的夜晚怎么看都不可能早早结束。或者也可以这么说，对于当时那个20出头、涉世未深的我来说，那个夜晚似乎让我体验到了人生所有可能的光鲜，浮华一梦，不忍猝醒。

从基欧酒馆出来的我们依旧觉得不够尽兴，于是决定转战马路对面另一家名为“地穴”的酒吧，我曾听闻导师经常在这家营业至深夜的酒吧里招待自己的朋友。酒吧狭窄的楼梯通向地下，服务生把我们带到了一间不大的地下室里。酒红色的墙壁上挂满了各种各样的照片，照片上方是一排排书架，摆满了书刊。在酒吧不起眼的角落里放着巨大的香槟酒杯、几盏昏暗的落地灯和几个花瓶，每个花瓶里都插满了怒放的花朵。稍显局促的内堂映照在酒吧里那面巨大的镶金镜子里。酒吧书架上躺着一本《凯尔斯书》(*Book of Kells*)[①],整个酒吧犹如一幅来自其中的精致插画。酒吧里的桌布洁白如雪，酒客们在精心布置的卡座里开怀畅饮，空气里弥漫着欢声笑语。

我们一行人把酒吧当中的两张桌子拼在一起，导师慷慨地为我们点了一瓶香槟。只要不是极度迟钝的人，都难免会在面对这样的殊荣和待遇时觉得飘飘然。作为一行人当中年龄最小的一个，我深切地感受到了处于彼时彼地的现实感。地穴酒吧以及酒吧里所有的服务生，无疑都在当下的空间中。但是眼前的现实却被一阵从腿部传来的震动打破了。我心虚地伸手摸进裤袋里，偷偷摸摸地瞄向桌底下的手机。发来信息的是一位南非晶石经理，他正在我头顶这座城市中的某处晃悠，偶然想起了我。这个经理是我到都柏林之后第一个交换号码的陌生人，我在爱尔兰展开新生活的另一个维度，轻易穿透了地穴酒吧装饰华丽的墙壁，把我从氤氲的同窗情谊中拽到都柏林夜晚的街头。服务员给我们送来了香槟，每个人的杯中都斟上了酒，但我的思绪却依旧游荡在黑暗的街头，盘算着自己的心事。

心有它所欲，眼前留不住。很难相信在那种情况下，一部手机以及手机另一端那个向我推销晶石的南非经理为什么能有如此大的吸引力，让我在千禧年初一个美好的都柏林之夜厚颜无耻地当着同学、老师的面，止不住地发短信。我没有发现慷慨请客的导师起身向我靠过来，想和我碰杯，我膝盖上不体面的小伎俩在他面前暴露无遗。等到后知后觉的我抬眼瞥见，却为时已晚，导师收回了酒杯，缓缓地坐了回去。祝酒碰杯可以说是社交场合调动气氛最有效的方式之一，也由此，很少有什么比失败的祝酒更让人难堪的了。一个同学毫不掩饰他对我沉迷手机的嘲弄之情，坐在他身旁的导师语重心长

① 中世纪爱尔兰境内福音书的手抄本，以精美华丽的美术设计和插画著称。——译者注

地说了一句："劳伦斯，别偷偷摸摸的。"就像儿时父亲严厉的说教一样，这声训斥深深扎进了我的心里，以至于那次风波之后的很长一段时间里，在与他人共处的场合被抓到发短信都会让我觉得十分不体面。

在地穴酒吧被导师指责偷偷摸摸，让我对多维生活从一开始就留下了梦魇。新千禧年的头几年，我的生活经历了巨大的变化，新旧习惯交替，新纪元的降临伴随着日常生活里纷繁复杂的琐事。时光变迁，地穴酒吧里那部在桌底下躲躲藏藏的手机和桌上百态的我们都未曾料到，当年酒桌上的尴尬会在不远的将来跨越酒吧的围墙，数字设备会登堂入室，成为社交生活再正常不过的一部分。但是在当时，我的心不在焉让周遭的人感受到了冒犯，我的貌合神离破坏了相聚的氛围。同学和老师抓到了同时"身处两地"的我，我一面端坐在盖着白布的酒桌边，一面又身处另一个维度中—— 一片可以感知却又没有实体的不毛之地。在那里，常识中用来衡量空间的广度、深度和宽度都没有了意义。

不知道你们有没有听说过电影《4 度空间大师》（*4D Man*），无论是片名为《邪恶力量》（*The Evil Force*）的英国版本，还是叫《恐怖大师》（*Master of Terror*）的美国版本，说的都是这部于 1959 年上映的科幻电影。电影的主角是一名醉心研究的科学家，他试图让自己的手能够穿越金属，最终却获得了随意穿越墙壁的异能。失了心智的科学家利用新获得的本事到处引发骚乱，但如果你觉得是能够随意进出银行金库的能力让他患上了失心疯，却也不尽然。

在电影中，穿越障碍物的本领对身体损害非常大——会加速这位科学家的衰老，最终让他的肉体不堪重负。然而，主人公悲剧的源头却不是在四维空间穿梭的能力，使其精神堕落的打击与其说来自肉体的痛苦，不如说是由于他发现心仪的姑娘爱上了自己的哥哥而由此引发的深深妒意。电影表面上讲了一个有关超级能力与堕落的道德寓言，实则不过是一出发生在二维世界里的三角恋。对于我在书里要讨论的问题来说，这部电影的主题并不重要。穿岩走壁的四维人为我们审视数字时代的自己，提供了一个非常好的类比对象。

四维人的肉体获得了在四维空间里穿行的能力，他得到的实惠不啻于开门撬锁。异化的身躯不受物理障碍的限制，如同一把血肉钥匙，能够打开任何物质。由此，四维人的身体不再受到三维世界物质存在法则的束缚。数字化给我们的生活带来的变化与四维人类似，不过幸运的是，我们的故事比一部 B 级电影[①]还要复杂精彩得多。如果用传统的眼光来看，人类在时间中的存在需要有身体作为物质基础。而在互联网世界里，身体存在的界限可以被忽略，我们能够同时出现在许多不同的地方。譬如平日里我们坐在某个人身边，却能透过屏幕向另一个不在场的人微笑，我们的思绪、形象，以及当下的所感所想都可以在某个人的口袋中化为具象。

在已经过去的 20 多年间，我们对如何界定人类的身体和是否在某处出席的标准已经发生了翻天覆地的变化。互联网带来的“无处不在”成了所有人生活的属性之一，这不可避免地对传统意义上不合群、孤僻和离群索居的定义造成了冲击。我们可以身在一处，却神游四方，完全脱离于周遭他人的存在，犹如电影里进入四维空间的四维人。不过，那个爱吃醋的疯子科学家与我们不同，他只能穿过墙壁，而我们可以同时出现在一面墙的两边。

① 指成本预算不高的电影，而不是通常所说的根据电影内容划分的影片类型。——译者注

人们已经习惯于探讨最新的数字化技术，犹如讨论赏心悦目、惊世骇俗的特技表演一般。我在最近出席的一场午餐会上和别人谈论过数字时代生活中一些怪异的现象，还没等我说完，一位穿着得体的老先生就听出了我言语中对数字化时代的隐隐质疑，他放下自己手中端着的意大利宽面试图反驳我。“不过，话又说回来，”他说，“我每周都要和我 16 个月大的孙女 FaceTime①，她吃完晚餐之后，会边跟我道别边抱抱 iPad。”显而易见，在更多人有机会奔向世界各地的今天，FaceTime 成了新的家人相聚时刻。对于这位祖父而言，能够随时随地参与到孙女的生活中，享受天伦，又何必太在乎孙女抱的是他还是 iPad 呢?

人们需要的是相聚的感受，相比之下，相聚的形式倒显得没有那么重要。这位老先生有许多与他年龄相仿的同事，他们已然接受了这种“无界家庭”带来的便利和好处。尽管如此，他们对于数字时代的拥护反而为我描述这种生活方式的怪异之处提供了素材：一个生活在康涅狄格州的孩子把怀里的 iPad 当成远在宾夕法尼亚州的爷爷。冷冰冰的机器成了我们在现实生活中身体的替代品。我很好奇当老先生和他的孙女视频聊天时，他的孙女如何能够在看见爷爷熟悉的面庞，听到熟悉的声音之后抱着爷爷的头像，同时内心不甚欢喜：她怀里抱着的不过是一块冰冷的板子而已。小孙女也许还太小，还分不清 iPad 里的影像与真人的区别，这不打紧。我想问的问题其实是：声情并茂的 iPad 算是爷爷身体的一部分吗？如果算，那么那块架在婴儿高脚椅上的长方形方块，应当算是爷爷身体的额外延伸，还是爷爷本人?

① 苹果公司开发的视频聊天软件。——译者注

在互联网的世界里，我们的身体来自何处，又终于哪里？我们一面继续着三维空间里的生活，沿着人行道穿过老旧的街区，看着身边的汽车川流不息，头顶长云当空，有时又雨后天晴，砖墙湿滑，路灯昏暗。另外一面，我们都在涉足另一块奇异的土地，一片无始无终之地。我们需要怎样的体格才能同时适应两种不同世界的生活？这两个世界的界限又在哪里？更重要的是，有谁又能说明白人在数字世界穿行时究竟是何感受？

我回忆自己小时候的生活，想要从中找出一些能够用于比拟数字世界里空间特征的物象，挠痒痒先生[①]立刻就跳了出来。我非常害怕看挠痒痒先生，尤其有一幕，挠痒痒先生浅棕色的手臂松垮垮地从一扇开着的窗户里伸进来，着实把我吓得不轻。“没准他那长长的手臂已经搭在你房间的门把手上喽。”罗杰·哈格里维斯（Roger Hargreaves）曾经令许多小孩对夜晚的到来如临大敌。如今，各式各样的数码产品把所有人都变成了升级版的挠痒痒先生，我们挠痒的手指能够轻易穿过厚实的墙壁，仿佛每个人都成了几十年前的那个四维人。对于我们来说，墙壁似乎没有以前那么坚实了。

看不见又摸不着的 Wi-Fi 和蜂窝网络正在重新雕琢我们生活的物质世界，过去人际关系之间竖起的“柏林墙”已然千疮百孔，墙的两边到处都是地下通道。我们钻进这些地道，可以轻易到达墙后的某处。而远在天边的其他人也可以通过这些通道，立刻来到我们的面前与我们相聚。就算现代人很少能在现实生活中碰面，他们在互联网的世界里也是全副武装，并且个个箭无虚发。四维空间在你来我往的交火中杀声震天，对社交的需求化作一支支精准的箭，射向他人的裤袋、膝盖或手掌。挠痒痒先生这次不开门了，而我们都

① 罗杰·哈格里维斯《奇先生妙小姐》系列的主人公之一。——译者注

成了圣塞巴斯蒂安[①]，身上插满了来自社交生活的乱箭。

四维人令人恐惧的原因是没有东西可以束缚住他的躯体。超然的肉体自由让他不同于任何人，而在我们自己身上，同样的情形也由于互联网和四维空间的存在而日益凸显。就在不久之前，社交生活的部分定义还曾经根植于束缚之中：社交多多少少都意味着与其他人纠缠在一起。在数字时代到来之前，想要找乐子的人通常会去酒吧，因为酒吧被认为是一个相对封闭的地方，身在其中的人除了互相攀谈和互动之外，鲜有其他心思。对那些想要寻求暧昧的人来说，有着高速翻台率的酒吧是寻求新鲜感的最佳场所，他们可以主动出击，最差也可以守株待兔。那些善于在夜店猎艳的人，对那层让年轻情侣如入无人之境的力场敏感至极。只要你是一个钟情于参加各种轰趴的人，就不会讨厌看到一个人对着另一个人的耳朵大喊的场景，尤其是对方为了听清而竭力张开的下巴，这些都是临场者能够感受到的力场以及快乐的源泉。

然而，某些手机交友应用，能够随时为用户提供附近潜在的猎艳对象的名单，当然名单上的每个人也同样在关注着猎艳的人本身，从前酒吧里那种独特的气氛力场变得飘忽不定，酒吧设定的界限则荡然无存。一些酒吧已经沦落为一夜情的专属地，不再像从前那样鱼龙混杂，多姿多彩。陌生人随时可以带着毫不掩饰的意图，循着网络进入你的生活。来自两条街外某个人的短信可能像鸽子一样突然飞到你的窗前，但充满期待的关系往往稍有不慎，就会让人在结尾时落得灰头土脸。

在面对竞赛项目时，如今的人总是想尽办法利用互联网。我们超脱自身肉体束缚的能力惊人，以至《谁想成为百万富翁？》（*Who Wants to Be a*

① 古罗马禁卫军队长，在教难时期被古罗马皇帝戴克里先下令乱箭射死。——译者注

Millionaire?）[①]这档节目不得不取消电话场外求助的环节。2010 年，该节目的美国版率先移除了这个求助选项，因为多年以来，场外求助的对象与其说是参赛者的亲友，不如说就是搜索引擎。主持人梅勒迪斯·维埃拉（Meredith Vieira）对此无奈地解释说，几乎每个参赛选手所谓的求助对象其实都是“互联网先生”。英国版中这个求助方式被保留了更长一段时间。在后来的某期节目中，当一名英国参赛选手遭遇危机并提出求助场外亲友时，主持人克里斯·塔兰特（Chris Tarrant）不得不向观众证明，选手求助的对象处于绝对孤立的环境中，既不能使用智能手机，也没有互联网。换作这档节目刚出现的 20 世纪 90 年代中期，这种额外的要求和证明显得多余且怪异。那些我们足不出户就会与世界脱节的日子已经一去不复返了。如今，秀才不出门，也知天下事。

这种例子并不少见。还有一档名为《无的放矢》（*Pointless*）的智力问答节目，主持人理查德·奥斯曼（Richard Osman）总会在这档午后竞猜节目里端坐在他的假电脑后面。这个节目依靠双人主持，奥斯曼负责在问题的答案公布之后为观众提供与之相关的统计数字或趣闻逸事。我曾经有幸参加过一次《无的放矢》的现场录制。现场观众里有人问暖完场的谐星为什么要在桌上放一台假电脑。“嗯，如果没有电脑，”那个演员耸耸肩说，“谁会知道奥斯曼是谁呢？”奥斯曼也曾经表示，“假电脑让我散发出一种权威的气息”。节目录制接近尾声，我们准备离开摄影棚走入仲夏的夜晚，在经过奥斯曼空荡荡的座位和他的道具电脑时，我感到心中涌起一股悲伤的暗流。

虽然可能是我太过敏感，但暖场演员的话不禁让我回想起《绿野仙踪》（*The Wizard of Oz*）里翡翠城颁布的禁令：不要去看坐在幕布后面的骗子。在

① 一档源自英国的综艺节目。——译者注

《绿野仙踪》里，幕布掀开的时候那个内布拉斯加江湖骗子还在着急忙慌地想要掩藏自己骗人的小道具，好在观众面前继续装大尾巴狼。而《无的放矢》摄制组玩的小把戏则正好相反。它仿佛是在大吼："快看啊，我有一台电脑！"在桌子上放一台假电脑的目的是迎合观众脑海中对现代生活的预期，相较于一颗活生生、全知全能的脑子，人们更愿意相信这个时代随处可见的电脑才是解答万般疑难的正途。如果你想要显示自己的权威，就必须仰仗这种技术产品。换句话说，虽然电脑是假，但人们对互联网时代多维世界的迷信却是货真价实的。

各色视频聊天平台——其中上线最早也是最著名的应当算是 Skype，构成了互联网生活中最生动形象的部分。就像那位神魂颠倒的宾夕法尼亚老先生，成千上万的人每天都沉迷在这些软件为我们带来的欢乐中，我们欢喜地用胳肢窝夹着家里人的脑袋，把他们从外面带到家里，或者让他们围着自己的房子参观，家人在我们手机里就像婴儿一样随着我们的步子上下晃动，恍如海上行舟。Skype 是全球化势头正猛背景下，为了满足人类的社交需要而出现的一个优秀产品，但即便如此，Skype 通话开始后我们看到的第一个人也总是自己。

有多少次在我们按下通话开始之后的最初几秒里，都会忍不住谨慎地斜着看几眼摄像头里的自己？撩一撩自己散乱的头发，或者缩一缩下巴，在看见对方之前，首先要确保自己光彩照人。另外，虽然视频通话能让我们见到一张久违而熟悉的面庞，但是无法进行眼神交流却让这种会面的社交意义大打折扣。你当然可以抬起头，让通话的对象感受到你和善温暖的目光，只是那样的话你就只能和冰冷的摄像头三目相对了。

无处不在的本事可不是什么轻松的活计，互联网不仅让我们的生活不堪重负，而且一旦我们对于社交生活的期待在数字时代落空，它带来的空虚也是前所未有的。如果你平时经常用电脑，并且沉迷 Skype 为你精心设计的功能不可自拔，那么你肯定会发现，自己每天的生活会时不时被社交圈里别人晒的新状态打断。Skype 可不是什么善茬。有时候，你想要在家里安心工作，互联网却总是会不合时宜地闯进来：就像小时候妈妈教训我们的那样，现在的人总是在该睡觉的时候却不愿意关上手头正精彩的在线节目。在某些时候，接收这些短小烦琐的外来信息就像目睹夕阳西下天边渐行渐远的船帆，可远观却不可及，很容易让人心生抑郁。

而多数时候，社交圈里的人与我们徒有互动而没有对我们产生任何影响，这同样是郁闷的来源。短信或者视频聊天软件的通讯录通常采用亮起或灰暗的头像系统区分在线和离线，面对一整列可以联系的人，我们却总是感到空虚和无聊。不仅如此，只要想想我们的朋友和亲人在一块屏幕面前摆着各种姿势就多少让人觉得别扭，就像已经停播的节目《这是你的生活？》（*This Is Your Life?*）[①]里在屏幕上助阵的亲友一样。在多数情况下，世故、腼腆或者忙碌促使我们维持着互联网里虚假的亲密关系。更现实的情况是，我每天总会看到一些曾经十分亲密的朋友在社交软件里的头像亮起，这些多年没有联系的名字占据了我的工具栏里一个小小的角落，然后又在某个时候悄无声息地暗下去。每每这种时候，我都会忍不住去猜测，头像的主人现在身在何处，又在做些什么。

出生于 1936 年的小说家拜厄特（A. S. Byatt）曾经写过，虽然她无法理

① 美国一档真人秀节目，主持人会在节目中帮来宾回顾生活中经历的大小事，并播放来宾的亲友同事助阵的录像。——译者注

解街头那些沉迷手机的人，但她也不得不承认，街上的陌生人总体看起来比以前的行人要高兴得多。如果你读过尤金·麦凯布（Eugene McCabe）的短篇故事《阿那郝连安家的音乐》（*Music at Annahullion*），可能就会对Skype的成功发自内心地怀有感激之情。故事发生在爱尔兰一座偏远的农场里，在那儿苟延残踹的三个中年人是同一家的三个孩子，无穷无尽、无孔不入的寂寥压倒了二姐，她在某一天发出感慨说："真希望我们从来没有出生在这个世上。"Skype和寂寥一样让人不堪重负，虽然很多人在读完尤金的故事之后，仍旧会觉得Wi-Fi路由器才是拯救阿那郝连安农场三兄妹的利器。

很难说互联网为什么如此消耗人的精力，对于我自己而言，视频聊天的问题在于它让人无休无止不得停歇。以往在通电话的时候，虽然没人喜欢在电话里和别人陷入尴尬的沉默，但不可否认，这种情况下被电话线牵住的两人也许正好能够体验什么叫无声胜有声。电话里的沉默就像一条结实的麻绳，牢牢地把两个人绑在他们共同的世界里。诚然，通话难以为继的情况不会让人高兴，也是所有人极力避免的，只是它并不总是像表面看起来那么如洪水猛兽一般。但一旦事情发生在Skype上，情况就不同了。我总是能够感觉到在Skype上闲聊的时候陷入沉默是一项百口莫辩的罪过。沉默的心意能够顺着弯弯曲曲的电话线传达给话筒那头的人，但是不知道出于什么原因，同样的心意却很难穿透电脑的显示屏。

细想之下，也许有人会发现，相较于传统的电话，视频通话其实更像是另一种形式的会面，也因此它需要投入比打电话更多的精力。如果不是Skype，可能我们也不会发现原来交流中友好的停顿意味着与他人感受同一种气氛，共情需要的仅仅是与他人在同一个地方面对面，比如同处一室，共同看见屋内的摆设，感受到穿透窗户的温暖阳光，共同体会这些就可以为两个人的谈话平添几分别样的味道。人们无疑能够更充分地利用 Skype，而不仅是用它来聊几句天而已。Skype 的视频功能够使你在读书、做饭，抑或是收叠衣服的同时，时不时地登进系统然后对显示屏里的朋友打上几声招呼。许多人忽略的正是这种会面方式的迷惑性。与朋友的视频会面到底发生在哪里？你是否身居此间，对方又身在何方？我们是在显示屏发生的这头，还是那头？对于这种“不算是面对面”的会面方式，一直存在一个不受关注、也极少被讨论的问题：别人视频里的人真的是你吗？分身术可不是谁都会的本事。

分身有术，“这里”还是“那里”

在过去，我们把一个人可以无处不在的能力称为白日做梦。挠痒痒先生总是会出现在热闹的地方，无处不在，无乐不欢。与之不同，在现实生活中的三维世界里，一个人如果想做随叫随到的及时雨，那种马不停蹄赶场的生活除了带来无尽的孤独感之外，不会有任何社交意义。19 世纪末，正统的英语作家对描写和刻画人性的孤寂尤为热衷，他们认为孤寂是人性的基本构成之一，这种风潮一直持续到 20 世纪。在小说《淑女本色》（*The Portrait of a Lady*）里，作者亨利·詹姆斯（Henry James）最满意的一段文字描写的是一个夜晚，主人公伊莎贝尔·阿彻（Isabel Archer）独自坐在空荡荡的会客厅里，身旁只有苟延残喘的篝火，她的脑海里满是吉尔伯特·奥斯蒙德（Gilbert Osmond）和他们失败的婚姻。

在这个场景里我们能够看出什么？首先从写作技法上来说，这一段描写可谓前无古人。它的情节推动完全依靠主人公的内心思绪，而非外在事件。詹姆斯就像在拍一段野生动物纪实，他的镜头欣喜地捕捉到了一种常见但又长期游离于人们认知之外的物种：孤寂的人类。伊莎贝尔浸淫在自己的思想里，深挖自己的心绪，让刻意隐藏的不快和悲伤暴露在光天化日之下。在这段情节里，伊莎贝尔独自孤坐，只身面对自己灰暗的生活。她反复地想着丈夫，回忆他过往做事的动机以及做人的心术，这让丈夫的形象在自己的脑海里变得越来越不堪。伊莎贝尔最后得出结论："他就像一个在海滩上闲逛的胆小鬼航海家，假装期待海浪涌起，却从来没有真的想过乘风破浪。"

詹姆斯向我们描绘了如何通过思考他人的生活来反思自己。伊莎贝尔明明一直想的是自己的丈夫，却鬼使神差般地想起自己应当"坚持自我"。詹姆斯在这里把人类刻画成了平静与呼啸的结合体，尽显他的高明：虽然伊莎贝尔的身体孤单而平静地坐在会客厅里，周围只有昏暗的蜡烛相伴，但她的神智毫无疑问没有安稳地留在那个房间里。詹姆斯告诉我们："伊莎贝尔行走在所有这些卑劣可憎的猜测中，直到她完全迷失了自我……然后她终于冲出了这座迷宫，揉了揉自己的眼睛。"但伊莎贝尔的神游并没有让她超脱肉体，反而让她感受到了另一种形式的被囚禁感。伊莎贝尔明白了丈夫是如何让自己屈服于他的淫威之下的。"高墙四起，"詹姆斯写道，"她从未能够逃离，余生也将在四周围墙的囚禁下度过。这座屋子就是她黑暗的未来。"

在另一个场景里，伊莎贝尔不过是一个坐在火炉旁边的普通姑娘。但通过描绘这个静坐在偌大会客厅里的姑娘脑海中浮现的现实世界，另一个与外界人事全无关联的场景跃然纸上。他人的存在往往会打断我们深入内省的思绪，在伊莎贝尔试图进入沉思的时候，她的丈夫一直陪伴在场，这让她心绪不宁，难以集中精神。人对于同类的存在有着天生的关注，由此可见一斑。詹姆斯之后，现代主义流派的作家们前仆后继，着力在作品中刻画着两面一体的人物，他们内心自省、神秘而封闭，外在又往往圆滑世故。这种套路化的创作犹如在搭建一座夏日祭晚会上的华盖，或者电影《证人》(*Witness*)

里门诺教社区的谷仓。马塞尔·普鲁斯特（Marcel Proust）在写下下面这段话时，显然不曾想到在遥远的未来会出现像Facebook这样的东西。

> 即使从生活中最微不足道的事来看，也没有谁在所有人的眼中是一样的。人不同于账本，也不是遗嘱，“仁者见仁，智者见智”。我们的社会人格，其实诞生于别人对我们的看法。

弗吉尼亚·伍尔芙（Virginia Woolf）笔下早起去城里为筹备的派对买花的达洛维夫人，觉得自己“恍惚间，似乎在孤身一人前往无人的海边”，甚至感觉自己“同样属于这个世上素昧平生的人；而对于自己的亲人与朋友，她就像一阵弥散在他们之间的薄雾，他们将她托起，犹如树木枝头托举的雾气，她见过那样的景象。而她并没有因为有枝可栖就停滞，她的人生，她自己，都在不断探索和延伸。”

尽管对人与人之间的互联性了然于心，但是伍尔芙描写的角色却对人的边界性异常敏感。克拉丽莎·达洛维（Clarissa Dalloway）的丈夫在伍尔芙第一部小说《远航》（*The Voyage Out*）中亮相时，不禁感慨道：“我们都不过是漂泊在汪洋之上的冰山，何其孤独！”在《奥兰多》（*Orlando*）里，俄罗斯女士萨沙成了一个若即若离的角色：“无论她说什么，不管她表现得如何开放或是搔首弄姿，她总是有所隐瞒；无论她做什么，不管看起来多么果决，她都有所保留。”

萨沙的神秘感至少有一部分是出于她对自己外邦人身份的无奈，但伍尔芙试图传达的信念，似乎是我们每一人都是行走在世间的外乡人，每个人都像一座孤岛，而事实可能的确如此，悲伤而动人。达洛维往会客厅的窗外看去，透过邻居家的窗户看到隔壁老妇人在自家的一举一动，她觉得孤寂是人类“最神秘”的情感。她给这种情感取了一个名字，称它为“灵魂的隐私”，她觉得，“我在这个房间，而你在另一个房间。宗教从来没能改变这一点，爱情也没有”。

那 Skype 可以吗？ Skype 解决孤寂感的方式，是试图把一个房间塞进另一个房间里。毕竟，社交媒体有一句非常流行而响亮的口号：同处一室，你我无间。正如伍尔芙所说的，我们的生活在不断延伸。但也有人反对说，这种延伸根本无法代表我们本身，我们以及我们的生活依旧不多也不少，由我们的身体所界定。那么，这是不是说即便我们在网上收获了那么多的关注和点赞，那么多的点击和转发，那么多的顶和踩，每个人也不过还是那座漂浮在汪洋之上的冰山？

为了说明第一次世界大战给人类生活带来的革命性冲击，沃尔特·本杰明（Walter Benjamin）是这样描写的：“生活在当下的这代人，他们曾经会乘坐用马拉动的有轨电车去上学，而现在他们生活在城镇或市郊，一切发生了翻天覆地的变化，只有头顶的云朵还是当年的模样。世间硝烟弥漫，到处杀戮横行，他们能拿来与之对抗的，仅仅是自己渺小和脆弱的身躯而已。”今天发生在服务器“云”端的数字化革命，虽然与第一次世界大战一样史无前例且影响深远，但它似乎把人引向了渺小、脆弱和孤寂的反面。数字时代的孩子们热衷互相侵占他人的空间，并从中汲取生活的养分。他们以互联网世界中的纷繁社交衡量各自的能力，就像肌肉细胞用承重测试本身的韧性。

数字时代雄心勃勃的未来，注定将重新定义“存在”的意义，重新定义我们如何在现实和虚拟世界呈现自己的方式。当作家兼导演乔纳森·米勒

（Jonathan Miller）被问及他对未来社会的看法时，他稍作迟疑，反问了一个网络经济从业者一直试图解决的问题：“互联网怎么确定我的身份？”

> 我所知的有关于我身份的一切，都源于我的实体。当我的身体在这儿的时候，我就在这儿……要紧的是我在这里，而不是那里，任何与我有关的事情首先要确认我是否在场，而我是否在场则是由（我的）身体界定的。

米勒对自己的理解完全站在三维世界的视角，他对现实的理解犹如来自乘坐马拉电车的过去。而今天的我们忙于维护和应付自己在互联网世界里的新身份，正在目睹“这里”和“那里”的定义发生剧变。无处不在的生活打破了传统意义上的空间概念，不过这种瞬间移动的本领反而让人时常心生缺席的感觉。我们能够通过互联网同时参与多个社交场合，但你是否曾经怀疑过，这种所谓的社交其实并没有让你真的去到任何地方。这个时代还在摸索如何定义和处理这种新的空间关系，如何同时出现在不同的地方已经不是我们需要解决的问题了，我们真正想要的是如何能把心思放在别处的同时，让自己看起来还留在原地。

我是那种会在公共交通上偷偷观察坐在对面陌生人的老派家伙，我们来看一个我曾经偶然目睹的情景。那天在伦敦皮卡迪利铁路线上，我留意到一位母亲侧身靠向了她旁边的座位，并与她看上去刚成年的儿子小声争执着。我听到她轻声提到了“不成熟”这个词。“妈，我不想和你在列车上谈这事……你每次都这样。”然后我听到那位母亲提到了钱；她的儿子开始读自取的免费报纸，想要从铺在他膝盖上的体育版里寻找一点儿清静。面对儿子不甚热情的态度，那位母亲缩回了她的座位里。没过多久，她又笑盈盈地凑了上去：

“我们别谈刚才那事了……那太扫兴了。”她从自己包里掏出一张纸，像购物清单一样把它摊开、展平，高高举到儿子的面前，然后开始佯装朗诵纸上并没有的话。

可以看得出来，这名少年不像那种会买她母亲故意卖蠢的人情，然后一笑了之的人。他的冬帽上缝着一块小小的、红色的切·格瓦拉剪影，脖子上挂着一副在青少年中很流行的黑色蓬松双筒耳机。那位妈妈不停地大声朗读，满脸堆笑，而他的儿子盯着纸上的折痕，脸上的表情仿佛是在远远地观望一场聒噪而乏味的表演。

母亲脸上的笑容终于消失了。“不感兴趣？没关系，”她轻轻地说着，同时收了收胸前的围巾，稍微有些寒心于儿子的冷漠，“看书吧。”她叹了口气，开始用手指翻阅一沓《都市快报》，她的眼睛深陷在拱形的眉骨下，草草地扫过每一页杂志，对那些根本没看进去的内容做着夸张的反应。她身边的儿子也兴趣索然地看着自己手中的报纸。看着他们两个极力装作在看书，我都能想象到他们脑海中充斥的白噪音。

没过多久，母亲放弃了装腔作势，她把杂志丢在一边，掏出手机，开始专注地在手机上输入文字。而她的儿子依旧低头盯着膝盖上的报纸。没过多久，母亲的嘴角不自觉地流露出被手机吸引后深深的笑意。她时不时因为对手机的专注而眉飞色舞，和儿子之间的气氛也逐渐趋于缓和。她的儿子拉了拉膝盖上的牛仔裤，然后又拽了拽裤子的腰身，翻动杂志的速度也逐渐变得自然。我一开始摸不着头脑，想不明白这种突如其来的平和到底是从哪里来的，随即我就意识到，两人关系的缓和是因为母亲已经“离开”了。

如果用载人航天技术来打比方，那么智能手机就是一种非常独特的航天器，天体物理学家会告诉你，智能手机帮助注意力逃脱地心引力所需的加速度要远远小于传统的阅读。列车上的母亲自得其乐地沉浸在手头的聊天软件里，互联网无孔不入、让我们无处不在的副作用可见一斑：面对近在咫尺的同伴，我们却经常貌合神离。现代人的社交生活如同一场持续不断的拉锯战，我们习惯了在别人的视野里匆匆而来，又匆匆而去——和这个人聊上一分钟，然后马上奔赴与下一个人的谈话：“我想跟你问一下……”“稍等，我回一下这条短信……”“比尔·默里（Bill Murray）有没有演过《十一罗汉》（*Ocean's Eleven*）？我们来看看 IMDB[①] 怎么说……”你充满歉意的“稍等”一般会让别人等多久？如今，间歇性的消失已然是普通人见怪不怪的生活常态。

我们生来就不安于落地扎根，犹如亨利·詹姆斯笔下坐在壁炉旁边的伊莎贝尔，思想总是极力想要挣脱皮囊。你也许会说，意识是每个人穿越时空的通行证，但是我们通常更愿意徜徉在自己的思绪里。青少年的不安分是众所周知的，他们放飞自我最常见的法宝是兜里的便携式音乐播放器。我算不上是音乐发烧友，我的流行音乐启蒙是布兰迪（Brandy）和莫妮卡（Monica）的《我的男孩》（*The Boy is Mine*）。但回望那段青葱岁月，我能看到自己稚嫩的耳朵里塞着耳机，随着耳朵里传来的韵律节奏蹦跶在大街上，音乐每每都能把我带到另一个惟妙惟肖、无拘无束的平行宇宙里。

我会现身温布尔顿[②]，精神和肉体与玛蒂娜·纳夫拉蒂洛娃（Martina Navratilova）[③]合二为一，我们双剑合璧，在赛场上无往不利。画面一转，当熟悉的电视剧主题曲响起，我又出现在了黄金档的节目里，烟雾升腾中一张

① 著名的电影资料网站，内容涵盖电影、电视剧和电子游戏信息。——译者注
② 著名的国际网球赛场，位于伦敦附近。——译者注
③ 女子网坛传奇选手，外号“铁金刚”。——译者注

帅气的脸庞浮现在荧幕上，我的名字从底部徐徐升起。在最低调的幻想里，我会想象所有令我垂涎和仰慕的人聚集在一家夜总会里，只为一睹舞台上搔首弄姿的我。

要说至今为止最恬不知耻的白日梦，那就是我曾经幻想过如果底特律遭遇了千年不遇的天灾，作为享誉国际的当地艺术家，我的名气让我有幸与成就相当的麦当娜和艾米纳姆[①]一同受邀出席一场慈善音乐会。演出的效果无与伦比，我们的“底特律三人组”轮流用各自的风格演绎艾米纳姆的《迷失自我》(*Lose Yourself*)，兴致所致，情到深处，舞台上的我们难以自禁，相互亲吻，整场音乐会的氛围完全掌握在我的手中。不得不说，我曾经年复一年地借着白日梦的传送门逃脱现实。就连《飞越情海》(*Melrose Place*)的主题曲，当它前奏里嘈杂的电吉他响起，也偶尔会让我浮想联翩。

时光逝去，我的传送门变得越来越不可靠，而当时我还不得不为听上两首歌而徒劳地拍着那块砖头的背板。当时，恰逢年轻一代的职业网球运动员中兴起了一阵风潮，他们喜欢在赛前进场时随身佩戴自己的MP3，我看在眼里，而我的老式音乐播放器也看着我。它大概是看穿了我移情别恋又举棋不定的小心思，妒意盛极，含恨而去。维多利亚·阿扎伦卡(Victoria Azarenka)、安迪·穆雷(Andy Murray)和萨比尼·利斯基(Sabine Lisicki)的名字都在我当时的“记过名单”上。

以小见大是观察自然亘古不变的法门：稻花香里听蛙声，王谢堂前燕弃巢，丰年依旧，物是人非，今年的帝王蝶群如期而至，是铺天盖地还是可数寥寥？作为当年安大略湖地区网球巡回公开赛青年组的落选选手，身负9个

① 20世纪末白人说唱音乐的代表人物。——译者注

温布尔顿站空想冠军头衔的我，对网球单打赛场上的细微变化异乎寻常地敏感，单打赛场是典型的个人荣誉修罗场，置身于封闭的竞技环境考验着选手的自处能力。在我眼中，网球选手自处方式的变迁紧跟互联网的发展，彰显着社交生活中对“在场”和“缺席”的意义理解。

网球比赛历来非常考验选手的自处能力，比赛中的运动员必须身在赛场，心无旁骛。作为最个人化的竞技体育赛场之一，网球比赛的舞台上要求参加演出的每个演员都必须全情投入，孤军奋战。竞技场上的孤军奋战是一个看似自相矛盾的现象，犹如歌剧中的演员必须目无观众一样。昔日比赛中，任何不和谐的介入都逃不过选手和观众雪亮的眼睛。1999 年法国网球公开赛决赛阶段，玛蒂娜·辛吉斯（Martina Hingis）越过球网到施特菲·格拉芙（Steffi Graf）一侧的场地质疑球的落点，全场观众对辛吉斯标志性的目中无人报以了激烈的嘘声，裁判裁定格拉芙获得额外的一分，以示对辛吉斯的处罚。

在辛吉斯越线事件的 10 年前，也是在法网上，莫妮卡·塞勒斯（Monica Seles）在比赛开球之前向对手吉娜·加里森（Zina Garrison）赠送了一束鲜花。欧洲体育频道解说这场比赛的两位评论员当即认为，加里森应当投诉塞勒斯的行为。网球选手在比赛中积累的孤立感往往会在终了的那一刻化为完全的宣泄，辛吉斯惜败于格拉芙后得到了母亲的安慰和鞭策，雅娜·诺沃特娜（Jana Novotna）抱憾温布尔顿后泪洒肯特公爵夫人的肩头[①]，而这种悲伤的力量也是她们日后重返赛场的支柱。

耳机的出现给网球场的这份孤立感上搅起了几许波澜。截至 2013 年年底，

① 1993 年，雅娜·诺沃特娜在温布尔顿最后一战决赛局手握三个大分的优势下，因为双发失误最后负于格拉芙，赛后肯特公爵夫人把痛哭的雅娜揽入肩头，该事件被作为英国皇室亲民的象征而传为佳话。——译者注

女子网球最顶尖的两位选手——塞雷娜·威廉姆斯（Serena Williams）和维多利亚·阿扎伦卡，都与 Beats by Dre 耳机公司达成了合作赞助关系。我曾经注意过，威廉姆斯总是在入场的时候把耳机挂在自己脖子上，不过随后就会摘下来，似乎并不打算用它。个人音乐播放设备不能算是纯粹的数码技术，不过它在网球场上的出现却是数字生活影响我们现实生活的侧面印证。我们在 20 世纪的八九十年代也有随身听和 CD 机，但是我不记得有哪位网球选手曾把它们带到过赛场上。

运动员近来这么做的原因可能是，在四维社会里，我们已经对剥离自己部分的存在感到习以为常。日常生活中需要全神贯注、身心统一的场合越来越少，现代运动员们对注意力完全集中的认同感已大不如前。很多人可能不知道，随身听问世之初曾引发过担忧，人们担心这种机器会模糊公共生活和私人生活的界线。一面沉浸在音乐里，一面在街上赶路或者搭乘公交的行为在耗费了颇长的一段时间之后，才被大众所接受。即便如此，这样的做法在当时也被主流社会视为不良青年的标志。

如今，便携音乐设备是老少咸宜的数码产品，我们对它的解读也从彰显使用者反社会人格的标志，转向了为我们提供片刻安宁的数码移动设备。虽然可能人人都是白日梦想家，但是过去如果我们在公司上班的时候躲进音乐的世界里，很容易被别人视作为人处世不够圆滑或者脑子有问题，也会有人走到眼前冲我们挥手。但是在今天，我们却能容忍别人随时参与和离开一场对话，都能习惯身在眼前而思绪飞到天边的那个人。

兜售现实化的虚拟身份

互联网诞生之初，时空便捷性是网络先驱和早期拥护者们常常挂在嘴边的东西，恐怕连他们自己也没有想到，有朝一日互联网反倒成了把人同时束缚在不同地方的诅咒。就像那位趁着在厨房里吃饭的空当还要见缝插针地和孙女视频聊天的老先生一样，互联网先驱们当初的预期与今天的现实正好相反：互联网将成为一个无拘无束的世界，让人类挣脱自己的肉身。人们当时懵懵懂懂地认为，互联网是由物理世界进入虚拟宇宙的门票。使生活虚拟化的诱惑是早先人们对互联网趋之若鹜的重要原因之一。

1996 年，作家兼活动家约翰·佩里·巴洛（John Perry Barlow）发表了一封题为“电子世界的独立宣言”的公开信，他在信中毫不掩饰地抒发了对互联网未来的无比乐观之情。这封公开信的收件人为“工业世界的各国政府”，巴洛在信中警告他们，工业社会管理和控制民众的传统手段在虚拟的网络世界里将没有市场。“你们对财产、言论、身份和社会背景的法律定义不再适用于我们，”巴洛在信中写道，“和你们不同，肉体不再是我们的身份标签，所以物理世界的规则在这里没有约束力。”不过，虽然巴洛被摆脱物理身份的前景深深吸引，他对网络模糊虚拟和现实世界的先天矛盾却心知肚明。“互联网世界无边无垠却又无始无终，它无所不包却又是无人之境。”

如今，距离巴洛发表这封公开信已经过去了 20 多年，眼前的互联网正在两个不同的维度上牵扯我们的生活：对于人类的肉体而言，互联网解放了物理世界的空间束缚，带来了极大的便利，但是在虚拟世界，物质化和实体化的趋势却在愈演愈烈。换句话说，曾经无名者横行的无主之地、无人之境，如今却受到了多方围剿，人们正在努力通过各种方式实体化虚拟世界，给每个身在其中的幽灵打造一块可供识别的标签，在现实世界，这块标签则相当于乔纳森·米勒所说的“生命燃烧的火油”。这一切手段的目的旨在验明身份。四维人类在虚拟和现实世界之间来回穿梭，磨得一身老茧在所难免。

网络诞生之初，我们倾向于把它当作一种连接此处和彼处的空间转换工具，仿佛让我们拥有了移形换影的本事。空间超越也是公众纷纷为它慷慨解囊的主要原因。1994 年，微软前卫地以一句疑问句作为自己的宣传口号：“今天你想去哪儿？”一年之后，微软发布了一款名为 Internet Explorer（IE 浏览器）[①] 的浏览器，名字里透露着一股浓浓的野性气息。IE 浏览器从诞生伊始就和死对头 Netscape Navigator[②]（网景浏览器）较上了劲，竞争的结局是微软大获全胜，把昔日名称中同样充满旅行遐想的前辈兼对手踩在了脚底。

2003 年，当时还不是万人迷的史蒂夫·乔布斯发布了苹果自家的首款浏览器，也许是自觉免不了与旅行有关的俗套，乔布斯把苹果的浏览器命名为 Safari（游猎）。互联网最初吸引大众的主要特点，正是它营造了一个鼓励个人创造力和尝试不同新鲜事物的虚拟空间，可能连微软公司自己都没有想到当初的口号有多么贴切。人们可以在网上寻找各式各样不同的体验，沉迷得不可自拔，“今天你想去哪儿”到后来几乎演变成了“今天你想去哪儿醉生梦死”。不仅如此，势单力薄、人微言轻的个体有史以来第一次能够在虚拟世界中抱团取暖，发光发热。作为一块区别于现实世界的法外之地，互联网很快引发了认知方面的危机，只不过这个危机不是“我是谁”，而是“你是谁”。

说到互联网里的身份识别，很多人能够想象的情景是一个中年宅男在网

① 意为网络探索者。——译者注

② 意为网络世界领航者。——译者注

络世界里假扮女生，晃着一条电子马尾辫混迹于各个女学生论坛之间。现实中的偏执狂们在网络世界里全副武装，他们最称手的武器被我们称为“马甲”：马甲是指网络上档案信息千篇一律的虚假账号，常常有人痴迷于用马甲在聊天室里挑起话题性的争端，博取关注。我曾经短暂体验过互联网上这种诱惑力十足的自由，当时我和好友克拉拉两人挤在她宿舍的一张凳子上玩一款在线的看词猜句游戏，我们起的用户名叫糖糖。我从那次并不算愉快的游戏体验里学到了两件事：第一，与克林顿－莱温斯基性丑闻有关的题目逃不过我的法眼；第二，在得分后和竞争对手调侃打趣肯定会招致恶言恶语，如“你去死吧，糖糖”。

互联网匿名活动的兴盛与20世纪90年代的时代大背景不无关系，揭露他人隐私的习气风靡了20世纪的最后10年，八卦消息对他人的性别和性取向尤其感兴趣。那时有一句广为流传的话：“在网上，没有人知道你其实是一条狗。”随着这句话的走红，人们开始普遍认为二元的刻板标签很不可靠，例如男性和女性、是狗和不是狗，并且太容易成为虚拟身份的幌子。身份认同的问题甚至已经影响到了政治层面。举个例子，如果在网上自称同性恋的人其实并不是真正意义上的同性恋，那现实生活中的同性恋权益运动又是在为谁争取怎样的权利呢？学者朱迪思·巴特勒（Judith Butler）迫于舆论的压力而把自己划分为“女同性恋”，她表示自己并不认为在生活中有区分“女同性恋”和“传统性取向女性”的必要，考虑到这些概念都脱胎于保守的传统观念，巴特勒无奈地把自我标榜为女同性恋称为“不得不犯的错误”。

和身份认同危机相辅相生的另一种观点认为，互联网不是人们逃避现实的世外桃源，而注定将成为现实世界的政治映射。研究互联网的哲学家叶夫根尼·莫罗佐夫（Evgeny Morozov）一直认为，网络世界的最初构想不过是又一个“乌托邦里的黄粱美梦”，互联网不是人们想象中推进民主权利进程的“虚拟世界市政厅”。如果我们必须把现实世界的身份带到网络世界，那互联网奉行的政治不啻于实名民主。由于匿名招募公众支持的难度很大，通过部分牺牲互联网自由性行使公民权利的做法，不禁让人联想到巴特勒所说的“不得不犯的错误”，两者在多此一举方面有异曲同工之处。莫罗佐夫为互联网吊唁的恸哭声犹在耳畔，许多人却发现虚拟世界市政厅的遗址是一处辩论和控诉的绝佳场所，人们进入互联网，不再是为了逃避现实，反而是为了站出来高声疾呼。

公众在互联网世界浸淫得越深，就对现实和虚拟世界的一一照应越发笃信，恨不能将自己的身体虚拟化，进入屏幕里的世界。网络世界的神秘感正在逐渐褪去，日常生活中上网和去一趟市郊之间的差别正变得越来越小，公众期望在虚拟世界里看到和物理世界相似的规则和情景。如今，我们已经与巴洛当年掷地有声的呼喊渐行渐远：“网络世界不属于任何国家。互联网不同于任何已有的公共设施建设工程，你们没有这个本事。互联网的建设是所有民众自发行为的总和，你们没法对它指手画脚。”

2013 年年末，英国政府的国家网络安全规划项目发动了一场名为“虚拟市井生活”的运动。地铁电视上每天滚动播放着一系列动画短片，动画里的角色总是会给心怀不轨的窃贼留下显眼的提示。例如，一户人家的门上贴着一张纸条，纸条上写着“钥匙在花盆底下”，又或者有人用口红在玻璃窗上画出“抽屉最下层有贵重物品”等。官方网站上这些荒谬的动画短片意在用现实生活类比人们糟糕的网络安全意识。比如在一个短片里，一名女士抱着一堆私生活的照片从冲印店里匆匆跑出来，随即就把它们分发给了在旁边咖啡厅进进出出的陌生人。

英国政府的官网解释说，他们希望通过这场运动“强调在虚拟世界里也不能放松现实世界中的安全意识”。英国国家网络安全规划项目为民众着想的初衷有目共睹，只是多少有家长式管理的嫌疑。撇开这些不谈，运动中略带责备意味的口号——“这些你不会在大街上做的事，又何必在网上做呢？”，无疑暗示了现实正是虚拟世界类比的对象。在 20 世纪 90 年代刚刚听说“互联网”时，我们可曾料想，这种在大学计算机实验室里逐渐普及的新奇事物，有朝一日会成为现实世界的明喻，每当有人进入一次互联网的世界，我们就把互联网往现实世界的方向拉近了一分。

民主进程并不是推动互联网发展的主导动力，相比于政治力量，商业团体为互联网现实化做出的努力更多，也更乐见其成。如果我们回头仔细梳理一下近年来互联网商业化的脉络，你会发现，在 2011 年左右，各大公司旗下的浏览器开始兜售起不一样的卖点。2011 年，谷歌公司的 Chrome 浏览器提出了一条雄赳赳气昂昂的宣传口号：“你就是互联网的缔造者！”谷歌公布了多条宣传视频，在其中一段名为《杰斯·泰姆》（*Jess Time*）的广告片里，主角是一个从小失去母亲的女孩，宣传片记录了她在学校宿舍开始集体生活头一个月里的喜怒哀乐。杰斯通过谷歌视频，把独立生活的点点滴滴事无巨细地分享给在老家的父亲。这段广告的卖点是展示杰斯虽然身在远方，却能像昔日一样与父亲朝夕相伴，这种微妙的感觉犹如抓拍一列驶离车站的火车，里昂车站那列渐行渐远的火车被永远定格在冲出车站的一瞬间。

还有一个宣传片，它的主角是一个失恋的男人，他为了挽回旧日相好而为她精心准备了一份煽情的礼物：他发送的链接里有往日他们约会地点的照片，过山车翻越轨道顶端的视频剪辑，甚至还有用谷歌地图截取的分手当天两人坐过的公园长椅。Chrome 以此展示了自己重现昨日的本事以及情感维护者的角色，谷歌对于自己的定位不再是位置区域的领航员，而是个人记忆的保险箱。类似的情景还发生在视频门户网站，许多父母开始热衷于为自己年幼的孩子建立在线相册。浏览器不再是为了把你带向哪里，而是为了时刻提醒你是谁。现在的孩子还没识字就已经在视频网站上有了属于自己的视频专辑。

谷歌试图用制作精良的广告片宣扬传统和保守的家庭和情感观念，但是商业广告背后的现实远没有它表面那样的温情脉脉，比如《杰斯·泰姆》的女主角借着广告片的人气在现实生活中做起了卖挎包的生意，销量喜人。与之类似，在另一支广告片中不屈不挠面对房地产大鳄的一对夫妇，也凭借人气开起了自己的热狗餐厅。即便无法抹除互联网的商业性本质，谷歌也在尽力以避重就轻、陈旧迂腐的家常温暖粉饰太平。“宿舍女孩”朱莉·迪恩（Julie Deane）的挎包生意已经做到了伦敦和纽约，香肠餐厅界大亨“大家的厨房”的当家夫妇却被人们亲切地称为“妈咪和爸比”。国际品牌就这样打着平凡无奇的旗号，与渺小的私人生活融为一体。

在商业利益的驱动下，供应商们竭尽所能向公众兜售现实化的虚拟身份。毕竟，商家眼中理想的客户绝对不是口味难以捉摸的千面人，而是古板专一、能被一眼看穿癖好的普通大众。换句话说，商家希望顾客像他们购买的商品一样固定可靠，从这个角度看，顾客和商品在供应商眼中没有太大的区别，消费者站在左边，商品站在右边，双方都安安静静闭上眼，只要等着商家从中匹配双方的功能和需求即可。你的脑海中是否会闪过许多电影片段的蒙太奇，在那些片段里，主角在经过路边商铺的橱窗时突然被什么东西牢牢地吸引住，久久地停在原地，那就是供应商们最想要见到的情景。试想，如果上网的顾客们都变得挑三拣四、品位游移不定，那商家要如何为市场量身定制自己的产品？

一直以来，消费主义观念在现实世界的兴盛往往有赖于对大众价值观念的限制和引导。作为现实中消费主义在虚拟世界的翻版，自然免不了要淡化现实和虚拟世界的差异，以便模糊两者之间的界线。这不过是商业在四维世界玩的老把戏。相关的例子俯拾皆是，比如以2014年护肤品公司妮维雅的网络宣传为例，当时妮维雅推出了一档系列节目，节目的内容是一名足智多谋的帅气小伙飞奔于住所周边，并用生活小窍门帮助街坊和路人：比如把臭气熏天的鞋子包好放进冰箱里除臭，用衬衣裹住冰块后放进干衣机里防止衣服起皱等。

每期节目的基调都轻松欢快，气氛铺垫总是渐入佳境，每期节目介绍的窍门也都各具特色，而万年不变的只有高潮处打出的一段字幕：“妮维雅，给你的肌肤最温柔的呵护”。妮维雅广告中生动展示的日常小窍门如今有了一个专门的叫法：实用小妙招。这个叫法让人感觉日常生活是一段编译过的计算机程序，想要生活变得更高效、更规律就可以用侵入代码的方式实现。“想要生活充满惊喜？那就黑掉它。”妮维雅广告如是说。

如果英国政府说虚拟的市井生活和现实生活几乎无异，而妮维雅又告诉你，你脚上穿的运动鞋可以被“黑掉”，那么在互联网世界复刻我们现实中的身份乃至血肉又有什么奇怪的呢？如今，我们可以通过互联网随时随地与外界保持联系，因此就算我们心不在焉、灵魂出窍也不会被当成对别人的冒犯，但是我们在数字世界里的身份、对互联网的理解却没有如许多人预期的那样无拘无束、百花齐放。政治和商业的保守主义思潮导致了虚拟世界的现实化，早期互联网百家齐鸣、天马行空的未来并不受保守主义的待见，它们希望看到的是网络对现实世界的映照，一个由古板、可预测、可量化的个体组成的消费型社会。

当这种观念的保守主义与数字生活的激进方式，即时空维度的跨越能力发生融合时，导致的结果之一便是公众开始追捧商业品牌的宣传造势。虽然互联网的世界无所不包，无边无垠，但我们不管到哪里似乎都带着身上的标签，一个时刻提醒我们是谁的标签。互联网没有宣告独立，我们也不是无拘无束的访问者。我们只是互联网世界一个个小商铺的老板，在虚拟世界里经营着现实人格的分店而已。

你会选择一辈子隐姓埋名吗?

曾经有一条让我印象深刻的Facebook内容大概是这样写的:“新闻播音员要再过多久才能明白在Twitter前加‘社交网络’四个字完全是多余的?”这条个人主页上的牢骚为我博得了许多关注，人们纷纷留言叫好，点赞的用户里甚至冒出了一些我做梦都想不到的人。我记得那天的天气变得格外明媚，剩下的时间里我总是忍不住回头去刷新主页上的互动，活像一个扑在烤箱窗口上窥视蛋糕慢慢隆起的孩子。如今新闻报道已经习惯对Twitter直呼其名，但在我写这本书的时候，爱彼迎还没有摆脱它“私人公寓度假租赁平台”的冗长头衔。但是近来，当度假回来的朋友向我诉说他们一路上的逸事时，总是会提到:“你知道那个新玩意儿吗？那个叫……爱彼迎的东西？我们这一路上都多亏了它。”爱彼迎正在竭力将自己日常化，几乎可以肯定，微软办公软件的拼写检查很快就会把“Airbnb”下的那条红色波浪线去掉了。

越来越多的在线服务平台开始要求用户提供模板式的网络身份信息，即我在前文提到的现实人格在虚拟世界的分店，爱彼迎就是其中之一。从爱彼迎的例子我们可以很清楚地看出，想要进入一个交互对象都是虚拟用户的社区，今天的互联网要求我们必须在虚拟世界里坦诚自己的现实身份。我们必须花心思经营自己在网络世界里真诚、亲切的个人形象，以便在面对陌生人时让别人通过查看我们的历史记录而认可我们。

这种社交模式不啻于为早期互联网无拘无束的形象鸣响了丧钟，只有爱彼迎的宣传口号在荒野枯坟间回响，依稀能够听到几分 IE 浏览器巅峰时期的盛世余音：“万事无忧：下一站你想去哪儿？”人们选择出门旅行的普遍原因，是想暂时摆脱眼前的生活，体验新鲜的经历，做一回惬意的异乡人，当一名神秘的过路客。但是如果一路上带着爱彼迎，我们就永远甩不掉想留在日常生活里的那个自己。现实生活中的身份成了我们的旅行必需文件，虚拟世界的面具怎么也带不到脸上。

当你看到我写的这些文字时，爱彼迎大概已经像吸尘器一样普及了，了解一下它们的功能将会给你的生活带去极大的便利。当然，爱彼迎也有可能像其他互联网公司一样只是昙花一现，在经营不善之后迅速凋零在市场的寒潮里，从此无人问津。倘若如此，我有必要在这里向后来的读者介绍一下爱彼迎：爱彼迎是一家提供短期私人住宅租赁服务的平台，它很好地迎合了旅行者对“独特”而“廉价”的住宿的需求。

由于缺乏合同义务的约束力，租客一觉醒来往往看不到诱人的水果、燕麦片和酸奶，更别说开火做出来的热食，甚至是大陆风味的精致早餐，爱彼迎的英文名 Airbnb[①] 中略显多余的那个“b”（我不禁想起了辛普森爸爸烧烤

① Airbnb 的灵感来自“Air Bed and Breakfast”，意即“云床和云早餐”。——译者注

邀请函上的 BBBQ[①]）俨然已经沦为装饰。所以如果你决定把自家的屋子挂到爱彼迎的租赁平台上，你要面对的将是同周边的一众邻里一起争夺旅行者的眼球。你必须上传屋子内饰的照片，并尽可能地把图片修得明快、亮眼，就像网上交友的人上传的正面照那样。

爱彼迎鼓励人们从里里外外“出卖”自己的房子以换取经济利益的模式多少有些浮躁的意味，与其说它在倡导一种贝都因式的浪漫游居观念，不如说它是西方社会住房危机的体现。以爱彼迎最常受到政策质询的纽约市为例，尽管政府不待见，当地的房东却称是爱彼迎相对廉价的租金让他们的房子得以脱手。相应地，游客也说要不是能在爱彼迎上找到相对经济和舒适的住所，他们很可能不会选择造访纽约。

从某种程度上来说，爱彼迎是一种非常实用、有前途的酒店行业创新模式，只是，为了经营这件生意，“客从远方来”的主客之道，迎门接风的待客之礼都要被置于何处才好呢？如果你能回到 2011 年左右，应该还能清楚地感受到人们在这方面对传统情怀的认同，当时的爱彼迎在网络上每每都会被人们和持械入室抢劫挂上等号。人们忌惮于爱彼迎的商业模式，房东和租客都担心自己成为对方的盘中美食。租客对陌生房子的原初恐惧大概可以追溯到童话故事（“第一只碗太烫，而第二只又太冰……”[②]），房东通常也不愿意随便给陌生人开门，尤其是那些自称肺活量超大的陌生人[③]。

---

① 出自《辛普森一家》，辛普森爸爸在打印烧烤派对邀请函时多打了一个 B，“烧烤”应为“BBQ”。辛普森爸爸牵强地将其解释为，多的那个“B”为“BYOBB”，即 Bring your own barbeque（自己带烤肉来）。——译者注

② 童话故事《金发姑娘和三只熊》中的片段。——译者注

③ 此处指《三只小猪》中狼自称肺活量很大的情节。——译者注

我一直租住在一栋三层公寓的顶楼，往下走两层是一家很小的外卖比萨饼店，棒约翰外卖员每每给我送餐，都会把车停在他家门前，令我不甚尴尬。在我的房子和一楼的比萨饼店之间是一间公寓，从我搬进这栋楼的那天起，它的门上就没有装过门把手和挂锁。二楼公寓中住着一位母亲和他成年的儿子，女主人的儿子整天无所事事，烟不离手，最喜欢做的就是到处寻衅滋事，扯着嗓子与人吵架。我曾经同意他们把一辆自行车放在狭窄的门厅里，那辆自行车占据了至少 80% 的空间，他们以为我宽容大度好说话，因此对我喜爱有加，殊不知其实我只是胆小怕事，不想招惹是非。我很少跟他们打照面，却总是能听到他们的动静，凌乱嘈杂的脚步声、嘎吱作响的开门声以及紧随而来的摔门声。

终于在我搬进公寓后的第一个情人节，他们搬了出去，据说要搬到西边一处更大的公寓里。“现在你可以清静清静了，”那位母亲跟我说，“之前真是对不住你了。”当时我正好碰到拿着行李站在街上的她，路上停着一辆后备箱大开的货车，故障信号灯不停地闪烁，比萨饼店的外送小摩托仿佛在旁边瑟瑟发抖。他们搬走两年之后，依旧有他们的信件不期而至，多半是紧急事务或者公共医疗服务行政署的来函。

二楼的公寓空了好几个月，随后突然有一天，门上出现了一个门把手，楼梯间里又响起了脚步声。我有两次在楼梯上分别碰到了两个不同的人，但他们报上的名字却相同，事后我才知道原来他们是擅自占用这间公寓的外人。住在伦敦东区的房东随即赶来清走了他们，随后的几个月，公寓楼的平静常常被时不时造访的不速之客打破。在那些梦魇的夜晚，心惊胆战的我把一根擀面杖别在床垫侧面的把手里，脑海里充斥着关于楼下神秘来客的疯狂幻想。

第二年夏天，一封封写给“某教授”的信开始出现在公寓里。一天早晨，我被过道里的犬吠声吵醒了。公寓里搬进了一名作家，她穿着一身连体工作服向我打招呼，告诉我粉刷完地板之后她就要回去继续写她的书。我回到自己的住处，不置可否地把擀面杖放回了抽屉里。作家把公寓当成了自己的临时落脚点，这倒是没有让我感到特别惊讶，她告诉我，她打算在出门期间从爱彼迎上找一些临时租客。所以，结局就是我的楼下一如既往的像人来人往的闹市，新的租客总是不期而至，又很快拂袖而去。

我仿佛又回到了那对母子还没搬走的岁月，二楼的门锁形同虚设，陌生、嘈杂的说话声隔墙可闻，还有很多拖拽旅行箱的声音。伴随着陌生人的进进出出，他们给公寓带来了明显的变化。我所住的公寓楼，从一座不为人知的、专门收留手头拮据的社会边缘人士的破败建筑——信件经常丢失，锅炉经常罢工，物业爱搭不理，摇身一变，成了一个全世界旅行爱好者们的香饽饽。

我搜索过爱彼迎的公寓列表，没费多少力气就找到了教授邻居的姓名和照片，照片里的她带着一条漂亮的珍珠项链，笑靥如花。在爱彼迎上，我可以同时看到租客和她之间的相互评价：多数评价都是双方间善意的套话，当然也有几条评论是她生动地控诉某些租客糟糕的行径，包括有人损坏了房子里的亚麻织物，还有人在厕所里留下了一泡尿。我在教授的顾客好友列表里看到了一个留有印象的男子，我记得他曾经斜靠在比萨饼店外的那棵树上，我可以访问他的主页，浏览他最近居住过的位置，我还可以看到他去了一所大学，为自己的散文创作寻找灵感。

维多利亚时代晚期对如今虚拟世界思潮影响最深的作家非埃德温·艾勃特（Edwin A. Abbott）莫属，他在 1884 年创作的小说《平面国》（*Flatland*）

既是对现实社会的讽刺，又是一则描绘跨维度旅行的奇妙寓言。顾名思义，《平面国》讲述了一个三维世界的物体造访二维平面世界的故事，在二维世界里，线条和三角形是平民，圆则是占据统治地位的宗教阶级。故事的主角，即一个球体，对二维世界的居民们描述了自己看待它们二维的感受：“从我的角度来看，你们口中所说的‘固若金汤（其实仅仅是四面环绕而已）’，你们的房子，你们的教堂，你们引以为傲的箱子和保险柜，是的，哪怕是你们肚里的蛔虫，你们的五脏六腑，在我眼里都是豁然洞开、一览无余的。”

爱彼迎的生意恰恰需要这样的一览无余，从四维角度饱览三维世界的一切。我的公寓楼下就有一个“平面国”。它的天花板被掀开了，只要我想，就可以窥探到屋子里的一切。我不用走正门，就能看到它室内的桌椅摆放，看到它用的哪种地毯。而房东在爱彼迎上给出的差评往往会涉及租客露骨的隐私，比如没有妥善处理的排泄物和污迹、下水道口堵塞的头发等，清楚地反映了某些租客的恶习。

爱彼迎的流行和走红是互联网时空便捷性的体现，背后是我们对安全感的需求。无论我们去哪儿，都希望有家的熟悉感。现在，哪怕我们离家千里，也可以把陌生人的毛毯拉到脖子底下，用手机或者笔记本的荧光屏在冷寂的夜里聊慰乡愁。如此说来，四处延伸的互联网的确在对抗离别愁绪、背井离乡的悠久历史难题上帮助了我们。孤身一人的恐惧历来是童话故事青睐的题材。《美女与野兽》恐怖气氛的内核是两个陌生人同处一室内所激发的戏剧冲突。女主角贝儿的父亲为了回家日夜兼程，筋疲力尽的他误打误撞走进了野兽的城堡，城堡富丽堂皇却少了几分家的烟火气，设施齐全但又无人居住。

童话是这么告诉我们的："城堡里温暖的空气让饥寒交迫的他缓了过来，一阵汹涌的饿意袭来，但是环顾四周，偌大的城堡除了闪着华丽的光辉却空无一人，他也没法讨要一口吃的。"终于，贝儿的父亲找到了一间适合安顿的房间，里面还放着一顿诱人的晚餐。第二天早上醒来，城堡里依然没有一个人。离开之际，贝儿的父亲在城堡的花园里采了一支玫瑰，想着把城堡主人这份理所当然的慷慨送给自己的女儿。正是在这一刻他碰见了野兽，他的偷窃行为让野兽大为震怒。

野兽是一位受到诅咒的王子，他可以代表网络中隐藏肉身的每个人。虽然魔法只是改变了王子的外表而非脾性，但是在他看来，贝儿的父亲俨然一个喜欢偷窃的惯犯。听完这个不速之客断断续续、支支吾吾的解释和道歉，野兽的心软了下来。"你看着像个老实人，"野兽低声咆哮道，"所以我相信你，你可以回家。但作为条件，你必须在一个月内带着你的一个女儿回到这里，只要你的女儿肯留下，我就还你自由。"野兽就像几千年后才出现的诸多互联网公司一样，给了贝儿的父亲一个月免费试用人身自由的期限。只是这里的附加条件可比"第一个月免费试用，第二个月全价订购"要来得严苛得多，如果贝儿的父亲不能说服女儿到城堡里当座上宾，那自己就要一辈子沦为野兽的阶下囚。

野兽的交换条件相当于爱彼迎首席执行官布莱恩·切斯基（Brian Chesky）口中"信任经济"的雏形。所谓信任经济，是互联网公司依托公众分享住房、车辆等传统个人资源的经济运作方式。贝儿的父亲相当于匿名的买家，野兽对他的信任就相当于这场交易中的无形产品。但事实上，野兽神通广大的监视和绑架本领让这份"信任"显得无关紧要，与现在商家和企业们成天吹捧的"信任"如出一辙。野兽在临行前的警告，让贝儿的父亲信守承诺的誓言以及野兽对誓言的首肯显得流于形式：“别妄想从我的眼皮底下溜走，如果你胆敢食言，我定会亲自把你捉拿回来。”野兽不仅长得有主角相，对陌生人了如指掌的本事也不是龙套角色能有的。

能被人追踪的匿名者不算是匿名者。切斯基在2013年的一次采访里谈到了爱彼迎的经营策略，听起来不禁让人想到野兽的说辞：“你可以把爱彼迎的运营模式叫作‘共享经济’，或者信任经济。我个人认为这种经济模式有它的独到之处。未来的一年内，爱彼迎上所有的用户都需要完成实名认证，公开他们的电子邮箱和现实中的真实身份。”爱彼迎为自己的房东购置了天价保险，并要求租客的信息透明化，这看起来一点儿也不“信任”，爱彼迎的租赁模式本质上不过是陌生房东和租客之间的算计和博弈而已。

《美女与野兽》的插曲《欢迎贵客》(*Be Our Guest*)，是迪士尼对爱彼迎商业策略的完美诠释。这首歌是野兽城堡里的家具摆设们唱给女主角贝儿听的。迪士尼在MV里展示了一番欢腾的景象，瓶瓶罐罐一起起舞，贝儿在家具们的簇拥下只身赴宴。烛台欢快地唱到：“收起你的苦恼悲哀，锅碗瓢盆将你款待。”茶壶大婶热气腾腾，香槟木塞“砰砰”作响，厅堂里的物件对贝儿极尽投怀送抱之能事。现实生活中，爱彼迎的用户就像贝儿，房东们偶尔落脚或者干脆从不光顾的房子便犹如野兽的城堡。在这种情景里，迎接租客、在深夜与他们谈心的就只有屋内的物品，轻盈温暖的羽绒被、拖家带口的水壶一家子、德高望重的餐具套件都是好客房东的代言人。在介绍住宿标准的页面上，爱彼迎这样形容自己的服务：“每一天，我们的房东都为全世界数千名旅行者提供梦幻般的住宿体验。”

关于家和家的感觉，弗洛伊德有一箩筐的东西要说。德语中描述家庭感觉的形容词是“heimlich”，在哲学家弗里德里希·谢林（Friedrich Schelling）等人的启发下，弗洛伊德强调它的内涵远没有表面上那么直白。“heimlich”的字面意思是“家的感觉”，形容熟悉的事物和地点所散发出的亲切感、舒适感和愉悦感，以及它们带来的温馨与坦然。但是，同样是这个单词也被用来形容隐秘、私密，甚至是阴谋算计。德语中曾经用“Der heimliche Rat”（神神秘秘的官员）形容枢密院的官员，意指他们是权术斗争的佼佼者。家庭的亲切感与权术计谋扯上关系，也许和“家”的作用包括隐藏我们不为人知的一面有关。弗洛伊德感兴趣的地方在于，“heimlich”的反义词“unheimlich”，也是用于形容私密、阴谋算计的单词。他曾经总结说：“‘heimilich’有两个自相矛盾的含义，其中一个含义与它本身的反义词‘unheimlich’相当。”

与“unheimlich”相当的英语单词是“uncanny”，按照弗洛伊德的解释，这两个单词的含义都可以用来形容眼前“似曾相识”的陌生情景，或者更玄乎的说法是，熟悉却又无从亲近。所以弗洛伊德得出的结论是，“家”即“他乡”，就像野兽华丽的城堡：闲适、健谈的蜡烛投下深深的阴影，烛光映照的下午茶时间本是大家开怀畅谈的时刻，而城堡里的家具物件却总是三缄其口，对客人彬彬有礼，实际上却拒人千里。

爱彼迎的铺子就这样在“他乡”开张了。授权的房屋必须里外通透，让用户可以在爱彼迎的网页上浏览室内的照片，即便如此，公开透明的房东信息却不是隐私和安全的绝对保证。弗洛伊德曾说：“见不得光的隐私和秘密应当永远是隐私和秘密。”我不应该知道卫生间里租客留下的那泡尿！爱彼迎的评论区俨然成了个人隐私的广播站，陌生人们手牵手，仿佛相识多年的挚友。实际上，爱彼迎的所有业务都建立在颠覆人际之间的陌生与熟识之上。爱彼迎希望客户在陌生人的屋子里感受到自家的温暖，为此，他们需要把“熟悉却又无从亲近”的感受降到最低限度。换句话说，他们要设法消除房东和租客之间的陌生与不信任感。

由于在租房中“未知”是“不可信”的代名词，所以爱彼迎在网页上做出了这样的承诺：“我们的房东都像米歇尔一样可靠。”这里提到的米歇尔是个看起来非常老实的人，照片中，她站在自己现代感十足的厨房里，周身布置着鲜艳的雏菊。许多人可能会选择忽略米歇尔的左肩，在她身后可以模糊地看到三把挂在磁性条带上的菜刀。任何形式的亲密关系都不是免除伤害的绝对保证，所以切斯基对社交关系的浅薄理解无疑是把刀尖对准了自己的用户。切斯基曾说：“有的人‘会选择一辈子隐姓埋名，’那没有什么错。但是如果你不愿意迎合互联网的身份认证，相应地你也就无法享受它所提供的便利。而那些愿意的人正在创造历史。我们在树立一个互联网的新品牌。”

有的人会选择一辈子隐姓埋名？无稽之谈！且不说大多数人有没有时间和精力过上真正的隐士生活，切斯基似乎笃信公司品牌和历史两者之间的等同性。虽然公司品牌经常借用“传统”：吉卜林先生（Mr. Kipling）优雅地穿过一片光影斑驳的果园，下一个画面是一名古朴的中年村妇搅着锅里鲜红色的意面酱汁，但这些不过是商家给不光彩的流水线产业当烟幕弹的惯用伎俩而已。如果品牌不是历史的同义词——如果我们说历史应当是真实发生过的事情，那么切斯基的确需要更努力地“创造”历史了。

虚拟身份的流水线化，既是爱彼迎的首要目标，又是它前进路上的阻碍。有什么办法可以保证虚拟身份不被捏造呢？别人要如何确定这是我？那些害怕虚拟身份造假的人，往往会呼吁对四维世界的身份进行三维世界的实名验证。比如，爱彼迎在 2014 年要求美国国内的用户扫描并上传自己的身份证件，以此杜绝用户网络身份中所有的虚拟成分。作为对该决策的回应，切斯基解释说："我们认为匿名不利于培养良好互信的氛围。"对于一名"信任经济"的先驱而言，切斯基似乎过于低估人类的诚实和正直了。实名验证的初衷是为我们打上企业品牌的烙印，网络行为和言论相当于公民新的生物验证标识：Facebook 上体现社会担当的沉思，Twitter 上亲民和善的状态，数量可观的关注和被关注，它们密集交织成一叶芦舟，只有编织够密才能负载我们现实世界中累赘的肉身。

电影里，学会穿墙的科学家在现实中发明了一种密度极高、不可穿透的金属，将其取名为"cargonite"。四维人用这种金属来实现实体化和歇脚。电影最讽刺的地方是主角在无限自由与绝对拘束之间的取舍与摇摆，这种双面生活对居住在四维世界的我们不无启发意义。数字技术的出现让人类能够以前所未有的方式穿越时空，实体世界不再是我们与他人之间的阻碍。不过没多久我们就发现，虚拟世界依然有牵绊，实名身份是到哪儿都丢不掉的包袱。从这儿瞬间移动到那儿？可以，前提是我们要带着自己的网络名牌。想要穿过眼前的墙壁，就得在墙上刻下自己的名字。

有时候我会怀疑四维世界的意义在哪里，它不过是复制了我现实世界的身份和生活而已。在那些互联网对虚拟身份的条条框框几乎让我的幽闭恐惧症阵阵发作的日子里，我试着从谢默斯·希尼（Seamus Heaney）[①] 身上寻求慰藉。希尼在 2013 年去世之前，给妻子玛丽发的短信是他给世界留下的最后文字。希尼最后的那一行字是一句拉丁语："Noli timere"（不要害怕）。如果希尼的诗篇也曾鼓舞过你，我想你应该可以理解让希尼的临终短信成为现实的一切：地下铺设的光缆、世界上第一座完工的信号基站、襁褓中的亚历

① 爱尔兰诗人，1995 年诺贝尔文学奖得主。——译者注

山大·格雷厄姆·贝尔[1]，没有这些，就没有希尼在四维世界发送那条短信的动人时刻。你可能也会想，多亏希尼生在了这个年代，这个有互联网的年代，他才能够跨越千山万水，在临终前握住玛丽的手。

希尼曾为爱尔兰苦修士圣凯文（St Kevin）的苦行生活做过一首诗，不啻于对网络时代最好的写照，诗中的圣凯文寸步不离隐居的山洞，他会从窗口“伸出摊开的手掌”。圣凯文伸手当然不是为了拿起一台黑莓，他托起一只乌鸦，鸟儿“安静地落在他手掌上歇息”。与乌鸦的接触让圣凯文“接入世界、知晓天地”“不禁潸然”。圣凯文与世间生灵产生了联系：“凯文触到了温暖的鸟卵，感受着乌鸦胸脯的起伏、羽翼的纹理，还有整洁的羽毛和爪子。”我想起了那个抱着 iPad 的小女孩，她的数字神经犹如圣凯文的手掌，让她能够感受到几百公里外的爷爷。

四维世界不是冰冷无情之地，所以不要害怕。希尼去世前的 20 年出现了最早的网络聊天软件，在 20 世纪 90 年代最流行的美国在线即时通讯上，一位丈夫给自己的妻子发过这样一条信息，那是 1993 年 1 月 6 日，泰德·莱昂西斯（Ted Leonsis）[2]写道：“别害怕……是我。爱你，想你。”即时通讯的新发明看来对当时的人震撼不小，人们搞不清到底自己是在这儿还是那儿，希尼在诗歌集《电灯光》（*Electric Light*）里这样写道：“你在那儿却又不在那儿，这就是诗。”

① 公认的电话发明者之一。——译者注
② 美国在线的前任高管。——译者注

THE FOUR-DIMENSIONAL HUMAN

02

互联网发声，期待“不同凡响”

“蜂巢”是对互联网世界的最好比拟。成群结对的网民闹哄哄地涌进互联网，却在互联网上集体沉默和静听。察言观色和仔细聆听在人类的社交生活中古已有之，但互联网聒噪的氛围却把宁静和沉默衬托得空前显眼。形单影只、鬼鬼祟祟的暗中观察者也沦为别人暗中观察的对象。

在四维世界做一只蜜蜂

你很有可能听说过全世界的蜜蜂遇上了大麻烦。它们的数量在急剧减少。对此，许多人认为现代农业里的农药喷洒难辞其咎。在许多因素的围剿之下，蜜蜂的大规模衰亡现象被学界称为“蜂群崩坏症候群”。最早人们认为是手机的信号塔干扰了蜜蜂的生活，电磁信号阻断了蜜蜂之间的日常交流。不过，蜜蜂种群数量的减少不是某个单一因素就可以解释的，生存环境中一个又一个危害因素让蜂群四面楚歌。导致蜜蜂数量锐减的诸多原因中，有不少与人类社会密切相关。国际商贸的跨洲运输往往令蜜蜂憔悴不堪，食物供给不断减少，再加上空气中弥漫着对它们有害的新型烟碱类杀虫剂。蜜蜂，也算得上是全球化的间接受害者之一。

长期的精疲力竭和营养不良，让传染病在蜂巢内连年肆虐。由此种种，现在若能在花园里看到一只棕色的蜜蜂，反而成了一件意外之喜。如今，当难得看到蜜蜂停歇在窗户上时，我仿佛回到了旧日时光，往事历历，犹如时光穿越，老友重逢。我会呆呆地看上一个小时，看着这种在末世浩劫中幸存下来的小东西，看它在对它来说无边无际的那块玻璃上无忧无虑地嗅来嗅去，敲敲打打。我喜爱这番景象，同时也敬畏它。玻璃上传来的细微声响是连接过去的回响，这番景象属于狂野、快活的20世纪90年代。终于，玻璃上的那只蜜蜂乏了、累了，小小的脑袋里想到了空气和玻璃的区别。它扑腾而起，气定神闲地飞向晴朗的天空。站在窗户另一端的我仿佛被什么东西感染，暂时忘记了它们所遭受的苦难。

时至今日，蜜蜂已然成为代表多愁善感和末世浩劫、缅怀过去与展望未来的文化符号，这些都是阴暗寒冷的过去留下的遗产。大黄蜂扇动翅膀的低鸣声预示着生命的活力，震动的“嗡嗡”声让更多花粉落到了它们身上。布满花粉的蜜蜂调转“船头”，转而扑向另一朵招展的花朵，忙碌的蜜蜂每年要为全球1/3的蔬果产量鞠躬尽瘁。不管人们在写邮件的时候用到什么比方，蜜蜂总是正面、积极的象征。无论是谁都能感受到蜜蜂的功劳，因为只要是蜂群繁盛的地方，就是瓜甜果美的伊甸园。蜜蜂的“嗡嗡”声也给天空带来了宁静。

威廉·巴特勒·叶芝形容蜜蜂是他的“平和使者”，叶芝在梦中见过茵梦岛上一座远离尘世的小木屋，只有蜜蜂与之朝夕相伴。叶芝说他甘愿“在蜂鸣声中孤独终老”。只是当梦醒来，今天的蜜蜂们已不再像田园诗中那样唯美，它们正在一片死寂中逐渐消散。昔日的平和使者不幸沦落为今天的末日信使。

Web 2.0技术崛起的时间大致上与全球蜜蜂危机爆发相当，所以2000年年中发生了非常戏剧性的一幕，现实生活中，各地的农夫都发现了蜜蜂种群的大缩水，而互联网上的我们却变得越来越像那些消失的蜜蜂。当然，这个略显生硬的比拟只是为了迎合形容数字革命带给普通人生活冲击的需要而已。所谓“互联网大迁徙”，顾名思义，当今的互联网用户正在亲眼目睹旧世界的快速混沌化。对光怪陆离的网络世界最怪异的比方可能就是挠痒痒先生了。

人们套用的蜜蜂的比方，其实更适合用来形容网民的群像，而不是群体中的某个人。每个人在互联网上的行为组成了整个蜂巢，蜂巢里到处是此起彼伏的振翅声：“嗡嗡嗡，看我飞得多高；嗡嗡嗡，看我飞得多快。”互联网是网民意识的集散地，行为和意图的集中营。蜂巢的比方并不难接受，只要我们把互联网上建立的连接想象成身体在空间里的延伸，如果空间其实没有那么多——不管是因为我们的四肢变长了还是因为空间被压缩了，虚拟世界抽离了人与人之间的物理空间，我们就像蜂巢里拥挤的蜜蜂，相互推搡、相互踩踏，“嗡嗡”地吵闹着。

作为文化符号的流行并没有给蜜蜂种群数量的回暖带来好运，当辛勤的网民在互联网上夜以继日地构筑虚拟蜂巢时，现实世界不得不人造叶芝诗篇中“蜂群环绕的林间空地”。在中国四川省有一个叫茂县的地方，20 世纪 80 年代，当地的水果种植业经历过一场追求水果完美外形的狂热风潮，为了获得更高的商业利益，梨农们对果树施用了过量的杀虫剂。30 多年之后的今天，当地的蜜蜂已然绝迹。梨农们迫不得已，只能用手动的方式，一朵一朵地为梨花授粉。当地人还设计了一种工具，把成束的鸡毛绑在竹竿的一头，每年一到梨花授粉的时节，梨农们就把鸡毛放进事先采收好的梨花花粉里，将鸡毛沾上花粉，模拟采粉的蜜蜂。以往果园里热闹的“嗡嗡”声已经无迹可寻，取而代之的是工人们爬梯子的声响，还有提着装满花粉的铁桶从一棵树走向下一棵树的声响。这下子，人们不只是像蜜蜂，而是真的成了蜜蜂。

茂县的果农们很有先见之明，他们早就担心枯燥的果园授粉工作对年轻人而言毫无吸引力，年轻人更愿意把大好春光挥洒在现代大都市里，虽然那不过是另一种蜜蜂式的劳碌生活而已。茂县果农们用鸡毛掸子给梨花授粉的故事对现代人来说无异于超现实，谁能想到后工业革命时代的鲁莽行径竟会逼迫人们不得不采取如此低效的前工业革命生产方式。不过，这倒是一幅画面感十足的当代写实，它使我们将互联网革命与蜂巢的比喻更生动地串联在一起。我们的确在许多方面和蜜蜂具有可比性。

拿人类社会与蜜蜂社会进行比较的论调由来已久，这种做法颇具深意。我们似乎不情愿拿亲缘关系更近的灵长类动物类比自己，也许恰恰是因为两者太相似，让这种比拟显得不够含蓄和委婉。而蜜蜂则不同，它们不可抗拒的物种魅力深深激发了人类内心的浪漫情怀。蜜蜂也许是人类驯养过的动物中最奇特、最异类的物种，尽管如此，人类对它们的亲切感却历久弥新。蜜蜂天生就是为人类诗歌量身定做的主角。

除了灵长类动物外，蜜蜂是迄今为止我们所知的所有物种中，唯一会使用符号语言进行交流的生物。蜜蜂们不知疲倦，总是进进出出地为蜂巢忙碌，它们的存在为无名的灌木丛平添了一份神韵。有教士们曾说过，得道为善之路并不艰险，一个人只要花时间仔细观察这些忙碌的生物就能从中获益良多。当然，蜂巢的寓意里也有浓烈的统治意味。古埃及权力阶级曾把蜂巢社会视为王朝统治制度的楷模：无数劳工倾尽所有、步调一致，只为服侍一位至高无上的君主。不过，蜜蜂的社会不应当因此就被过分解读为剥削和奴役，共济会对这种解读方式情有独钟，因为该组织历来希望集合一切可能的社会资源为己所用。

19世纪，阿尔伯特·麦基（Albert Mackey）在他的《共济会百科》（*Encyclopedia of Freemasonry*）中写道："对于工业社会的力量，蜜蜂可谓是一个完美的类比，至少也算是一个典型的例子，一只蜜蜂势单力薄，几只缺乏组织的蜜蜂弱如散沙，而数百只目标一致、齐心协力的蜜蜂通过无间的合作，却拥有无限的潜力。"学者胡安·安东尼奥·拉米雷斯（Juan Antonio Ramirez）致力于追溯历史上蜜蜂对人类建筑学的影响，他曾在著作中提到，"蜂巢经历了从拿破仑战争到第二次世界大战之间数百年时间的考验，终于成了'统一和谐'与'踏实勤劳'的社会代名词。"蜜蜂自此成为我们想象力中不可或缺的一部分。我们与这种小生物七目相对，结果却在它们眼中看到了自己完美的化身。

成群结队的网民闹哄哄地涌进互联网，草场上原本的"嗡嗡"声却销声匿迹，大自然仿佛与我们开了一个黑色玩笑。但是不得不说，蜂巢的确是对现代互联网世界的最好比拟。虚拟世界里错综复杂的社交联系，能让人很直观地联想到蜂巢的构造，它们使人们实时分享想法、统一行动步调成为可能。蜜蜂和蜂巢的比喻更多指代的是互联网时代的生活方式，有时也包含了虚拟世界集体思维的内涵。如果我们做一些外推，将这个比喻的内涵扩展到集体意识和集中生产力的范畴之外，就会发现在我们的意识深处，已经接纳了在四维世界做一只蜜蜂的想法。

维基百科是一个很好的例子。维基百科就像一个蜂巢，成百上千的陌生人齐心协力，通过建立无所不包的词条存储人类社会的知识。除了成为政治力量角力的新赛场，各种各样的网络公共平台也如雨后春笋，动辄价值百万美元、内容涵盖各行各业的众包项目如今已经屡见不鲜。在理想的情况下，社交平台于现代人的意义不啻蜂巢的海市蜃楼，虚无缥缈。我有一个相识很久但从未谋面的网友，深深叹服和感恩互联网的发明，因为在他不知道如何制作“夏日沙拉”时，正是社交平台助了他一臂之力。他试着在网上询问沙拉的做法，结果很快就被铺天盖地的菜谱淹没了，各种各样的做法和指南让他眼花缭乱，不知所措。

典型的拖延症就是在紧急状况下纠缠于微不足道的琐碎小事，得知他的经历我感到既新奇又见怪不怪。我知道分散自己的注意力总是会让人感觉良好。与他人交换想法也总是会给我们带来愉悦的感受，人们喜欢把互联网当作交流的工具。互联网上的一些评论沉醉于社交留言本身，赞扬它们既实用又亲和。称赞食谱的评论一段接着一段。这样的场面不禁让人联想起往年的假日，在极其幸运的时候，庞大家族里的麻烦家伙们不会来参加聚会，只剩下亲友们欢聚一堂，心平气和、高高兴兴地谈论菠菜怎么做好吃。

志趣相投的同志之情是蜂巢式互联网社交的产物之一，在那些熟悉蜜蜂社会的人眼中，这种情谊代表了温暖与关怀。20 世纪 20 年代，人类学家鲁道夫·斯坦纳（Rudolf Steiner）在自己的作品中把蜜蜂与其他群居昆虫的差别形容为高贵的维纳斯较之于野蛮的猛兽：“要怎么形容黄蜂和蚂蚁呢？在某种程度上，它们就像逃避维纳斯临幸垂青的可怜虫，而蜜蜂则是全身心地拜倒在维纳斯的恩泽之下，它们的蜂巢里充斥着神的大爱。”拜倒在维纳斯的恩泽之下，这不正是现代人对社交媒体的乌托邦式幻想吗？

人们对社交媒体的失望绝大多数时候来自它们丑陋的实际面貌，填满蜂巢的不是神的大爱，而是争强好胜的氛围、人身攻击和恶毒的揣测。社交平台更像是一场让人心寒意冷的暴风雨，而不是温暖人心的艳阳天。互联网建立之初，人们对虚拟世界饱含期望，想把它建设和维护成一处繁荣的精神家园，一处与蜜蜂而不是其他筑巢生物更像的精神巢穴。斯坦纳用当时最露骨、最煽情的话形容过蜜蜂："当一个人面对蜂巢时，应当以最郑重的语气对自己说，'蜂巢内有乾坤，吾等自惭形秽'。"

当然，一个比喻总是有好有坏，尤其是给人浪漫遐想的意象。我们总要警醒唯美的背后会不会有鲜为人知的另一面。养蜂技术，以及从蜂巢和蜜蜂身上学到的建筑学与社会学认知如同数字时代的缩影，人工驯养蜜蜂的历史轨迹与互联网的发展不谋而合，都经历了从未知到可见、从私密到接受监管。数千年来，传统手艺中用稻草编织，上面留出供蜜蜂进出的孔洞的蜂箱，一直都是为蜂群人工建造的巢穴。蜂箱高耸、穹顶状的外形仿佛苦修士栖身的石室。蜂箱的设计在 19 世纪迎来过一场革命，美国人郎什特罗斯（L. L. Langstroth）首开先河，把蜂箱设计成了可以拼接和独立移动的单元。独立拆卸的单元让养蜂人能够方便地检查蜜蜂的健康情况，不费吹灰之力就能取走蜂箱里的蜂蜜。

人工驯养蜜蜂的传统也反映在人类的建筑设计中。西方建筑中融汇蜂巢六边形和抛物线的设计早已有数百年的历史，现代主义的设计师们对先锋艺术情有独钟，但那也是在早先设计的基础上加入大量的玻璃元素而已。彼得·贝伦斯（Peter Behrens）为柏林的 AEG 涡轮工厂设计的蜂巢型标志无疑是蜜蜂影响文化的代表。AEG 涡轮工厂建于 1909 年，屋顶呈六边形，工厂穹隆的顶盖犹如一个经过切割的椭圆状蜂窝。一扇扇高大的窗户外装着密集的栅栏，沿着工厂由坚石筑成的外墙密集地排列着。"活像一座劳改的环形监狱，"拉米雷斯如是评论，"任谁都会把这个工厂当作一处劳工们挥汗流血的场所，一个真正的'（工人）监督式蜂巢'。"

与此同时，德国作家保罗·希尔巴特（Paul Scheerbart）在当时新出版的《玻璃建筑》（*Glasarchitektur*）中发表了与拉米雷斯相似的见解：“想想我们的未来，我们在建筑里将无处可藏。”对于低调隐藏采食活动的蜜蜂来说，开放式、监管式的蜂箱让它们的隐私暴露无遗。蜜蜂用“蜂海战术”细心呵护着自己的安乐窝，为蜂巢的日常运作鞠躬尽瘁。它们筑巢的本意是为了躲开巢外的视线，而今阳光照进蜂巢，让它们无所遁形。

蜂巢的遭遇可以看成是人类社会透明化的乌托邦版本。勒·柯布西耶（Le Corbusier）第一座摩天大楼的设计灵感正是来源于蜂巢的六边形，不过我们不能忘记，建造这座“摩天蜂巢”的材料是玻璃。换句话说，作为集体主义精神象征的蜂巢现在又被赋予了现代主义推崇的透明化内涵。不仅仅是在建筑学领域，互联网社会也回荡着关于透明化伦理正当性的各方争论。

眼下最让人头疼的问题是数字生活正在蚕食人类生活的私密性。某种隐隐的感觉正在演变为现实，人们渐渐对自己正在互联网上受到监视的事实感到稀松平常，网民就像托盘上的蜜蜂，只消轻轻往上一举，就会暴露在刺眼的阳光之下。强烈的直射阳光对渺小脆弱的蜜蜂而言未必是好东西。互联网上闹哄哄的信息交换像极了闹哄哄的蜂箱，而两者相似的地方还在于网民和蜜蜂时刻生活在外界的监管之下。

依靠互联网，我们可以化零为整、众人拾柴，就像辛勤劳作、合作无间的蜜蜂。但是与对人群的影响不同，互联网对个人的影响让蜜蜂的比喻显得更加贴切。这种改变发生在现代人的感知觉中。蜜蜂的感官向来让人捉摸不透。直到最近，人们才发现蜜蜂能够感知花的电场，不用触碰就知道哪朵花带来的回报最为丰厚。1923 年，斯坦纳一连进行了 9 场关于蜜蜂的演讲，他提出蜜蜂是依靠某种“介于味觉和嗅觉之间的感官”为自己导航的。他认为工蜂“根本不需要用自己的眼睛看”，就能够“尝到”太阳和远处的花朵。

虽然斯坦纳的著述经常掉入牛鬼蛇神的范畴，算不得实证科学，但是这一次他的确碰到了蜜蜂感官复杂性的裙边。将近一个世纪后的今天，科学家还是不知道如何分辨一只蜜蜂是嗅是尝。和人类不同，蜜蜂的嗅觉和味觉感受器没有在分布上分离和区域化。除了口部，离巢采蜜的蜜蜂还能够兼用触角和前腿感受嗅觉与味觉。如果要极尽蜜蜂这个比喻的内涵，光是关注互联网与蜂巢整体的错综复杂显然不够，蜜蜂个体感官的特殊性尚有挖掘的空间。

视听连觉是一种什么体验

如同有时候难以区分蜜蜂的嗅觉和味觉，互联网生活方式也在逐渐混淆人类视觉与听觉的界限，混淆这两种感官对物理世界感受的真实性。这又可以算是一条证明人类的生理感受能够被重塑的证据。听觉错乱是我们这个时代的标志性问题，感官混淆则是背后的罪魁祸首。四维世界的“声音”像极了一则咕噜[①]式的谜语：什么东西，寂静胜过荒野，吵闹盖过风嚎？这些描述看似自相矛盾，但是如果我们考虑重新定义人类的听觉和视觉，悖论便不攻自破。这正是互联网进攻现代人生活的命门。四维世界的光明和黑暗、喧嚣与宁静，每每提及互联网定义的视觉与听觉，我的脑海中总会浮现出一幅画面，咕噜从黑暗深处缓缓爬出，脸上挂着狡黠贪婪的笑容，口中喃喃念着：什么活物，耳能窥瞧，指尖絮叨？

无所不知的莎士比亚，自然也知道政权建立的基础是声音。哈姆雷特那

① 小说《霍比特人》中的角色。他被魔戒的力量所蛊惑，是因为疯狂追逐魔戒而堕落的霍比特人，喜好是猜谜语。——译者注

句著名的遗言——“余下的只有宁静”，充满了反讽的双关意味，因为复仇王子在离乡、决斗和殒命时的伴奏音乐渐次增强，却在结尾戛然而止。“那是什么声音？”哈姆雷特手里抓着毒酒杯问道。鼓声和骚乱声预示着挪威王储福丁布拉斯的到来，他将见证经过鲜血洗礼、鸦雀无声的丹麦宫廷。

从《哈姆雷特》一开始，莎士比亚就暗示了国家政权与声音的关系。老哈姆雷特国王的灵魂在雾气缭绕的城墙根向哈姆雷特控诉亲弟弟弑兄的罪行，他告诉哈姆雷特，克劳迪亚斯杀害自己的行为是对“丹麦全体国民”的伤害与背叛，是克劳迪亚斯蒙蔽了丹麦民众。克劳迪亚斯趁老国王在花园午休的机会，从耳朵灌入水银杀死了老哈姆雷特，老国王的游魂一直对这种卑劣的手段耿耿于怀。在《哈姆雷特》的结尾，众人在一番喧哗中抬走了哈姆雷特的遗体，福丁布拉斯宣布：“我们必须以响亮的军歌和隆重的军仪向他致敬。”剧本的最后一行是一句舞台说明，“后台传来数声炮响”，莎士比亚在结局又运用了一次双关，因为火炮的英文单词“ordnance”既是火炮的统称，又可以代表不可协商的指令和命令。最后的炮声象征着挪威占领丹麦，丹麦国民和老国王的耳朵不得不聆听这象征着政权交接的刺耳声响。

《哈姆雷特》的解读角度之一，是社会团体和社会活动必须卖力吆喝。想象一下古希腊的集市，政客和学者常常在街头争得面红耳赤，暴君们在阳台上欠身俯视、慷慨陈词，义军统领高声呐喊、鼓舞士气，效忠君王需要立下誓言，皇家庭院歌舞升平，草莽英雄自娱自乐。无论是乱世当道，还是太平盛世，你都可以选择言听计从，或者据理力争。

民主制度的本意是让每个人的声音都可以被听见。发声者的增加是政权趋于复杂的原因，有一个科幻系列非常热衷于探讨诉求极端多样与复杂的未来世界的社会形态。20 世纪 80 年代末，《星际迷航：下一代》(*Star Trek: The Next Generation*) 中首次出现了系列的新反派博格人，博格人是半机械半有机的混合生命体，他们的外形设计几乎囊括了人类对技术发展走向极端的所有末世恐惧。博格人的脸有一半被黑色的金属镀层覆盖，镀层上伸出粗重的电线，面颊和下颌原本的皮肉被镀层替代，透过薄薄的肌肤可以隐约看到皮下的线圈。除了外表，博格人让人胆战心惊的原因还包括在技术极度发达的未来，他们藐视一切宁静与沉默，藐视曾经和过时的一切文明。博格人的仿生大脑互联互通，由一个名为“集合体”的中枢网络统一管控，他们必须绝对服从集合体的意志。

博格人的感知觉犹如蜂巢社会的组织形式，这大概是最让人不悦的方式。在其中一集里，“企业号”的船员们从一艘坠毁在荒漠星球上的穿梭机中救出了一名落单的博格人幸存者。获救的博格人不禁让人想到当年德国战败后，孤苦无助的纳粹青年分子，内心空虚无物的他沐浴着自由民主的 24 世纪的阳光，在人类以及人类的同盟战友们面前总是显得格格不入。他非常思念往日，思念脑海中曾经回荡的集合体的声音。这名博格人与集合体的联络被人类切断了。“这儿太安静了，”他闷闷不乐地对扣押他的人说，“在这儿我什么声音都听不到……在我们博格人的飞船上，我能在脑子里读到别人的思维，周围总是有几千个人的声音时刻陪伴着我。”

无论从哪个角度看，伴随社会文明进步的科学技术对我们的日常生活而言都只意味着一件事：让它更喧闹。现实和虚拟世界，只有在我们试图对两者同时禁声的时候，才会意识到它们有多吵闹。英国国殇纪念日是如今鲜有的、能够让集体沉默焕发出古典肃穆精神的日子。在 2012 年英国国殇纪念日阵亡将士缅怀仪式的预热宣传中，英国皇家退伍军人协会决定把默哀两分钟的传统仪式带到互联网中。别的不说，英国皇家退伍军人协会的决定本身足以显示互联网生活在现代人生活中所占的分量。

尽管如此，颇具讽刺意味的是，为了彰显默哀的美德，仪式需要在互联网上争取数量可观的参与者与围观者，于是活动的组织者不得不每天在Twitter和Facebook的官方主页上为当天的仪式摇旗呐喊，吸引人们的注意力。英国皇家退伍军人协会因为这个事件，有幸成为第一批在美国之外使用Thunderclap的社会组织。Thunderclap是一个群话平台，能够方便地向订阅者们发送集体性的消息，比如“癌症，你的末日到了”，或者“我们需要非裁员政策”，它可以同时将一条信息发送给正在线上浏览某一社交平台的用户们。英国皇家退伍军人协会的口号是：“我将在11点整缅怀那些逝去的英灵#来自默哀两分钟活动#谨防遗忘。”这条消息在英国国殇纪念日的早晨几乎刷爆了Twitter的消息界面。根据社交关系的六度分割理论[①]，只要有两万人拿起叉子敲击酒杯致辞，就会有1 000万听众洗耳恭听。这就是当天这条信息的影响规模。

2012年的英国国殇纪念日，人们先是经历了Thunderclap在社交网络上摧枯拉朽的怒号，紧接着是望眼欲穿的两分钟默哀。仪式结束后，Twitter的用户们端庄地抬起默哀中低垂的头，随即脑海中就开始刮起不那么端庄的风暴。众多网民聚到一起，开始中伤和讨伐在两分钟默哀活动里出现失误的人。主持人杰里米·克拉克森（Jeremy Clarkson）在他的职业生涯中以正气凛然著称，在Twitter集体默哀仪式中，他的个人主页收到了一条自动推送的宣传

① 1867年由哈佛大学教授斯坦利·米尔格兰提出的理论，可以简单地概括为：你和任何一个陌生人之间间隔的人数不会超过6个。——译者注

《疯狂汽车秀》[1]的广告，虽然他马上删除了这条广告，但是依然逃不过网民们铺天盖地的口诛笔伐，克拉克森顺势而为，马上在个人主页上发表了一条自我检讨的消息，称出现这样的失误真是“愚蠢得不可思议”。

英国国殇纪念日上演的默哀仪式浮躁异常，哪怕是做做表面功夫都难以让人满意，可见沉默和宁静在当今的确是难得一见的稀奇事物。而奇怪的是，沉默和宁静逐渐缺失的同时，我们反而变得更安静了。人们互相大声说话的机会变得越来越少，比如在 2012 年，短信已经取代电话和面对面谈话，成为英国人日常交流的主要形式。读到这里，你是否能够想象这样的情景：养蜂人敲打着蜂箱的侧板，俯下身来希望听见里面久违的“嗡嗡”声，然而他什么都听不到。全世界蜜蜂正在销声匿迹的同时，我们也在日渐兴盛的互联网中失去了发声的本领。

如果互联网时代继续鸿运昌盛，有朝一日需要建立一座自己的万神殿，那 Thunderclap 很容易让人联想到宙斯和他的惩戒闪电。毕竟，荷马把宙斯称作“雷神”和“唤云者”。在《伊利亚特》(*Iliad*) 中，宙斯警告诸神不要擅自干预凡人的战争，荷马告诉我们，当时的场面是“宙斯开口，震慑四方，诸神缄默”，随后宙斯“打起惊雷”，向希腊军队发射出了一道闪电，“令凡人的军队目瞪口呆”。荷马笔下的宙斯用雷霆万钧镇压人间的喧闹，师出有名，符合纲常。而互联网，尤其是互联网世界的声音，则并非如此。互联网中的闪电寂静无声；它同样威震四方，同样音传千里，同样让凡人们有耳皆闻，但是它却使得人间寂寥无声，互联网中的闪电是无声无息的文字和图片。

---

① 杰里米·克拉克森本人主持的一档节目。——译者注

和其他媒介不同，互联网信息的主要传播方式是视觉，为此人们创造了许多迎合视觉处理需要的类比概念。比如，我们会称计算机图片中模糊或者不需要的像素点为数据“噪”点。因此，互联网的本命之神不是宙斯，而应当是狄俄尼索斯。狄俄尼索斯诞生于宙斯的大腿，就像意外降临的短信。和宙斯一样，狄俄尼索斯有许多振聋发聩的名号，“咆哮者”或“尖啸者”。他在阿卡迪亚最常做的事就是让途经的村落陷入喧闹的狂欢，不过他让凡人怅然若失的原因并不是极度的狂喜，而是狂欢之后喧嚣退去的宁静。沃尔特·奥托（Walter Otto）曾经这样描述狄俄尼索斯的咆哮：“他的喧闹之极，却是宁静之最。”恰如互联网改变我们生活的方式。

到底是喧闹还是宁静？数字生活就是如此的狄俄尼索斯。众人拾柴，在互联网上唤醒了这位咆哮之神。但在互联网上引爆喧嚣核弹的我们却集体陷入了日常生活的沉默里，现代人只要静静地用手指在手机屏幕上比划，就能让自己笑靥如花。最近我跟一个年轻的美国朋友打趣说，我觉得她和她的同辈看什么东西都觉得尴尬。“谁说不是呢，”她说，“糟糕透了。现在的人根本没法闭上嘴巴在一起站一会儿。更别提其他更让人尴尬难堪的情况了。”事实是，似乎已经很少有人还在用“令人尴尬的沉默”这样的表述方式了，因为它犯了同义重复的毛病：对现代人来说，沉默本身就是令人尴尬的。

也许现代社交场合里出现静默最尴尬的地方在于它的双面性，人们既不情愿和别人逢场作戏，又不愿意自己独处，这才导致了谁都不希望看到的冷场。以前人们会因为惧怕冷场而强迫自己闲聊，哪怕是脱口而出的话题。而如今我们似乎学会了破罐破摔，沉默的尴尬却没有因此减少分毫。为了化解“令人尴尬的沉默”，我们现在最常借助的手段不是“制造声音”，而是用参与其他对话赘生出的沉默对抗沉默。我们会拿出手机查看突然收到的短信，无所事事地查看邮箱、Facebook或者给别人发短信，心里想着在手机屏幕之上、视野焦段之外虎视眈眈的尴尬能自己走开。我们用来填补三维世界里沉默的武器并不是三维世界的对话，而是四维世界的沉默，或者说四维世界的喧闹。

四维世界的噪音已经大到叨扰我们眼睛的地步了。噪音如何会影响眼睛？还记得之前蜜蜂的例子吗？它们的嗅觉和味觉混为一体，难以区分。克拉克森事件最引人深思的一点是，让我们意识到之前大大低估了听觉在处理互联网信息中的地位。把无声的图片和文字自动转译成声音已经逐渐成为我们的日常习惯。在《疯狂汽车秀》引发的广告风波里，默哀的对立面不是噪音，而是分心。也可以说“噪音”的定义不再只限于听觉的范畴，可以想见，在不远的将来，“静默”的指代也会因为需要而变得更为宽泛。

“静默”很可能成为21世纪的世纪单词。我记得“静默”这个词的变迁，在YouTube浏览视频时，关闭蜂拥而至的广告的选项就是“静默”。YouTube视频在播放中会插入广告，就是那种遮挡画面、无声的数字广告牌。我总是会毫不犹豫地把光标移到广告牌的关闭图标上，点击之后会出现另一个新的对话框，对话框中的文字会殷勤地问我是否真的希望“静默这条广告”。点击“是”，广告就被色块盖住了，色块上的文字是“广告屏蔽”。只要我选择“取消静默”，广告就会卷土重来，在我正在阅读的《好莱坞报道者圆桌会议·女演员篇》的标题旁招摇过市。

2012年年中，谷歌推出了静默和屏蔽网页广告的功能。在此之前，“静默”这个词描述的一直都是声音的消失或者限制，从来没有人用“静默”形容过在视觉上进行遮掩的行为。不知从何时开始，我们开始越来越多地把无声之物放进“静默”的对象里。消息屏蔽功能让Twitter上的用户能够在不解除好友关系的情况下，免受对方发布的消息打扰。如今，人与人之间的距离和隔阂缩水得越来越严重，这个功能似乎已经变得必不可少。Twitter 是在 2014 年 5 月正式推出了消息屏蔽功能。我还留意了它对这个功能的说明：“在 Twitter 上屏蔽一名用户意味着他们发表和转发的推文将不再出现在你的主页的新鲜事里。”

当然，互联网上的“静默”仍然可以指代没有声音的传统意思。在电子游戏《侠盗猎车手》（*Grand Theft Auto*）里，玩家之间可以通过麦克风相互对话，谈话声、背景音让游戏的世界不胜聒噪，就连在游戏中进行抢劫，都像是一群人坐在桌边开着七嘴八舌的无聊会议。许多玩家在游戏的论坛上抱怨，用户之间的闲聊破坏了游戏出色的音效和氛围，尤其是有的人还会在麦克风里唱歌，于是玩家们互相指导对方如何在游戏设置里关闭语音。即便是在带有语音功能的游戏里，声音也不是互联网里该有的东西。声音，我是指现实生活中以声波的形式传播、能够使我们的耳内结构震动的那种东西，必须清楚自己的定位，它只不过是互联网噪声的跟班罢了。这一点在游戏设置的命名上就可见一斑，《侠盗猎车手》里玩家普遍不喜欢的语音功能被称为“语音聊天”。这个语意重复的构词如果放在前互联网时代，想必会像“耳朵聆听”一样，相当令人费解。而现在我们都能明白它的意思，因为光是“聊天”已经不足以指代声音了。“语音聊天”用短短四个字就清晰地告诉我们，人们对声音的定义和对它的感知方式已经今非昔比了。

万籁俱寂，感受宁静

大多数时候，现代人不是在沉默，而是在专心聆听，对数字世界噪声的沉迷让我们每个人都成了宁静大师。我现在说的是宁静的字面意思，不是阅读互联网上的文字时的“表面宁静”，而是没有声波撞击我们的内耳，无声无息、毫无波澜的那种宁静。蜜蜂的嗅觉和味觉感受器，是一种毛状或者钉子样的结构，密集地分布在体表各处。如果继续用蜜蜂打比方，那么四维世界的人类也同样周身布满了感受宁静的触毛。蜂巢式的互联网生活让我们对数字世界里随处可见的宁静无比敏感。只要宁静持续的时间够长，我们就会感受到它们的存在，而时间的长短与每个人感受宁静的阈值有关，因人而异。我们知道各种宁静的原产地和酿造年份，我们能在空气里嗅到它独特的滋味，能够感受它推搡我们大腿的力道。而当我们低头凝望着它，才发现宁静也在凝视着我们。

尽管在今天看来，痴痴地守在一台没有声响的手机旁早已是见怪不怪的事，人们习惯于心甘情愿地画地为牢，只是这种心甘情愿的内核是什么呢？与人交流的愿望被泼冷水恐怕是最令人烦闷的宁静，任何通信技术都免不了让用户遭遇这种失落，以前如此，现在如此，将来亦如此。我还记得在新千禧年伊始，当时如果对方不回你的短信，那通常就是感情破裂或者将要破裂的信号，没有响动的手机令人几近绝望。无视别人发来的短信可谓残忍至极，无情的程度几乎可以与把对方的头强按进水里相媲美。遭受冷遇的对方会在你的冷漠外远远徘徊，他们可能会发一些讨好的短信、直白的声明，或者试探性地虚张声势。如果你继续保持沉默，那么对方也只能敬而远之。

无论关系亲疏的人，移动电话都可以使他们不断地侵犯我们的私生活，不论时间地点，哪怕是深更半夜你在自己的床上呼呼大睡也不例外，所以粗暴的冷处理有时候的确是人们的无奈之举。无线电波是最先觉察到来犯者的，它就像家里的看门狗一样警觉，随即手机铃声大作，接着就是欢快的震动，“嗒嗒嗒，嗡嗡嗡”，既像小狗在摇尾巴，又像有人在楼下摔跤。这就是还能听到铃声的2004年，按照游戏规则，追求者不用对垂涎和骚扰的姑娘负什么责任，2004年的我们骚扰着别人，也被别人骚扰着。

在日常的短信交流中，沉默相当于一种标点符号。它经常被当成省略号来用，一旦一方陷入沉默，也就意味着对话难以为继了。沉默是社交媒体的通用语言，无论是在聊天室、广播还是现场直播里，沉默就像是交流突然拐进的死胡同。沉默弥漫前，最后发表看法的人总是被置于“看起来十分愚蠢”的尴尬境地，除非他是以慷慨激昂的总结陈词结束了这段对话。如若不然，两人的对话就像是其中一方的话刚说到一半就被外星人绑架了。引起这种错觉的部分原因是社交媒体杂糅式的对话形式，它融合了书面便条和象棋回合制的特点。没有明确的起止信号,对话总是悬而未决。多亏了这种形式的谈话，我现在对别人挂断电话之后的“嘟嘟”声尤其心怀感恩。

此外，我同样享受别人在告别时彬彬有礼的起身送行，哪怕欲拒还迎，空洞的临别寒暄至少安慰人心，更不消说双方还会在对话彻底结束前许下后会有期。

我们天生倾向于用喧闹粉饰离别。在社交媒体上，我们甚至能够因为目睹别人遭受的冷漠而感到隐隐刺痛，不过这对锻炼我们的共情能力来说倒也不算是坏事。说到这里，我突然想到了自己的两个朋友，他们相互之间远没有和我熟络，在网上的交流也很有限。就是这样的两个人，有一次在讨论完公事之后，其中一个人提出两人一起去喝杯咖啡。当我发现他们的这段对话时，它已经结束好几个小时了，但我依旧能够嗅到尴尬的味道，喝咖啡的邀请孤零零地吊在他们对话的末尾，我对那位朋友内心感受到的挫败感同身受。不过我很快就发现，无情的受邀人在这条建议上点了“喜爱”，虽然对方不买账，但是至少他们的对话有一个相对有人情味的收场，气息微弱的这一个音节捅破了漫长的、宁静的尴尬氛围。

我们都变成了极其敏锐的聆听者，让互联网式的肯定回应不消大张旗鼓。我们屏息凝神、心弦紧绷，紧紧盯着双方的社交分歧，直到屏幕上浮现两个互相给对方点赞的大拇指图标才敢松一口气。矛盾化解，好一场谈话！社交平台是一处不能松懈之地，不过正是因为高度的紧张感和频繁的互动，才使我们练就了一身容忍各式各样沉默的好本领。网络叽叽喳喳的常态让我们对沉默不语的情况格外关注。默许是态度强硬的政治家服软妥协的惯用伎俩，甚至对于随机选取的两个陌生人，我们也能轻易从双方对话的沉默中读出隐含的意义。如果你的某条评论或者某张照片下面有三个人点赞，你大可以愉快地下拉页面查看都有谁喜欢你发表的东西，他们是不是符合你的预期。

此外，你肯定也会琢磨为什么有些人没有出现在点赞名单里。“她从来没有转发过我的推文！”一位朋友曾这样向我抱怨一段在我看来操之过急的关系，就这样，人们的感情和关系仅仅因为没有发声就会变质腐坏。由于视觉和听觉在互联网里已经密不可分，眼前意料之外的空白反而成了耳畔颇有深意的碎语。这就像 Instagram 上从来不发照片、从不点赞、不转发、不评论的用户，既是口味最难解读的，却又是口味最明确的。如今，我们可以从宁静里听出故事，虚无即是存在，只是大多不甚令人愉悦。

察言观色和仔细聆听在人类已有数千年历史的社交生活中早已有之，对他人冷淡态度的揣摩也是屡见不鲜，只不过互联网聒噪的氛围把宁静和沉默衬托得空前显眼。每一天，我们不需要别人提点就知道那个不回自己信息的某人正在和其他人攀谈甚欢，这偶尔会让我们感到丧气和困扰。Facebook 推出的显示消息“对方已浏览”的功能无疑会使这种情绪雪上加霜：看着对方与他人谈笑风生，而对你却视若无睹，人们很难不对此心有芥蒂。对信息的发送者来说，通常是对方的沉默，而不是回应，会让他们耿耿于怀。

如果说在网上看见就是听见，那么“看见了别人看见”就相当于知道了对方在“假装没有听见”。反过来，你会格外注意自己在网上的音量。比如，如果我有一条欠了别人很久的短信，但我宁愿忍受这份内疚感也不愿意回复，那么我只能被迫在互联网上踮着脚尖、蹑手蹑脚地行动，以免留下什么痕迹而被那人看见。哪怕一个无心的点赞都有可能让我脚下的地板裂开一个巨大的豁口。我必须非常谨慎，非常安静。出于对他人要有礼貌的考虑，一个沉默可能由此衍生出成百上千的沉默。

体味沉默的力量

作为在 20 世纪 40 年代社会礼仪和习俗的评论家，莱昂内尔·特里林（Lionel Trilling）曾高度赞扬能把“一种文化嗡嗡作响、杂乱模糊的精神内核”展现在作品里的那些小说家们。如今，如果有小说家心系当下，他们要面对的可是一个相当复杂的时代。一方面，眼前的世界显得愈发静默，环境的管制不当让宁静取代了聒噪，人人自危。另一方面，人们却没有变得平静，表面的安静不过是一种无声的躁动。而真正的宁静就在似是而非的集体沉默中渐渐流行开来。自相矛盾的四维声音与狄俄尼索斯宁静的咆哮简直异曲同工，而如果你知道酒神狄俄尼索斯正是养蜂人的先驱，两者的暧昧关系就达到了顶峰。

在希腊神话中，有一天，萨提尔[①]们在狄俄尼索斯的授意下一起敲打手

① 酒神狄俄尼索斯手下的军人，马耳马尾的人形精灵。——译者注

中的钹，吵吵嚷嚷地发出巨大的噪声。持续不断的热闹场面引来了一大群蜜蜂，狄俄尼索斯立马把蜜蜂围拢起来，放到一个空的树洞里，没过一会儿，他就在树洞里采到了蜂蜜。蜜蜂是勤劳的楷模，无论是面对和谐同步的社交平台还是形单影只的个人生活，它们总是勤勤恳恳，忙得不可开交。蜜蜂全身的感受器不分你我，犹如四维世界里人类的视听联觉。蜜蜂总是成群出现在任何你能想到的位置，但在真正需要它们的地方却已经销声匿迹。

那些讲求人物和作品时效性的当代小说家说不定可以考虑以一个离我们非常近的人物为原型进行创作，这个人从未过时，哪怕放在今天亦是如此。在一定程度上，艺术家马塞尔·杜尚（Marcel Duchamp）就具有特里林所说的那种本事，而且天赋异禀：他能够传达未来社会嗡嗡作响、杂乱模糊的精神内核。杜尚后半生的生活非常奇异，周遭的人后来都把杜尚当作半只脚踏进来世的人对待，那种生活很好地象征了我们这个时代宁静与聒噪的牵扯，恍如杜尚留给我们这个时代的一件艺术品，穿越古今，对数字化时代喃喃低语。

杜尚显然和与自己同时代的人格格不入，他不认同其他现代主义者口中的乌托邦式集体主义。杜尚曾说：“未来社会就像个蚁丘，我对它评价不高。”想必他也不怎么待见蜂巢式的社会，他说：“人人都是搁浅的船骸，顾好自己。”从 20 世纪 20 年代中期一直到他去世的 1968 年，人们认为杜尚在此期间早已放弃了艺术创作。他声称厌弃了自己的多产，这可不是他吹牛，事实上只要杜尚想，他每天可以创作三件“实物艺术”风格的作品，自有大把的人对它们垂涎欲滴。杜尚用下国际象棋打发多余的时间，放弃创作转投研究国际象棋成了杜尚中年和晚年最广为流传的逸事。一个朋友形容杜尚，“可以说他虽然活着，但已经放弃了生命”。另一个朋友则把杜尚当成“彻底摆脱俗世”的榜样。

1964 年，约瑟夫·博伊斯（Joseph Beuys）[①] 在一档德国电视台的真人秀节目中展示了让助手事先写在纸上的一句话：“你们高估了马塞尔·杜尚的沉默。”世人对杜尚退隐的神化激怒了博伊斯，他对杜尚的评价是“用沉默故弄玄虚”。博伊斯在自己的作品里毫不避讳自己对蜜蜂的着迷。博伊斯曾说过：“唯有齐心协力才是正途。”他相信在一个成功的社会里，爱神厄洛斯是人们团结友爱的结果。博伊斯在晚年弥留之际仍坚持认为：“社会主义意味着爱。”杜尚在 20 世纪 20 年代创造了一个转性的自我，他把异装的自我取名为 Rrose Selavy（法语音近 Eros, c'est la vie，意为“厄洛斯，这就是生活”），杜尚的这一行为和超现实主义的同行们一样，透露着浓浓的个人主义意味，沉默寡言中横生情愫，犹如船骸之爱。

到最后，杜尚的沉默其实是一支掩盖锋芒的消音器：他缓慢、细致地磨着手里的剑。杜尚用生命中最后的整整 20 年，秘密创作了最后一件作品，《给予：1. 瀑布、2. 燃烧的气体》（*Etant donnes*），他在这件作品里灌注了自己的信念，即人生而孤寂。这幅画的观众面对的是两扇嵌在墙上的中世纪风格的木门，木门紧闭，只有两个小孔供一个观众的双眼向里窥视。可见，作品的意图是为了让观众单独站在孔洞前，意识到自己欣赏作品的同时也成为其他观众欣赏的对象。门的里面是一个半油画、半拼贴的裸体女性，她舒展地躺在粗糙、干燥的草堆上。她的脑袋超出了视野的边界，举起的手上提着一盏煤油灯。

作为曾经拒绝对蜂巢社会顶礼膜拜的杜尚，却对互联网普及的未来数字化社会颇有洞见：形单影只、鬼鬼祟祟，暗中观察者也沦为别人暗中观察的对象。杜尚把作品的空间感设计得非常诡异，以至于对观众来说，一时竟也

① 德国激浪派艺术家，偶发艺术家，行为艺术家。——译者注

分不清木门的外侧到底是冲着作品里面还是外面。《给予：1. 瀑布、2. 燃烧的气体》在宽阔的公共美术馆里营造了一个封闭的空间，同时它也指引观众去向另一处外面的世界，沿着女性胴体向远处延伸，可以看到一派森林风光。

《给予：1. 瀑布、2. 燃烧的气体》有两个窥视孔，一个是传统式的，另一个是宋飞式的，但是早在《宋飞正传》上映之前，杜尚就抓住了四维世界生活中最关键的问题：我们在外面还是在里面？在公开场合还是在私人场合？我们蹲在大门的钥匙孔边是想主动闯入还是被他人唆使？是我们在窥探别人的秘密，还是别人在窥探我们的秘密？主宰我们视线的神是爱神厄洛斯还是死神塔纳托斯？换句话说，我们是在凝视生活，还是在凝固生活？杜尚在去世之后用一件视觉作品打破自己多年的沉默，可谓求仁得仁，观众无声的欣赏，静默的不是杜尚的声音，而是他想象的场景。

THE FOUR-DIMENSIONAL HUMAN

03

动态平衡，虚拟与现实的可逆反应

四维世界最奇妙的体验莫过于虚拟和现实的动态平衡，就像配平的化学方程式，虚化转化现实是一个可逆反应。现实能够虚拟化，虚拟亦可现实化，在数字世界里，一切随性灵动都沦为冥顽不灵。数字技术的成熟在给我们的生活带来虚拟化和高效化的同时，却让现实生活少了几分人情味儿。

一切随性灵动都沦为冥顽不灵

在 1982 年，马歇尔·伯曼（Marshall Berman）出版了其探讨现代性的名作《一切坚固的东西都烟消云散了》（*All That Is Solid Melts into Air*）。书的标题出自马克思和恩格斯撰写的《共产党宣言》，本意是讽刺朝生暮死的资本主义，批判其追逐利益的贪婪本性。马克思和恩格斯认为，资本主义因为利益驱使而枉顾历史、习俗等社会传统，所以是不稳定社会。资本主义不是长久之计，因为这种社会制度“欲壑难填”。此外，货币价值的浮动也是市场经济冲击实物商品的方式之一。伯曼由此在观察中提出，资本主义社会中的现代性体现在聒噪、混乱的市场环境，一切确定性都升华为蒸汽，消失得无影无踪，无足可立，无枝可栖。

从某种角度来看，资本主义和四维生活颇有几分相似之处。资本主义的特点是，“它必须到处落户，到处开发，到处建立联系”。“一切坚固的东西都烟消云散了”，无疑也是数字技术革命的口号，如果把新自由主义比作熔炉，那数字媒体不啻于从熔炉中腾起的滚滚蒸汽。无形的数字媒体成了资本主义依存的新媒介，两者强强联合。

如果我们可以暂时忘记分布于全世界各地的数据中心、由于不间断的高速运作而时刻受到过热威胁的服务器们，选择忽视它们，我们就剥去了数字生活中最资本主义的部分，剩下的就只有便捷和体面。虚拟化是数字化生活最具代表性的特点，从此无纸化办公成为可能，以前的人恐怕做梦都想不到，一柜子又一柜子的书能像现在这样存储进小小的电子阅读器里。

我们从一开始就知道并且期望数字化技术对物质世界进行虚拟化，却没能充分预见它对人际关系产生的影响。数字技术的成熟在给我们的生活带来虚拟化和高效化的同时，却让现实生活少了几分人情味儿。回到我在序言中提到过的度假，最近几次出游我都会选择短租的乡间小屋，而租赁交易完成的自动化程度总是让我惊叹不已。从预订房间到临走前替房东扒掉用过的床单，整个租住期间我不需要同任何人见面，甚至不需要跟任何人说话。房租“嗖”的一声就从我的虚拟钱包转到了别人的口袋里；唯独房屋本身，才在我入住的时候由触不可及的图片化身成实实在在的钢筋水泥。在一趟去外地的旅行中，我和当时的房东互通了几封轻松愉快的电子邮件，我们谈论正在下的那场大雪和房子里舒适的装修，而这一切发生的时候我们两人都在火车上。直到要离开的那天早上，我才因为要确认退房的时间第一次给她发短信。她所有存在的证据，只不过是几个贴心的茶包，一瓶酒和一盒心形的草莓夹心白巧克力。我要说明的是，这些都是普通的餐食，不会像《美女与野兽》里的餐具们那样为我的远道而来载歌载舞。

现如今已经没有谁在外出旅行时有机会从热心肠的老乡夫妇手里接过小木屋沉甸甸的铁钥匙了。走进预订的房间，你总能在房东特意预备的一杯牛奶旁找到一个活页夹，里面写着他给你的建议和提示。顺带提一下，放着牛奶的桌子上通常都铺着一块色块斑斓、毫无亲近感的桌布。在过去，除了有关乡间活动的建议之外，你能看到的东西还有：女主人宽阔、长满皱纹的额头，她围裙上因为打扫和做饭而沾染的污迹，刚睡醒伸着懒腰的猫咪，壁炉旁满满一筐的煤球。如果人们愿意牺牲一些交易中的现代化，他们就可以获得浓浓的19世纪风俗风情作为部分补偿。

我并不是在暗示想以牺牲别人的自由为代价，来满足我对乡村生活的浪漫幻想。相反，我很乐意看到生活在农村的女性有机会坐上英格兰中部铁路东线的火车，同时用智能手机远程遥控家里迎客的炉火，让其熊熊燃烧。如今的房东就像掌管房子的幽灵，我举这个“乡村魅影”的例子只是为了向你展示无形交易在数字技术普及的今天有多容易。互联网交易成为现实的重要前提其实是虚拟身份可以在任何地方实体化的能力，虚拟身份可以在现实世界中被追踪、被问责。

乡间小屋可不是交通便捷的旅游胜地，房东和我神不知鬼不觉的交流仰仗的都是互联网，是互联网为现实生活中的我们披上了隐形衣。数字技术出人意料之处并非它消解实体物质、创造虚拟现实的特质，这恰恰是它自诞生起就广为人知的核心卖点。四维世界最奇妙的体验莫过于虚拟和现实的动态平衡，就像配平的化学方程式，虚拟转化为现实是一个可逆反应，现实能够虚拟化，虚拟亦可现实化。在数字世界里，一切随性灵动都沦为冥顽不灵。

数字技术让现实生活显得冥顽不灵，导致这个结果的源头是它极大地简化了某些行为，如信息的分享、复述以及公共百科全书的创建，任谁也难以抗拒数字技术带来的这些便利，公众纷纷为数字化的主要目标背书，以分门别类的大数据眼光来看待现实世界。我们越来越习惯于用高屋建瓴的腔调谈论自己的生活，再鲜有人脚踏实地地对自己的遭遇就事论事，权威的光辉盖过了实践的真知。数字文化的通性是让人们把纷繁多样的现实生活划分成一种又一种类型，然后用这些冠冕堂皇的分类术语相互交流。在我看来，四维时代的人类无时无刻不在为成为优秀的分类学家而刻意练习。这股分类的狂热浪潮无疑会影响我们对原创性的感知，进而影响我们的个人风格。在四维空间里，我们应该怎么打扮自己呢?

校园生活离我已经很远，年幼时的我们还不知道数字技术为何物，现在想来，有一个在校园开放日举办的活动极像互联网世界的寓言。每年的 12 月都是人们开始为拐杖糖慈善捐助活动出力的时节。贩卖拐杖糖的临时摊点通常设置在喷泉池边，一般而言，每个摊位的负责人都是年级较高的女生，在年幼的我眼中，她们的睿智和沉稳绝不输给无言的大山。在她们的管理下，摊位的成员们在自己的摊点附近紧锣密鼓地忙碌着。摊位负责人强势和庄严的气场甚至感染了临时租用的教室和随意摆放的折叠椅，让人对她所在的“指战办公室”肃然起敬，只有在捐款活动的午休时间你才能获得接近她的机会。花上 25 美分你就可以为朋友买一根拐杖糖，或者一美元 5 根，同时附送的还有一小块纸，方便你写下祝福。附赠的纸非常粗糙厚实，触感就像干燥、洁净的手在票据上拂过，令人终生难忘。开放日的午餐时间很快就结束了，在午餐和最终离职卸任之间的下午时光，一波又一波的高年级学生开始成群结队地前往晚宴的所在地，准备在活动之后接受睽违已久的款待。

于是突然之间，他们发现自己不得不面对如何决定晚宴就坐顺位的问题：觥筹交错的场合，谁当落座上位，谁又排在末尾。对那些中途辞职的人来说，他们只能坐到桌子的末尾，强颜欢笑地成为其他人的陪衬，撑起这个尊卑有序的排场。还有更不幸的，那些在慈善捐助活动中饱受社交和营销竞争压力的人，只能在老师们同情的目光中形单影只地落魄离场。我的销售记录马马虎虎，能帮我在晚宴上混到中流的位置。作为“中产阶级”，宴会在我眼中并没有那么喜庆，整个排场不过是一个包装华丽的皮囊，背后隐藏的赤裸裸的问题只有一个：“你配站在哪里？”好在活动结束也意味着新年将至，紧随而来的便是唱圣歌的习俗活动。按照传统，在最后一个音符落下之际会有人撒出赞美诗集的散页，洋洋洒洒如同白雪，雨露均沾地落到每一个人身上。说不清诗集散页的花销是否由拐杖糖义卖活动的收入买单，但那铺满整个学校体育馆的纸屑的确是由义卖活动中的赢家和输家共同准备的，也在最后一首圣歌结束时公平地飘到了每一个人身上。

值得庆幸的是，拐杖糖义卖活动中不讨喜的、量化个人社会成就和地位的规则并不是现实生活的主流。所有的荣耀和屈辱只爆发在那一顿晚餐的时间里，最后在晚上以官方发布的销售数据及自欺欺人的深明大义作为结束。与暗流涌动的校园政治和见不得人的种族隔离制度相比，拐杖糖义卖活动的虚伪意味远不及前两者。但是，社交媒体的设计让现代生活的每一天都恍如一场华丽的拐杖糖慈善捐款活动。社交媒体上的每一张图片，每一条状态、上载、评论，乃至评论下的评论，都透露着浓浓的教唆和同情意味。

不管是哪个社交平台，好友的意义都不啻于上衣口袋一般紧贴心脏，这一点对年轻人来说尤甚。网络上总是一番盛世欢愉，大爱无疆的景象，最典型的现象是随处可见的“点赞”和“打 call”。从前心照不宣的人际互动在今天变得一目了然。抽象的社交互动被实体化了，衡量两人的社交关系与测量患者的骨密度似乎没什么两样。

拐杖糖义卖活动的寓言同样适用于更广义的互联网价值观，互联网高度组织化的内容让“随性浏览”变得几乎不可能。无论是点击、浏览还是转发，我们在互联网上的任何动作都会不可避免地把虚拟事物量化和实体化。每一个冲浪的网民都是网页“数据分析”的组成部分。打比方来说，我们每个人都在无意中加入了一场游戏，在这场游戏里我们把一个包裹从一个人传给另一个人，每传递一次，包裹就在人们手中变得更大一点，每传递一次，人们就在包裹的外面加上一层包装纸，而不是拆开原有的那层。于是，点击量大的巨无霸网站就逐渐成为互联网世界的中流砥柱。

在虚拟世界里，体量是衡量影响力评分的指标。Klout 公司是一家饱受争议的数据分析公司，它的主营业务是为个人或者商业团体计算“社会影响力得分”，还针对分数不高的客户定制提升得分的策略。Klout 公司直言不讳地坦陈了自己对数字时代量化评价体系坚决拥护的态度，恬不知耻地声称这是互联网赐予人们全新美德，冥顽不灵的同党们是影响力、冲击力和统治力。什么是影响力？不过是“一场毁灭性的暴风”而已。

当年马克思看着现代化，目之所及，他看到本应减少人类体力劳动的工业技术反而让工人们苦不堪言，本应创造财富的手段却让社会饿殍遍野，经济衰退，人心惶惶，马克思意识到，“我们生活的时代，似乎一切都南辕北辙”。如果马克思生活在今天，毫无疑问，他会对如今的数字技术发表同样的感叹。如今的时代，虚拟世界的车辙沿着实体化和类别化的方向滚滚向前，看不见摸不着的数字化技术却成为让事物实体化的急先锋。

名词入侵，动词节节败退

眼下生活变得越来越脱离实体物质，也难怪经常会听到有人问：“这是真的吗？”也许你也经常说这样的话，在公开场合脱口而出很容易让你难堪，想必你也有过红着脸偷瞄四周看看别人是否在意的经历。仿佛一夜之间，生活中的一切都成了事出有因的非真即假，而不是偶然发生的客观事件。“把咖啡里的牛奶换成黄油棒，真的可以这样做吗？”“‘虚拟女友’成为现实”，这是《电讯报》某天头条的标题，当天的故事报道了当下人们在互联网上订阅在线陪伴服务的现象。存在论的泛滥也波及了特立独行的古怪行为：“一脚穿皮鞋，一脚穿跑鞋？太超现实了吧……”事物一旦实体化，就可以被人评头论足；模棱两可、存在感模糊的东西无法长期吸引人们的眼球。

重复千遍是三人成虎的不二法门。在我们生活的这个时代，重复作为数字化技术的拿手好戏不可小觑——病毒营销的核心就是借助互联网对受众不断重复和洗脑。不仅如此，对事物“真假”的认定不过是文字游戏，它的本质是认同者之间的惺惺相惜，是他们的大合唱。每当我们提到某事某物，我们暗指的其实是背后参与和认同的公众。人众则师出有名，人众则开荒成路，只要足够多的人重复足够多的次数，语法也会发生变迁，动词的领地正在受到名词的蚕食。

动词的节节败退叫人扼腕叹息，因为在曾经的三维世界里，名词一直是动词的手下败将。时光流转，CD、DVD、信封、外卖宣传单、地图册和袖珍版字典等都蒙上了时代的风尘，渐渐被人遗忘，我们开始环顾四周，寻找旧时代眼泪的替代品来填充空缺。科学家在几个世纪前就提出物质只能改变分布的位置，而无法被毁灭，与质量守恒定律类似，现实世界这些实体产品的虚拟化势必将伴随虚拟世界概念的实体化，后者就是我所说的名词入侵。千言万语胜不过实际的例子，你看了就会明白，这种趋势至少从2012年起就露出了苗头：

> When the person sitting next to you on the 33 bus at 6:15 on a drizzly evening presses a finger to their left nostril and blows a torrent of snot to the floor, barely missing the rims of the red-stitched Doc Martens that your ex got you when you had your wisdom teeth out. That.

英语专业的学生一眼就能看出这句话的问题，虽然句子里有许多动词，但没有一个是实义动词。这个句子里的动词全都是主语而不是谓语。我很擅长捏造这种成分不全的句子自娱自乐，因而对它们也格外敏感。不过我只是自己使些小坏而已，更重要的是，互联网中风靡的东西能够模糊普遍与特殊之间的界线，能够让特例看起来犹如平常，能够把个人某时某刻的某个遭遇变成其他人普遍的经历。这就是支撑新技术的脊骨。社交媒体是各式各样反语的孵化器，有的反语妙趣横生，有的则味同嚼蜡、欲擒故纵，那种表面谦虚低调，实则意在炫耀的暧昧态度就是后者的典型代表。超级名词的出现如同互联网生活的缩影，它们不是事物自然发展的结果，而是严重人为设计与引导的产物。

在互联网的世界里，没有什么是私人特制的，一切都早有类别的归属。这么说来，它们就像宜家理念的夸张版本，作家劳伦·柯林斯（Lauren Collins）曾把宜家理念概括为，把你的厨房想成一个“活的房间”。这种想法依然略显做作（虽然远没有欲擒故纵那样让人作呕），试想，谁会愿意把一款宜家的书柜当成自家的传家宝。即便是最极端的个人主义者，上面那段话中把鼻涕擤到马丁靴上的那个人，也会在这种拿个人经历代表普遍现象的思维模式面前相形见绌。这是对蜂巢思维的有力驳斥，如果人人类似、事事相通，那特殊和普遍之间就没有什么区别了。

分门别类的热潮由信息数字化而起，人们沉迷于对信息进行分类、组合与排序，偏执地急红了眼。这种现象的出现其实情有可原——不加区分和归类的数据纷乱如麻，对我们没有一点价值。Twitter 的话题分类功能非常实用，它能给用户发表的推文编排出主次先后以及方便搜索的主题，用户探讨和搜索率高的主题会成为昙花一现的“热门”话题。但是这个功能也逃不出互联网式的反语矛盾：出彩的一系列推文需要一个同样出彩的主题作陪衬，但是各有千秋的点睛之笔却让同一个主题下的推文需要各自独特的标签：

> Dore flipped a bin and trapped herself under it. Once freed she laid an egg on the deck, then kicked said egg under the rail to meet its and several meters below #doofushen.（朵拉碰翻垃圾桶，罩住自己跑不开。好不容易探出头，撅起屁股生个蛋。鸡蛋滚下铁轨去，朵拉嗤嗤笑开怀。#逗你玩系列）

换句话说，互联网让一切事物褪去本来的样子，然后换上特意为它们准备的新装。话题分类功能的自相矛盾之处在于，要对明明不可一概而论的数据进行分门别类。

名词入侵的现象在美式情景剧中大行其道，通常的形式是剧中的角色们套用电影的片名引发笑料。在这些剧里，名词又开始大发神威，而且它们往往会把迂腐老派的动词从一句话中彻底踢出去。和动名词的概念相反，不是动词名词化，而是名词开始逐渐动词化。比如，在电视剧《明迪烦事多》（*The Mindy Project*）的某一集里，刚从手术全麻中逐渐恢复神智的明迪发现在她昏睡期间，打工仔摩根到床边亲了她好几次："我都'白雪公主'（Snow White-ing）你一个小时啦，你怎么才醒。"还有一次，明迪评价现在网上的身份欺诈时说："早在《鲶鱼》（*Catfish*）上映以前我就被'鲶鱼'（Catfish）过了。"

《大城小妞》（*Broad City*）中的艾比惊魂未定地对突然在她照镜子时跳出来的死党伊兰娜喊道："你别这么'黑天鹅'（Black Swan）我！"丽兹·雷蒙（Liz Lemon）在《我为喜剧狂》（*30 Rock*）的"高中同学会"那一集中，险些被旧日同窗用一罐红油漆"魔女嘉莉"（Carrie）①。而如果你是在大城市漂泊无定的中产阶级，日子过得紧巴巴，舒适的大房子早已成为童年老家的遥远回忆，那么当一个富甲一方又身染重病、命不久矣的女继承人从天而降时，你们会考虑"鸽之翼"（Wings of the Dove）②她吗？

名词入侵的情况正在人们的日常口语中愈演愈烈，通常的套路是用标志性的电影名称委婉地表达自己的看法："这可真是'热情如火'（Some like it hot）！"又或者："纯白的女式衬衣？非常'罗马假日'（Roman Holiday）。"在这两句话里，名词又变成了形容词。可能名词作为形容词的用法让人更容易接受一些，毕竟与动词不同，名词和形容词本身的表意都与运动无关。从理论上说，只要后世不忘前人的荣光，历史越悠久的社会就越有可能出现这

---

①《魔女嘉莉》：史蒂芬·金同名小说及电影，讲述主人公嘉莉用超能力向平日欺凌自己的同学复仇的故事。——译者注

②《鸽之翼》：1902 年亨利·詹姆斯的小说与 1997 年的同名改编电影。讲述了生活拮据的男女主人公在遇见时日不多的富家女后，女主角试图让男友与继承人联姻骗取财产的故事。——译者注

种词性替代的现象，语言发展中非动词的应用和占比只会越来越多。

维多利亚时代的人无法拿米老鼠来打比方，形容他人年轻也不会说“你真彼得·潘”。可想而知，20 世纪的我们能打的比方肯定也比不上如今的我们，别的不说，至少新千禧年前的我们都没有看过《英国偶像》，也不知道由它所引申出的亚文化名词。不仅如此，互联网强大的信息共享和调配能力让我们乐此不疲。我们向数字技术文化中投入的关注度越多，我们能从虚拟世界中拿来为己所用的东西也就越多。

狂热的标签化和分类文化让名词的势力空前高涨。日常口语中引经据典式的对话将成为主流，不及物动词或许是动词家族幸存的遗孤。总有一天，你不用再说“今天我搭上了一辆巴士，去商店给我出轨的情人买了件礼物，没想到带回家之后事情败露，现在我感觉很糟糕”，你只要说“今天我为一直以来为我忍辱负重的婚外情人‘真爱至上’（Love Actually）了一把”就可以了。无论过去用于描述多么热闹欢腾的动作，多么具有仪式感场面的动词，都有可能屈服在名词类比的淫威之下。“爱要靠行动”（Love is a verb），大举进攻乐队（Massive Attack）[①] 曾经这么唱道，可是“真爱至上”甚至连个动词都算不上。

从好的方面看，这样的趋势让未来的语言诗意感蓬勃，实时跟进和活学活用的文化意象让语言总是充满生机活力。在你抱怨婚外情东窗事发的时候，你的听众不会真的觉得你是在和他们聊商业区的超市，看过《真爱至上》的人都会联想到艾玛·汤普逊（Emma Thompson）扮演的妻子躲进房间里心碎啜泣的情景，想到她笨拙地佯装抚平床单，粉饰太平。只要只言片语就可以

① 活跃于 20 世纪 90 年代的英国著名非主流乐队。——译者注

使别人淹没在浩瀚的感情汪洋中。另一方面，我们也必须学会习惯表面化的生活，生活的本来面目隐藏在表象之下，追本溯源起来，被我们奉为经典和惯例的事物都只不过是从前开天辟地的余音回响。

在过去，对事物分类的偏执曾被认为是因为社会快速变迁而引发的焦虑。19 世纪的巴黎被称为“世界之都”，大都会式的生活方式初具雏形，当时巴黎市流行一种被称为《生理学》的出版物，大体上相当于现在的报纸。这种口袋大小的册子上印着有关普通人日常生活场景的漫画，诙谐幽默，很接地气。在自然保护区经常可以看见人们立下的牌匾，用以纪念园区里绝迹的野鸭，《生理学》就像这种牌匾的巴黎都市版。它们号称自己是巴黎城市通，精于八卦诗人们的穿着和习惯，社交名媛们的隐私，游手好闲的上流社会以及穷困潦倒的乡巴佬，可谓包罗万象。在《生理学中的生理学》《*The Physiology of Physiologies*》一书中作者这样写道：“多亏了这些集科学与智慧于一身的小册子，人种才得以被更好地细分，才能比其他物种更详细地进行型和亚型的分类。”

巴尔扎克对这种“详细分型”有话要说。在 1841 年出版的《职工生理学》（*Physiology of the Employee*）里，巴尔扎克把巴黎市内五花八门的工种——无论是传统的还是新兴出现的，形容为人类在效仿“植物界和动物界，然后是软体动物和蜜蜂”式的分类体系。巴尔扎克在书中直言不讳：“大巴黎的居民是为活而工作的人，小巴黎的居民不过是为工作而活的机器。”[①] 詹姆斯·卢梭（James Rousseau）在自己主编的《生理学》里把女门房描述为一类“心思难以捉摸，可以让你身处天堂，也可以让你堕入地狱”的人，如今她们已经被一本活页夹和一袋心形巧克力取代。无论看起来有多讽刺，但事实是仅

① 广义上大巴黎指巴黎大环城公路以外的区域，小巴黎指大环城公路以内的城区。——译者注

仅凭借在陌生的海洋里添加几滴存在主义的确定性，这些画在小册子上的漫画就在当时红遍了整个巴黎。

《生理学》的精神一直以我们口中评价别人的“性格特征”的形式被保留到今天，在某些方面，我们的行为甚至超越了仅仅贴标签的范畴。时至今日，谈论不同职业的人似乎已经不算是什么忌讳了，因为显然如今我们对各行各业都颇为了解。今天，我们变得不喜欢用“债权人”“美食家”“女店员”这样的职业分型称呼别人了，互联网世界里的分型简单而粗暴，我们给别人的万能标签叫“那种女孩”。我们对这个连头衔都算不上的称呼退避三舍，使用它的目的通常是为了与之划清界限，明哲保身。“我可不想变成那个哥们儿那样”，或者“我预定的是不含麸质的航空餐，本来想向他们投诉，但是转念一想，那样会让别人以为我是那种女孩，你知道我的意思吧？”

2013 年，乡村音乐歌手詹妮弗·内特尔斯（Jennifer Nettles）在歌里唱到了这个现象。“即便他将成为那种男孩，我也不想变成那种女孩”，歌词的大意是一个女孩的自白，讲述了闺蜜的男友把她带到一条无人的小径，企图和她发生一些暧昧的接触。内特尔斯给这首单曲，以及后来发布的一张专辑都取名为《那种女孩》（*That Girl*），而在千年虫危机爆发的 20 世纪 90 年代和新世纪的头几年，她为作品取名的风格还是类似于《哈利路亚》（*Hallelujah*）、《爱入骨髓》（*Story of Your Bones*）这样的实指风格。如果不是影响广泛的互联网文化，实在很难想象这个虚指的“那种女孩”到底是哪种女孩。“那种女孩”就像一个互联网供应商们玩弄的诡计，它让我们误以为我们所指的是同一种人，让我们误以为别人所说的对象和我们想的一样。互联网上虚指的对象甚至可能经不起现实的推敲，与我们自己也未必多相似，然而作为互联网的副作用，人云亦云的舆论环境往往让我们在不经意间就把这些照单全收。

贾斯汀·廷伯莱克（Justin Timberlake）在2013年发布的第一首歌也叫《那个女孩》（*That Girl*），不过他选择这个歌名的用意非常传统，同样只是以“That Girl”的字面意思为歌曲命名的歌手还有史蒂维·旺德（Stevie Wonder），他在1981年发布了歌曲《那个女孩》（*That Girl*）。这两首情歌想要表达的全部情感是对女孩的依恋，他们痴迷于女孩鲜明的个性，喜欢她的独一无二，她的不落俗套。旺德选择晓之以理：“我假装不在乎，你却熟视无睹，我们不要再犯这样的错误。”而廷伯莱克选择动之以情：“不用彷徨，我知道爱就在前方。但是我怕我，穿不过思念的海洋。”是因为我自己，还是因为廷伯莱克和旺德正在变成“那种男孩”？我只想对他们追求的姑娘说：“跑啊！罗拉，快跑啊！”[①]

每一个以“那种”打头的分类都能引得人们发出一声心照不宣、厌弃世故的叹息，和其他新鲜事物一样，最常把这些挂在嘴边的也是年轻人。“那种美女”或者“那种帅哥”光鲜亮丽、郎才女貌，即便与你无关，你也会不禁为“那种”恋情的消亡而唉声叹气，类似的情形正是年轻一代风靡的、所谓“看穿一切”的论调。当世界上充满“我早就知道”，也就再难有什么能让人感到惊喜的东西了。21世纪出现的这种全新的语言风格与自暴自弃的丧文化关系密切，由此，它也可以被称为“泄气俚语”。

神奇的地方在于，日常用语里模棱两可的名词小记反映出，如今世界在我们眼中犹如井底的青蛙仰望的那一角天空。类似的名词和文化符号如此深入人心，以至于我们只要稍微比划一个手势就能表达出丰富的含义。“那种女孩/男孩”式的符合性称谓同时也在暗示，我们总是处于身份定位的焦虑感中。马有失蹄，人有失言，如果一犯错误就被认定是“某种人”，你要如何

① 借用了电影《罗拉快跑》中的台词——译者注

放心大胆地保持真我？

从这种角度来说，新兴出现的互联网信誉市场着实把我们置于一个两难的境地。一方面，互联网对网民真实身份的要求越来越高，它希望通过我们的社交关系和过往经历在时间和空间的维度上固定我们；而另一方面，同样是因为与信誉有关的身份认定，用户的个人特性却成了被献祭的牺牲品。在追崇个性类崇拜的世界里犹如高空行走，稍有不慎就会坠入“那种女孩/男孩”的无底深渊，被人贴上平庸和毫无魅力的标签。互联网就像一家专门售卖平淡无奇之物的连锁商店，它没有卖点，甚至连商标都没有。

拿什么拯救原创？

亚当算是第一个伟大的命名者：“那人便给一切牲畜和空中飞鸟、野地走兽都取了名。”所以亚当可谓人类分类学的开山鼻祖，而据可靠的科学报告称，作为亚当子孙的我们正在经历第六次物种大灭绝[①]，物种数量急剧减少，也难怪我们抛弃了老祖宗的行当而把注意力转向其他事物。地球上的物种正在以越来越快的速度销声匿迹，而无事可做的我们只能煞费苦心地研究和归档新千禧年后喷涌而出的文化符号，想想实在令人唏嘘。如我们所见，名词入侵的现象已经愈演愈烈，甚至可能误伤敢为人先者的热情，挫败冒险者的探险精神。没有动词的世界只能止步不前。

命名的过程当然可以让我们享受发挥才智的快感，但亚当的故事还有一层隐含的寓意：给事物命名只能算是二线的艺术创作。如果没有上帝创造的花虫鸟兽，自然也就没有亚当施展拳脚的余地了。换句话说，真正的创造性

① 地质史上发生过五次物种大灭绝，目前由人类生产活动引起的全球物种减少被称为第六次物种大灭绝。——译者注

应当归功于伟大的原创者们。与之相对，通透明了、一尘不染的极乐世界对富有创意的人来说反倒像撒旦的地狱。在你为亚当惋惜之前，不要忘记至少他面对的是一整个未知的、万物皆无名无姓的宇宙，他可以终其一生沉浸在发现和命名的快乐中。而在四维的现代社会，我们几乎穷尽了所有可以命名的事物，甚至开始对动词痛下杀手。不仅如此，给事物命名对亚当来说就像一场游戏，而如今的我们却在游戏里棋逢对手，这个游戏人满为患，人人都是分类学家，人人手里都挥舞着分类用的卡片纸，幻想着有朝一日出人头地。

互联网世界在造就分类文化的同时也不可避免地带来了原创性的问题。可以想见，特定年代和时期有着各自独特的文化符号与品味，也就是所谓的思维习惯。也许说数字技术毫无创新性显得过于苛责。恰恰相反，日本最近推出了一款能够读取人类情绪的机器人，名叫“胡椒”（Pepper），这无疑像是给遭受寂寞阵痛的现代社会及时送来了一盒止痛药。善待创新而厌弃原创，这就是我们这个时代奇怪的现状。

作为这种自相矛盾的缩影，谷歌汽车是一个很好的案例。谷歌汽车的蓝图前景宏大异常，它从出生伊始就带着集创新之大成的光环，几乎容不得任何唱反调的闲言碎语。网络上早在谷歌向公众正式宣布汽车计划前数年就已经有了相关传闻。在 2014 年，谷歌公布了“自动驾驶”原型车，公众一片哗然，毕竟“自动驾驶”汽车听上去可比“自动清洁”烤箱要高级得多。在汽车有了“自我”之后，许多评论家忙着鸡蛋里挑骨头，很多偏见的矛头直指谷歌汽车小巧幼稚的外观设计，他们批评说与普通汽车相比谷歌汽车就像一个玩具盒子，不屑之情溢于言表。只是希望那些义愤填膺的评论家不要忘记，以牺牲外观换来的自动驾驶功能每年可以拯救成百上千条生命。

自动驾驶汽车让我们不用像以前那样担心家人在路上的安危，不过这份安心的代价是怀念，很多人担心将来我们无法再享受手动驾驶的乐趣，不能再摆脱卫星定位的追踪，担心自由自在的驾驶体验即将作古。我们还能在历史的后视镜里瞥见20世纪90年代的美好光景——中央公园咖啡馆的疯癫日常[①]，桌上摆的那一大瓶水果国度[②]和两个胖胖的女人[③]，20世纪最后的10年简直是现代人怀旧朝圣的圣地。而谷歌汽车似乎想载着我们远远甩开后面的20世纪90年代，那个在互联网完全普及之前最后一个保留了些许纯真的浪漫年代。可能是出于这个原因，谷歌汽车的公布反而让人们集体陷入了对那段机车岁月的怀旧之中。试问除了塞尔玛和路易斯[④]，有谁还能比她们对谷歌保证行车安全的发明更深恶痛绝？

2014年3月30日，伊丽莎白·伦泽蒂（Elizabeth Renzetti）为《环球邮报》（*Globe and Mail*）写了一篇探讨谷歌汽车的专稿。她在开篇这样写道：

> 我很好奇，如果把时间重新设定在不远的未来，《末路狂花》这部电影会是什么样子。塞尔玛和路易斯坐在她们的车里，车头面对着科罗拉多大峡谷的悬崖峭壁，周围被警察围得水泄不通，她们要从无尽的刑期和自由的解脱里二选一。塞尔玛看向坐在身边的路易斯，说了一句："开车吧。"
>
> "我开不了。"路易斯说。

① 这里指美剧《老友记》中主角们会面的咖啡厅。——译者注

② 可口可乐公司在20世纪90年代推出的果味饮料品牌，销量在短期爆发后陷入低谷，后来退出主流瓶装饮料市场。——译者注

③《两个胖女人》（*Two Fat Ladies*）是20世纪90年代风靡英国的烹饪节目。——译者注

④《末路狂花》（*Thelma & Louise*）的两位女主角，生活坎坷的塞尔玛和路易斯相约出门兜风散心，阴差阳错走上杀人逃亡的道路，并在电影最后选择主动驾车冲入大峡谷。——译者注

“你开不了是什么意思？”

“这车没有油门，连方向盘都没有。”

几个星期之后，英国《独立报》（*The Independent*）的凯文·梅尼（Kevin Maney）对谷歌汽车作出了如下评价：

> 想象《末路狂花》重拍的那一天，时间定在公元2030年。电影的高潮部分，两个女人坐在一辆敞篷车里，面前是科罗拉多大峡谷的万丈深渊，后面是正从四面八方围过来的警察。
>
> 路易斯看了一眼车的仪表盘说道：“谷歌汽车——前进！”
>
> 车子一动不动。警察们更近了。汽车的音响里传出一个语调欢快、亲切的合成电子音：“很抱歉，前方危险，禁止前进。”
>
> “去你的自动驾驶汽车！”塞尔玛边咆哮着边拔出左轮手枪，把汽车的仪表盘打了个稀巴烂。

直到那年的7月初，人们依然乐此不疲地拿《末路狂花》来调侃谷歌汽车。《纽约时报》的迪莉娅·埃夫龙（Delia Ephron）提出了类似的质询：“假设塞尔玛和路易斯在逃亡路上开了一辆谷歌汽车，路易斯没有握方向盘，因为根本就没有方向盘，没有福特雷鸟，没有敞篷车，没有……算了，还是别想了，太伤人了。”

通常把这些作者像这样摆在一起列举是不礼貌的，如果你觉得我是故意为之，那是因为当我第一次听说谷歌汽车时，过往的经历和浅薄的才智就让我在脑海里划下了一道刻痕。如果我把这道刻痕写下来，那么它大概是这么说的：“谷歌汽车对《末路狂花》。”如果你不相信，那么我想告诉你的是，之所以能够列出那么多写过“假设《末路狂花》如何如何”的记者，正是因为我特意在谷歌上搜索了“《末路狂花》与谷歌汽车”这条关键词。在我非正式的监控名单上排在第一位的是伊丽莎白·伦泽蒂，当然她对我的暗中观察并不知情，她在文章里写道：“当谷歌在这周公开它的自动驾驶汽车时，我相信除了我之外还有很多人会联想到那两朵亡命天涯的末路玫瑰。”

在今天，搜索引擎能够方便地网罗所有发表过相似观点的作者，伦泽蒂的谦辞是互联网时代标准的避嫌手段。在这方面，谷歌的做派也颇为相似，自动驾驶技术旨在驯服狂野的机动车交通，如此野心勃勃的蓝图却被谷歌包装得颇有学究风范。如今，电子地图已经覆盖了大街小巷，汽车认路的本领已经超越了手握方向盘的人类，我们这个时代伟大的分类搜索引擎可以告诉你一切，但是综合起来只有一条：你的想法已经有人想过了。

阿兰·本奈特（Alan Bennett）在撰写电影《历史系男生》（*The History Boys*）的剧本时，借角色赫克特向学生们授课的机会说道：

> 阅读最美妙的时刻莫过于当你发现作者写的东西，正好与你曾经的思考不谋而合，无论是奇思妙想、肺腑之言，还是真知灼见。每每这种时候，你就像和一个素未谋面的人坐在一起。他可能早已不在人世，你却可以感受到有人握住双手的温暖。

所谓天涯何处觅知音，共鸣的喜悦远远超过争夺原创性的得失心。“到底谁是原创者”的自我意识过剩在这里显得异常突兀。不论年代，不论距离，读者在孤独的阅读中凭借对观点的认同与另一个人建立起情感上的联系。尽管如此，本奈特理想化的观点只描述了读者视角的感受，对作者而言，写书的过程几近午夜噩梦。读者在书中寻找共鸣是非自主性的，他们往往对阅读的内容没有预期，没有防备，坐享他人布置的盛宴；而作者则需要频繁地借助搜索引擎在网上搜寻素材，在落笔之前要一丝不苟地把摘录的材料咬碎嚼烂。作者和读者的关系绝不是对等的镜像，如果一位作者灵光乍现，在脑海里浮现出了一句阐述自己"独特思考"的句子，结果却被另一位作者捷足先登，抢先发表了出来，我想前者肯定感受不到"有人握住双手的温暖"。尽管谷歌对作家们搜索素材有着无可替代的实用价值，却也常常在不断破灭他们对自身"独特性"认知的情况下，成为打击士气的发动机。著作权侵害是写作这个行当长久以来让作家们惴惴不安的风险因素，现如今谷歌加剧了作家们的焦虑，他们唯恐自己搜索的东西在谷歌上已经广为人知。

如果只是传统写作行业的从业者面临互联网原创性问题的困扰，那么绝大多数普通人说不定尚且能够容忍。不过很不幸，如果作家的定义是写下的文字可以被他人阅读——哪怕是数百或者数千人，那么数字时代背景下的每一个人都多少扮演着作家的角色。我们写的词句在公众面前有了史无前例的曝光度，既然如此，如何让沿着光缆飞出屋子的文字显得出彩就成了每天困扰人们的烦恼。你可以很容易就看出某些赞美里的言不由衷，比如社交媒体上人们互相之间每年一次的生日祝福。

对于某些人来说，一句平淡无奇、千篇一律的"生日快乐"是不可容忍的罪过。虽然祝福者很可能是出于真心诚意，但当它被淹没在同样真心和毫无雕饰的数十甚至数百个"生日快乐"中之后，就变得格外面目可憎。社交媒体上重复千遍的美好祝福如今生硬得几乎可以拿来当反话用。第 50 遍"生日快乐"还和第一遍的时候那样真诚吗？或者说前面长长的 49 遍重复本身就是一种嘲讽吗？我们在写祝福语的时候面对的压力和艺术家创作时的压力是一样的：如何才能不落俗套。

词汇的变体是有限的，迫于创造新意的需要，“生日快乐”把自己逼上了一条词义衰退的绝路：“快乐快乐！”（Happy Happy!）、“森日快乐！”（Happy Buffday！）、“僧日怪乐！”（Appy Burpday!）、“剩日快乐！”（Hoppy Bidet!）、“破蛋”Happy！（Hippo Birdie!）——经典的贝克特式[①]风格。按照这个趋势，生日祝福语从“生日快乐”最终演变成“送人可乐”不过是时间问题，倘若那一天果真到来，恐怕也就意味着我们已经摒弃生日祝福的社交传统了。至于在壁炉台子上一张张摆开自己收到的生日贺卡这种泛黄的画面大概只能永远活在我们的记忆里了。

多萝西·帕克（Dorothy Parker）[②]曾在好友玛丽临产时给她发过一封电报，内容是“我们都知道你要有孩子了”。在以前，好友至亲只会在祝福和安慰的时候对我们说一些陈词滥调，但是至少他们不会像今天千千万万个“多萝西·帕克”那样在个人主页上广而告之。眼下，仿佛有人在壁炉台子上撒了一把魔尘，生日贺卡们活了过来，蹦蹦跳跳地想看看各自身体里写了什么内容。大体上说来，这种在互联网上自我意识过剩的行为非常不利于人们理性地看待和处理生活中的现实事件。

在社交媒体的拳台上，紧随潮流当然可以让我们每个人都有机会变得时髦有趣，但它并不是拳击赛中确保胜利的法宝，它有自己的天敌。套路化的交流模式在面对原创性要求时，只能丢出白浴巾[③]俯首称臣。与形式百花齐

① 塞缪尔·贝克特（Samuel Beckett）：爱尔兰先锋派作家，作品多表现人类命运的阴郁，以文字极度简练著称。——译者注

② 美国诗人、作家、评论家和讽刺小说家。——译者注

③ 拳击比赛中以丢出白浴巾代表弃权认输。——译者注

放但意义日渐稀释的“生日快乐”正好相反，一款名为“Yo”的APP却用仅有的一声“Yo”（呦）就起到了四两拨千斤的效果。说来有趣，这款APP上线成名的那天正好是当年的愚人节。设计这款APP的起因源于一个公司的老总给手下程序员布置的小任务，老总希望员工为他开发一个软件，只要轻轻一点就可以把自己的秘书叫到办公室。多亏了后来进场的100万美元融资，当时那个只代表“老板叫你”的单音节信号如今已然具备了极其丰富的含义。

好友之间可以用短信或者语音的形式互相发“呦”，意义的丰富程度连奥斯卡·王尔德（Oscar Wilde）①都自愧不如。你也可以在其他包含该软件功能的平台上使用它，那样一来，你收到的“呦”就因为平台的不同而被赋予了不同的含义。“呦”可能代表你支持的球队破门得分，剧院还有最后一张余票，或者锅里煮的新加坡香辣面该捞了。Yo软件可以看作是反类型化潮流萌芽的信号，它代表了一种其貌不扬，但内有乾坤的文化。Yo在越来越考验用户文学素养的今天给大家留出了一丝喘息的空间，它缓解了互联网的创意危机。虽然Yo的流行和风靡可能只是昙花一现，但是在数字化技术注定深度影响日常生活的未来，它的反主流精神会一直与我们相伴。Yo不会挖空心思地追问“再来点什么”；如果生活犹如一个柠檬，它就无忧无虑地拿生活榨柠檬汁喝。向有限的审美可能性无尽地讨要创意并非长久之计，Yo的策略或许值得参考。

“下一站会是什么样”这个问题隐含了些许生态学的意味。生活在20世纪的爱尔兰画家帕特里克·柯林斯（Patrick Collins）曾经用山野的风光景致来形容艺术的原创性。柯林斯认为，凯尔特人的想象力就像“未经开垦的处女地”，他对爱尔兰艺术的评价是“清澈见底的山涧溪流”。那一抹照在爱尔

① 爱尔兰作家和艺术家，唯美主义代表，文学巨匠。——译者注

兰某条上古冰川上的圣光从来不曾受过莫奈或塞尚的染指。从柯林斯的描述里，我们可以感受到他对爱尔兰艺术保有贞洁的欣慰，以及艺术家不可避免的领域意识。如此说来，艺术的创新不啻于另寻一块未被过度耕种的良田，因为人满为患的贫瘠之地除了一排排的陈词滥调之外，什么也种不出来。不过话说回来，在岸边支起画架的艺术家总是会把自己的倒影投到“清澈见底的山涧溪流”中，如果我们认同柯林斯的比喻，也就默认了创新活动会在小溪流过的地方搅起浑浊的污泥。

“普通”才是“特别”

艾弗拉姆·戴维森（Avram Davidson）是一名擅长创作奇幻小说的美国作家，个人风格鲜明，他也曾在作品中用地域生态类比文化的发展过程。1964年，戴维森发表了短篇故事《尼罗河之源》（*The Sources of the Nile*），讲述了一个纽约记者发现当时美国时尚界的最新潮流全可以追溯到一户在战后搬到布朗克斯区的家庭。他随即前往拜访姓本森的这一家人，在他们的房子里，记者亲眼目睹了这一家人在泰然自若间展示出的前卫时尚：男主人留着“汤碗式”的发型；女主人的缠头巾用西印度式的格子布裁制，她的裙子仿佛是从维多利亚时期的童话书里拿出来的，趾甲上涂着星星的美甲，时髦靓丽；他们的儿子穿着敞胸的上衣和牛仔短裤，踩着一双平底运动鞋。“他们的打扮看起来绝非刻意，却意外考究，”戴维森写道，“这一家人显然能够预见时尚流行的趋势。”

本森一家人的亮相的确让人感到他们很有派头，但情势随后急转直下。拜访他们的记者有幸受托采访并记录他们的装束风格，又是命名又是分类，搅乱了其原先的精致和完美。在依靠最初报道“汤碗式”发型而名声大噪之后，记者又再次造访布朗克斯区想要获得更多的素材，但是他却发现“房子已经空了，不仅主人搬走了，房子里什么都没有了，剩下的只有壁纸。”销声匿迹是对付过度开垦的手段之一。当世界人满为患、拥挤到令人窒息时，唯一还能放下的东西就是没有东西。故事里的记者对本森一家的不告而别百思不得其解，他想破脑袋也想不出他们去了哪里。也许本森一家“不是远在天边，而是近在眼前。也许他们就默默地生活在布鲁克林区的市中心，也有可能……在繁华的皇后区，在这片红砖黄瓦铺成的水泥森林里安然度日”。

鉴于戴维森的知名度早已大不如前，我们可以推测《冰火两重天》（*Hot and Cool*）杂志的联合创始人爱丽丝·戈达德（Alice Goddard）并非在刻意效仿和致敬这篇出版 50 年之后几乎已经无人问津的短篇故事。戈达德在 2013 年发表了一组专题摄影，颇有戴维森故事余音回响的韵味。利用谷歌地图的街景功能，戈达德像全知全能的上帝一样俯瞰了某个美国小镇，她在那里发现了属于自己的“尼罗河之源”。谷歌的街景摄像车在那个小镇上并没有刻意捕捉什么细节的镜头，无非就是小镇居民各自忙碌奔波的场景，引起戈达德注意的不是照片的风物背景，而是居民们的穿着。

专题摄影展示的不过是每个小镇生活都有的普通面貌，比如一个面目模糊、难以区分性别的老年人，他的休闲裤提到了腋窝下面，两尾长长的灰色衣摆拖在背后，腰上挂着一个天蓝色的腰包，脚上穿的是尼龙搭扣的白色跑鞋。还有一系列照片展示的是有人把衬衫塞进肥大的牛仔裤里后，在外面留出了波涛般的衣褶，一个照片里的男人穿着一件偏大的运动罩衫，另一个男人穿着一件耐克牌 T 恤和运动短裤。总体来说，照片里的居民们在着装搭配和尺寸选择方面显得呆板生硬，可想而知，在戈达德眼中他们的选择与追求时尚完全背道而驰。

小镇居民就像遭遇数字时代残骸的本森一家人一样，戈达德透过谷歌街景的镜头，在美国一个偏远的小镇上发现了他们，他们远在天边，又的确近在眼前。在这两个例子里，我们看到的都是生活在城郊地区、常人难以理解的时尚隐士，但是20世纪60年代和当代的潮流大师之间有非常重要且显而易见的区别：在戴维森的故事里，那天赋异禀的一家人对时尚潮流富有洞见，却对自己的才能毫不自知。现如今，戈达德发现小镇居民对时尚一窍不通，这一点本身就已经算是难能可贵的洞见了。虽然原创的优秀事物历来晦涩难懂，但就戴维森的故事来说，至少它们还是存在的，只是不知道在哪里而已。

戈达德非常享受谷歌街景功能带来的便利性和隐蔽性，因为她的拍摄对象对自己的形象出现在别人电脑里这件事一无所知。在纽约市，比尔·坎宁安（Bill Cunningham）的名号家喻户晓，他数十年如一日地用镜头记录纽约的街头时尚，《时尚》杂志的编辑安娜·温图尔（Anna Wintour）曾经评价说："纽约市的每位居民都是在为坎宁安精心打扮自己。"但是在戈达德发现的那个美国小镇上，居民们可不是在为坎宁安打扮，而是在为商店穿衣打扮。与本森家引领时尚未来的毒辣眼光不同，小镇居民们只能被眼前的时尚牵着鼻子走。他们对主流时尚表现出彻头彻尾的顶礼膜拜，这种顺从的结果是他们也许可以进入"前卫"的范畴。

如果说《尼罗河之源》讽刺了大都市时尚的源头竟然位于鸟不拉屎的偏远郊区，那么《冰火两重天》专题摄影展让人玩味的地方就在于，如今展示毫无时尚美感本身却可以登堂入室，成为新时尚。墨守成规成了引人注目的新方法。有人把戴维森的故事归类为科幻小说，那么我想把戈达德的作品贴上讽刺摄影的标签也算合情合理。不过相比背后更大的潮流趋势，戈达德对居民衣着单调化的展示只是冰山一角。美国文化潮流预测组织 K-Hole 把个性时尚显著衰退的“流行”趋势命名为“Normcore”，许多评论家对此忧心忡忡，他们担心用“潮流”描述“潮流衰退”本身就是一个天大的玩笑。

Normcore 这个词诞生于 K-Hole 的一份趋势预测报告——《青年思维模式：自由现状报告》(*Youth Mode: A Report on Freedom*)。报告中提到了眼下人们对于创意枯竭引发的持续焦虑：“世界上的各种差异正在变得越来越小……对创造力枯竭的焦虑总是迫使人们强行做出改变。”这里我们又一次看到有人用到了土地的比喻，也许有人还会联想到约翰·巴斯(John Barth) 1967 年的论文《枯竭的文字》(*The Literature of Exhaustion*)，与报告的观点类似，巴斯认为创作中灵感枯竭的疲惫感——不管是幻想还是现实，反而成为推动文化进步的持续动力。K-Hole 在报告中指出，人们选择的“改变”是用集体掩盖个人风格。与世界分享一切是数字时代最鲜明的文化理念，而互联网上所有分享的东西归根到底都来自个人。但是有多少人还愿意相信个人风格的力量？就像还是有人会相信，只有自己在看到谷歌汽车的新闻时想到了《末路狂花》。

Normcore 的核心理念大致可以概括为“入乡随俗的学校式风格和行为”。K-Hole 推测说，人们会越来越适应游走于不同的居住区域和亚文化环境的生活，并在它们之间周旋时感觉游刃有余。白天在徒步协会里穿卡其装，晚上又在摩托车爱好者协会里套上皮衣，这样的生活会在人们中间越来越普遍。还有谁会记得在互联网出现之初，人们魂牵梦绕的那个虚拟自我？

人们幻想互联网可以实现自己无所不至、无所不是的愿望，没想到随性灵动被 Web 2.0 的美杜莎凝视变成了冥顽不灵，这下只能退而求其次，打着

Normcore 的旗号在现实生活中体味多重身份的滋味。Normcore 的信徒们生活在现实世界中，而不是虚拟的互联网，他们没有特点鲜明、稳定不变的身份。约翰·佩里·巴洛怎么都想不到，他对虚拟世界的期望如今却在现实世界里成真了。就像巴洛在《声明》中提过的，Normcore 理念鼓励的是穿过边际和界线，它的内核是反抗顽固和死板。互联网实体化了我们的行动，名词化了我们的动词，政治正确化了我们的言论，一言一行皆在拥挤不堪的互联网世界里寸步难行，此时 Normcore 的概念出现了，它把巴洛的愿望从他心爱的互联网里转移到了现实生活中，转移到了我们的肉身之上。

在一个社交联系越发紧密的世界里，保持商业品味的独特性也越发具有挑战性。蜂巢思维变得不酷了，因为蜂巢成员固步自封，风格潮流还没有来得及在人群里普及就已是强弩之末。个人主义向来不怎么受欢迎，但是在数字时代尤甚，因为互联网文化中的集体主义容不下特立独行者所必需的独立性精神。在《一切坚固的东西都烟消云散了》中，伯曼引用了尼采对个人主义的看法，他写道：

> 现代人的自我意识和个人经历“让他们对世事都怀有成见，目空一切”，所以许多问题都可以从这个角度追根溯源。现代的男人和女人们如何应对“一切”？尼采认为，我们身边有很多“小杰克·霍纳”（Little Jack Horner）①，面对混乱复杂的现代社会生活他们觉得只能至死方休。对他们来说，“‘心甘情愿的平庸’才能让自己的良心好受一些”。

我们姑且不深究做一个平庸的人到底是好是坏，“心甘情愿的平庸”正是 Normcore 的精神内核，如果真有什么生物是“目空一切”的，想必就只能是

① 《小杰克·霍纳》是英文经典童谣，主角是一名叫杰克·霍纳的男孩，他常常蹲坐在墙角，自我感觉良好。——译者注

四维人类了。数字世界教导我们要无所不知，因此 Normcore 就顺理成章地成为对这种趋势的反抗，它倡导回到虚无，回到不需要对事物命名和分类的本源。用时髦新潮的话来说，Normcore 倡导“没有风格的风格”，K-Hole 在报告里形容它为“空白单调主导的世界新秩序”。现在我是唯一一个脑海里出现《末路狂花》结尾处大荧幕逐渐泛白画面的人吗？希望是。

Normcore 很快成了众矢之的，人们不管它的本意是什么，对它广泛的抵触情绪成了它最引人注目的特点之一。公众最普遍的厌恶情绪是针对这个新词汇本身的。“它不过是一种毫无个性的穿衣风格而已”，丹尼尔·斯帕尼奥利（Daniel Spagnoli）对 Normcore 颇有微词，他特意编写了一个浏览器的扩展程序，让用户在收到新闻推送时，但凡有“Normcore”的内容都会被一条色带遮住。世界各地的时尚博客都在为是否应该报道这种时尚新趋势而陷入两难。《每日点报》（*Daily Dot*）这样写道：“我们打算封杀这个词，非常抱歉。”而澳大利亚专栏作家安娜·拜恩（Anna Byrne）在引述 Normcore 时加上了引号，并“为此感到歉意”。

Normcore 浑身散发的讽刺意味已经到了让公众无法容忍的地步。在有些人眼里，Normcore 讽刺的地方在于它就像颓废派（hipsterism）[①] 令人不适和羞耻的变本加厉版。比如在布鲁克林的威廉斯堡，有的人会把自己装扮成中西部游客，高高翘起的肩垫仿佛是他们随身携带的拜恩的引号。不过它更像是命名风潮的征兆，只不过欲盖弥彰地给自己套上了 Normcore 的名头。它的本意明明是为了避免被标签化，淡出公众的视线，却依然逃不出分类学家们的五指山。换句话说，一种用于对抗文化生硬化的手段，如没有个人特质、

① 追求极致的特立独行、酷炫和夺人眼球的文化派别，而实际上毫无美感，令人尴尬。——译者注

风格名称化、人格类型化，自己却成了下一个受到人们追捧的生硬标签。

Normcore 被千夫所指，并不是因为人们不渴望在类型化的世界里获得一丝愉快的喘息，而是因为人们看到 Normcore 怪异的着装里藏着的正是它自己声称要反抗的标签化文化。它是我们对抗互联网欲望的产物，同时却也是其亲生骨肉。掀起一场“反潮流的潮流”只不过是一个令人心生厌恶的文字游戏而已。围绕 Normcore 的是一种微妙的感觉，它就像具有严重的先天性缺陷，在出生时就已夭折。所有赞扬和吹捧 Normcore 的口号，如说它代表自由，抑或是回归本真，都不过是太平间里挂在死者脚趾上的名牌。

沃尔特·本杰明在 1916 年的论文里写道：“过度的名词化是语言和文字导致惆怅忧伤最深的原罪。”他的观点带有浓浓的神学色彩，论文指出语言的圣经让人们与神圣的现实背道而驰，不过对 Normcore 的不待见倒是和反抗本杰明所说的“惆怅忧伤”有几分联系。我们生活的世界已经拥挤不堪，过度名词化让名词满而为患，挤得我们喘不过气来，而恰好在这时候出现的 Normcore 便成了过剩命名的替罪羊。

尽管斯帕尼奥利的反对态度溢于言表，但 Normcore 的理念依然在互联网上广为传播，随后又在现实世界中借尸还魂。到 2014 年 9 月，《洛杉矶时报》颇为自信地宣布：“Normcore 已经成为年度词汇”。一旦事物开始流行，想要消解它的存在就没有那么容易了。与其他试图掩盖 Normcore 声势的努力一样，斯帕尼奥利的扩展程序不仅没有击退它的声浪，反而提升了它的知名度；每一条遮盖词汇的色带都仿佛变成了起强调作用的下划线。作为一种时装的风格潮流，Normcore 在成型之初就马上被与之相反的后来者映衬得黯然失色。尽管如此，它依旧我行我素。

2014 年，莫维娜·费里尔（Morwenna Ferrier）在英国《卫报》当年的秋冬时尚版里把当季的一种新风格命名为“LOL-core”：朝气蓬勃的大块印花，缝合在裙子上的荒诞风图案，用丁尼布裁剪的、俗丽的花斑样补丁，再用熨烫法合缝。这次又有人出来道歉和辩解了。“我想，”费里尔写道，“这可能是在针对 Normcore。”对于 LOL-core，有一条在万籁俱寂的凌晨 2：47 发表的评论这样说道：“在我看来，任何后缀里带有‘-core’的时尚风格都应该马上被无视。”费里尔认为 LOL-core 是“时尚中的时尚”，尽管她本人也会认同设计师安德森（J. W. Anderson）在混沌初开的 2012 年为拓扑肖普（Topshop）[①]撰写的宣传语：“靓丽衣装不及你的脸庞。”这么说来，Normcore 已经算不得是反抗标签化文化的代表了，它反而是通向另一个极端的桥梁：更多的名称，更多的标签，譬如“时尚中的时尚中的时尚”。Normcore 显然没有让我们的生活回到平淡的本真，拼完衣裳之后，我们还得拼脸庞。

如果 Normcore 如此轻易就被 LOL-core 取而代之，你可能会觉得它的内涵一点都不稳健。诚然，Normcore 冰桶里的冰早就已经融化殆尽，但是难道只有它如此吗？我们身陷囹圄，只能眼睁睁看着周围的新事物一样样化为水汽。谁还能记得两个月前流行的是什么？ Twitter 上的个人大事记列表越来越长，你有没有觉得发生过的一切犹如虚无，自己伸手却发现什么都抓不住？马克思和恩格斯称，在资本主义社会中，“生产的不断变革，一切社会状况不停地动荡，永远的不安定和变动，这就是资本主义时代不同于过去一切时代的地方。一切固定的僵化关系以及与之相适应的一向被尊崇的观念和见解都被消除了，一切新形成的关系等不到固定下来就陈旧了”。难道这种“还没固定就已经陈旧”的特点看起来不像互联网的文化基因吗，不像网上那些

① 英国时尚品牌。——译者注

昙花一现的热点和段子吗？

在公众狂热追捧新意的时代，互联网文化迎来空前盛世的原因，是因为它们朝生暮死的短暂生命让人几乎无法区分走红与过气的分界线。追求前无古人并不是这些蜉蝣们的使命和目的，因为短寿的它们一出生就已经垂垂老矣。供它们苟延残喘的养料与制造陈词滥调的是同一种东西——网络热度与不断的重复，它们不是完全原创性的东西，因此也无须担心被指责没有进步。这样一来，互联网文化就完美契合了这个灵感普遍枯竭的时代；它们本就是灵感枯竭的产物。一旦人们感到腻烦了，互联网上这些无人理会的文化碎片就自动发生生物降解，不留痕迹，速度之快，几乎从它们诞生的时刻起就开始了。当然，虚拟文化自我降解的程度自有它的限度。

19 世纪的资本主义让全世界挤满了被它“固定下来”的东西。资本主义催生了许多新型的僵化事物，坚如磐石，冥顽不灵。无独有偶，今天 Twitter 的大事记列表上，大事小情来了又走，走了又来，但是仔细回想，除了记得这些事情发生过的事实之外，我们似乎记不得这些事情具体是什么。在数字世界里，人们最精通的是分类和命名，我们有一只脚永远踩在工厂里，那里生产的是一个又一个包装精美的包裹，分门别类、整齐划一，而被蒙在每个包裹里的，是我们生活中真真切切经历的某个日常瞬间。互联网文化在目前让人们体验的伟大、捧腹、贴心、冒犯、道德等情感，很难让我们忽略它的存在。这里我们想要探讨的已经不仅仅是互联网的命运了，而是人类自己的命运。

我们能够感受互联网持续不断地将我们生活的片段实体化：它诱使我们把当下塑封起来，风干成照片和短句，然后通过收集别人的关注让它们显得厚重。这种消费生活瞬间的方式也意味着，生活中的片段再也没法像本来那样真正的“稍纵即逝”。即使我们再也看不到它们，即使谁也不记得上个季度的热点是什么，但我们都知道它们还在某个地方占据一席之地。年复一年，对这些实体化之后淡出人们视野的虚无之物，你能否感受到它们拖着那具不会腐烂的身躯，正在某股洋流的深处随波逐流？当数字化生活占据主导的那一天，我们也许会想起曾经停留过的那些沙滩，抓起一把沙子，里面说不定就有一颗回忆的塑料小球，在夕阳的映衬下焕发耀眼的彩虹光芒。

有时候，人们只要从夸张的广告语体里就可以看出文化焦虑。2014 年，GAP 的营销推广活动被命名为“穿得普通”，这个口号源于人们在互联网上的自我表达焦虑。在如今互联网的氛围下，只有探讨“热门的事”才算有意义，而所谓“热门”必须已被重复千万遍。在利己主义者眼里，这种蜂巢式社会的行为模式不啻于个体抱团求死。

GAP“穿得普通”的口号既令人扫兴，就像恋人一边摩挲着你的头发，一边在你的耳边低声细语，“别毛手毛脚的”；又让人惊慌，让人仿佛回到了童年时代，对面的扶手椅里坐着家长，一本正经地对你说，“好好吃饭”。它看起来就像 GAP 在坦白自己创造力上的精疲力竭。但是，我们不应当被它假装的创意枯竭所蒙蔽。作为一家商业嗅觉灵敏的大公司，GAP 试图借文化创意疲惫无力的机会缓解数字时代个人风格没落的困境。它，就像我们一样，对数字时代方便快捷、四通八达的网络生活感到不堪重负。这句口号就是它调和两者矛盾的结晶，既宣扬了蜂巢式的普遍平凡，又没有背弃日用商品为顾客营造新意的古老传统。

GAP 的营销活动包含一系列由大卫·芬奇（David Fincher）执导的电影

广告片，每个短片的主演都有着令人欣羡的仪容，故事展现了他们或高雅靓丽、或情欲绵绵的场景。在每一部短片的末尾，屏幕上都会展示“穿得普通”的字幕。每部短片里还有一些带有修行意味的劝诫，如“行动胜于穿着”或“像无人观望一样穿着”。穿衣保守的那些人想必会对这句动心：“穿着叛逆……你还是你。”

本杰明在探讨命名的论文里说，由于“人们”过度的命名，大自然选择了刻意和隐忍的静默。在本杰明看来，由于人类总是抓不准事物的本质，常常取一些谬之千里的名字，有辱事物原本的圣名，所以人类命名的行为常常给自然界的事物带去痛苦。在事物的圣名和俗世的称谓之间，痛苦在慢慢积聚。在 GAP 的广告片里，人人都沉默得像不会说话的动物，但是他们却在静默里欢腾雀跃，仿佛受到爱神厄洛斯的恩泽。毕竟短片里的角色们完全在用行动而不是被人贴上的标签，或是日渐式微的动词表达自己。还有什么会使他们不高兴呢？用本杰明的话来说，他们已经“受到了滋润”，脱离了阴郁的苦海，所以他们才跳舞、亲吻，还在汽车后座上当众脱去湿漉漉的裤子。他们在向我们展示，展示人与人之间的确可以通过本杰明所说的“大自然的沉默之力交流”。

想必本杰明肯定会非常认同 GAP 的首席市场官塞斯·法布曼（Seth Farbman）所说的“我的普通和你的普通不同”。在这样的理解下，“普通”包含了许多不同的含义，有着不可估量的表意宽度，不是灭绝式的名称赋予，而是一个名称有了相当丰富的内涵。就像 GAP 的电影广告，在电影宇宙里，伟大的命名之神似乎离开了，疯狂的命名行动也随即停止：当叛逆不羁看起来像乖巧顺从，当普通不再代表普通，谁还需要那些冠冕堂皇的标签呢？

按照法布曼的说法，“寻找真实自我”的办法不是让人用真实的圣名呼唤你，而是“找到最配你的那些东西——一条牛仔裤，一件T恤”。注意这句话里提到的老腔调。作为终极标签符号的“自我”又出现了，“我”是众名之王，与所有其他名讳都不同。寻找契合你的个人特质的风格、带有主观倾向的“普通”属于个人主义的范畴，而“个人主义”又是一个新名称。“穿得普通”就像一句奇怪的废话，犹如双面外套，正反里外都能穿。

如果每个人都有各自的“普通”，那么“普通”其实才是“特别”。因此，GAP的广告词也可以读作“穿得特别”。GAP的口号也难逃讽刺意味的萦绕。在一副宣传画中，GAP的广告语是“一件夹克，让你简约不简单”，佐西亚·麦蒙特（Zosia Mamet）躺在画面中间的一块白色垫子上，这行大大的字碾过她的肖像外，让人误以为整幅广告是某个展示小朋友被车撞到的道路安全宣传海报。除了与遭遇交通事故无异的模特肖像，这句广告语也因为浓浓的个人主义意味分外抓人眼球，一件平凡的外套下，隐隐藏着一颗不甘平凡的躁动内心。

尼采与此相当的言论是“心甘情愿的平庸”，他认为“平庸”有值得“卓越”借鉴的地方。尼采认为，在基督民主主义的社会背景下，平庸是卓越掌握权力和发挥力量的形式与必经之路。就像身价百万的英国时任首相卡梅伦在演讲中对英国的国民承诺，当贫穷降临，“我们都会在一起”。在尼采看来这种道貌岸然的伪装是因为“伪装平庸意味着永远不承认事物的本来面貌，永远不承认自己的真实意图。社会让人们必须照章办事，必须身正影直，必须热爱邻里”。因此，尽管人们把自己伪装成平庸，“却掩盖不住那份浓浓的讽刺！”

GAP的成功之处正是在于没有煞费苦心地试图掩盖。它没有躲躲藏藏，而是招摇过市。它承认人与事物的本来面貌，它说出了自己的真实意图，让尼采的平庸论扑了个空：它用自己独特的方式展示了自己的“普通”。而数字化时代“网络个体”的自相矛盾性已经显眼到无法掩盖。如我们所见，它只是背后更大的自相矛盾性的冰山一角：一方面现实世界因为数字技术的发展而虚拟化，与此同时，无形的生活经历也在被虚拟世界实体化，与之相伴的是我们创造的海量名词和概念。数字技术在让实体世界升华的同时，也导致虚拟世界拥挤不堪，可谓一箭双雕，一石二鸟。结果是，我们在感觉生活变得越发空虚的同时，却又一刻不得停歇，当正在炽热融化的现实世界碰上冰冷凝固的虚拟世界时，我们可以感受到两者之间开始出现断层。

也许，只有我这样认为。

THE FOUR-DIMENSIONAL HUMAN

04

存储时间，数字技术中的永恒

数字技术无法让我们回到过去，但它前无古人的记录能力却可以让往日重现。四维人类沉迷于逝去的过往，而轻视鄙薄本有无尽可能的未来，身陷囹圄，百无聊赖。

数字世界带来的回忆与我们如影随形，寸步不离，我们已然没有机会让时间真正地流逝，无法享受回忆、享受失而复得的喜悦。

“眼下汽油补给全部中断了，我们寸步难行，只有遥遥无期地原地等待，时间仿佛都变了样。”这是作家伊丽莎白·鲍恩（Elizabeth Bowen）在 1941 年写给弗吉尼亚·伍尔芙的一封信中对爱尔兰战况的刻画。鲍恩把部分信件里的内容写进了自己后来在伦敦创作的战争小说里，着力描写了战争期间的动荡时局，人们被困于频遭空袭和轰炸的城市，时间停顿，和平之日遥遥无期。让－保罗·萨特（Jean-Paul Sartre）的战争三部曲之一《自由之路》（*Paths to Freedom*）与鲍恩笔下令人绝望的闪击战一样，某种程度上让我们看到时间同样也是战争的牺牲品之一，战争中的时间是停滞且虚无的。《自由之路》中有一个情节，德国军队命令一个师的法军俘虏把手表校准成德国时间，也就是但泽[①]和柏林的当地时间，以体现他们屈服于“真正的征服者”。

从古到今，权力的指挥棒总是随着时钟的单摆挥舞，时钟“嘀嘀嗒嗒”地诉说着政权的更替。罗马月历始于罗穆卢斯大帝（Romulus）[②]，最初的历法规定一年只有 10 个月，罗穆卢斯的继承人庞庇里乌斯（Pompilius）给混

① 第二次世界大战后由德国划归波兰，今波兰城市。——译者注

② 罗马王政时代的首位皇帝。——译者注

乱的10月历法制额外添加了两个月，即一月和二月。几个世纪之后，罗马元老院裁定重新命名先前罗马10月历法制中的第5和第6个月，以纪念尤利乌斯·凯撒（Julius Caesar）[①]与奥古斯特（Augustus）[②]。幸亏有这样的改动，才让7月和8月幸免于9月到12月延绵至今的名称混乱[③]。法国大革命期间，革命派曾主张用自己发明的历法为共和国计日，法国人把这套历法沿用了整整12年，月份的名字极富诗情画意，例如雾气漫天的雾月（Brunmaire）和鲜花盛开的花月（Floreal）。

数字技术革命同样不能免俗，互联网的崛起曾经也试图掀起历法制度变革。1998年，斯沃琪公司（Swatch）[④]宣布了自己的"互联网时间"（Internet Time）计划，旨在建立一种十进制的计时制度，把每天分成1000个点（beat）。在斯沃琪时间里，斯沃琪公司的总部所在地瑞士比尔（Biel）替代格林威治成为本初子午线的划线经度，按照斯沃琪的设想，格林威治标准时俨然将变成比尔标准时。斯沃琪公司野心勃勃地炮制了这个新制度，企图摒弃时区的概念，把全世界的钟表统一为比尔标准时。

比尔标准时最大的卖点在于同步化的时间让协调世界性事务的效率大大提升。时间和地点从此井水不犯河水，破晓的伦敦和黄昏的奥克兰在钟表上可以读到相同的时间，地球上所有地方的时间都遵循某一处位置的日升日落。如今世人皆知改革的结果，显然我们都不打算为斯沃琪的"点"制买账，而是选择沿用古老的分钟和小时制度。斯沃琪的历法变革一败涂地，只有部分

---

① 即凯撒大帝，罗马共和国末期杰出的军事政治家，七月（July）与其名相近。——译者注

② 凯撒大帝的取代者，古罗马帝国时期首位皇帝，八月（August）与其名相近。——译者注

③ 按照拉丁语系的词源和意义，九月、十月、十一月、十二月的单词分别代表七、八、九、十。——译者注

④ 斯沃琪为瑞士著名手表品牌。——译者注

互联网设备上的遗留还在苟延残喘。虽然这是个失败的先例，不过数字技术的确在迫使我们认识“时间的新模样”。数字技术无法让我们回到过去，但它前无古人的记录能力却可以让往日重现，互联网用于缅怀过去的本领如今几乎人尽皆知。时间的流逝感已经今非昔比，数字技术的发展开始随之倾向于孕育和传播某种绝望的末世情绪，公众对未来的怀疑和愁绪越来越重。这一切的结果似乎是，四维人类沉迷于逝去的过往，而轻视鄙薄本有无尽可能的未来，身陷囹圄，百无聊赖。

回忆童年，适可而止

作为探讨四维时间观念的起点，让我们先把时钟拨回到 2003 年的 4 月 23 日，那一天，YouTube 的联合创始人之一贾德·卡林姆（Jawed Karim）向网站上传了开站后的第一个视频。在那段时长为 8 秒钟，题目为“我在动物园”的视频里，卡林姆站在动物园大象区的围栏前，喧闹的声音、晃动的画面无不透露着一股扑面而来的日常气息，视频里传来卡林姆遥远空洞的嗓音，几乎要被嘈杂的环境盖过：“大象有趣的地方在于，”卡林姆向观众介绍道，“它们有非常，非常，非常长……的象鼻子。”

就内容而言，卡林姆的这段视频几乎没有看点，但是如果考虑到以这段视频上传为起点，在随后的 8 个月内，YouTube 平均每天会收到 65 000 段新视频投稿，并最终以 16.5 亿美元的价格被谷歌纳入麾下，就不难理解为什么有为数不少的“事后诸葛亮”将其奉为祥兆，对它的平凡无奇吹捧有加。卡林姆以这样一句话结束了自己这段非新闻类的视频：“我要说的大概就只有这些了。”不难想象，卡林姆这段视频上百万浏览量中的绝大部分应当是后来者的回顾，是对视频门户流行现象发源地的朝圣，这样一想，卡林姆无心的结束语就显得意味深长了。鉴于 YouTube 事后在商业上取得的巨大成功，当一名生活在今天的观众回过头看卡林姆的这段视频时，很难不因为代入感而在卡林姆当年的眼神里看出点所谓的“门道”来，视频里的卡林姆悠闲地看着镜头，屏幕外的我们却纷纷在他的眼睛里解读那即将到来的商业奇迹。

画外音的效果源于未来照进过去，同样的例子还有，如果当初有人无意中拍到了罗琳（J. K. Rowling），拍到她在爱丁堡的大象咖啡馆撸起袖子，在一张纸巾上写下：“家住女贞路 4 号的德思礼夫妇总是得意地说他们是非常规矩的人家，拜—托，拜托了。”想必也会引发同样的朝圣景象。卡林姆在说出“象鼻子”前的一瞬间，我以为他想介绍的是大象惊人的记忆力，可惜并不是。大象强大的记忆能力是公认的科学事实，但对这种能力的解释却众说纷纭。象群年迈的雌性首领在记忆力方面表现尤其出众，它们能认出许多年前见过的面孔，还能依靠回忆丰富的过往经历辨别眼前面临的危险。如此说来，把大象放在 YouTube 诞生的视频里竟显得意外的合适，因为两者都是记忆的巨大载体。

我应当在开始探讨之前先说明，我认为 YouTube 的角色不仅仅是开启回忆的入口。它的本质是用短视频的形式展示眼下人们感兴趣和关心的事物：发生在全世界各地街头的政治动荡、暴动、慷慨激昂的演讲、忏悔、娱乐圈绯闻、民间趣闻，抑或是日常生活的尴尬时刻。除此之外，YouTube 上的视频也有教育性的，比如教你如何系蝴蝶领带或者如何给灯泡插座重新布线。我认识一些医生，他们甚至会在患者进行准备的时候上 YouTube 浏览相应的手术视频，帮助自己回忆和准备手术的具体操作。虽然我一直极力说服自己不要相信他们说的这些话。

YouTube 还有一个重要的作用，就是作为保管赛璐璐[①]时代的作品的新媒介。YouTube 用户上传经典电视剧、电影甚至广告短片的行为一直长盛不衰——究竟是哪些土地神在孜孜不倦地用这种方式挖着怀旧的矿脉？多亏了他们，往日的作品才得以重见天日。当然这种行为也偶尔会碰上问题，版权方经常勒令、迫使用户删除他们上传的内容。在商业大鳄们还没有完全摸清 YouTube 的规模和能力之前，你甚至可以在上面整季整季地观看在别处需要收取高昂会员费用的热门电视剧。不管怎么说，YouTube 以指数级别增长的视频分类和数量，让版权保护的努力犹如杯水车薪，收效甚微。

除了充当经典影视作品的管理员，YouTube 甚至把自己当成了时间的仓库。在我落笔写这一段的时候，YouTube 官方网站的数据显示，它每分钟收到的上传视频总时长总和达到了 100 小时。以这个上传速度推算，网站每天收到的视频内容时长总和相当于 16 年有余。YouTube 还宣称它的内容识别系统能够将上传的视频和数据库的版权内容做交叉对比，“每天要扫描和对比超过 400 年的视频内容”，以保证用户的视频版权不受侵害。虽然你可能找不到风头不减当年的《老友记》，但是 YouTube 上有的是更久远、更经典的影视作品供你怀旧。例如，我 20 世纪 80 年代的童年记忆正在 YouTube 上悄然复活。

我还记得 YouTube 上线之初的模样，岁月青葱，仍显稚嫩。童年记忆的复兴来得缓慢又安静。早些年月，大约在 2006—2007 年，我会时不时地到 YouTube 上搜索《趣盒历险记》（*The Box of Delights*）[②]，只是每次都无功

① 20 世纪胶片电影时代胶片的主要成分。——译者注

② 1984 年的儿童电视剧，由约翰·梅斯菲尔德（John Masefield）的同名儿童奇幻小说改编。——译者注

而返。我只在五六岁的时候看过一次这部由英国广播公司在圣诞档期推出的迷你剧，依稀对其中两个片段留有印象。第一个片段是，一个真人扮演的老头骑着一匹矮种马，小马欢快地踩着小碎步，跑着跑着，一人一马逐渐变成卡通画，消失在了山间小道上。第二个片段是，一个骂骂咧咧的老妇人说："你的狼群吓到我的独角兽们了！"长年以来，每当我想起童年的这两个片段，尘封记忆上抖落的厚厚风尘总是让我不禁感慨当下的空虚，顿生惆怅。过去的岁月是想象力天马行空的全盛时期，放在多年以后的今天看来尤其让人深以为然，那颗好学生的脑袋里满满当当装的尽是天空的繁星，童话里的蠢驴和孩子们遨游天空的景象。

虽然连当时房间里的摆设都已经忘记，但我一直记得看过的这两集《趣盒历险记》，再次想起它是在几年之后，当时的情景我倒是还记得：一个周日的晚上，在我儿时最喜欢的客厅里，电视上放着新上映的《纳尼亚传奇》(*The Chronicles of Narnia*)，妈妈就在我身边，她给家里的那把摇椅换了一块新的椅垫。我想起在亚马逊网站上看到的一句话，"浏览过《趣盒历险记》的人也浏览过《纳尼亚传奇》"。就是在那天我想起了童年的《趣盒历险记》，而最近，我的隔空喊话突然有了意外收获。YouTube 的搜索结果返回了 6 张似曾相识的海报，我一眼就从标注的视频时长里认出，它们是如假包换的活化石——完整版的《趣盒历险记》。

第一集的片头是我熟悉的英伦圣诞风：一列蒸汽机车"突突突"地启动，周围的景致随着火车的视角依次后退，银装素裹的大地、返校日的寄宿生们，男孩们欢腾叫嚷的声音，空灵优美的竖琴扫弦声，小号的伴奏又为空灵平添了几分庄严。腻烦来得如此之快。很快我就不耐烦了，我对没有印象的剧情并不感兴趣，只想看到记忆里那些模糊的片段。我开始向后快进，一心只想找到画里那个骑马的老头。当我终于找到他时，的确有那么一瞬间感受到了内心的狂喜，但这种强烈的情绪纯粹是因为与记忆中的对象久别重逢。心存侥幸，我继续寻找着记忆中的老妇人，飞快地按着顺序浏览目录菜单，一集又一集地往下翻。如今人人都知道往者不可追，我也说不清当时为什么会执迷不悟，总之结局是我也没有成为例外。

YouTube 上非常盛行以事后诸葛亮的姿态看待过去，因为它让现代人有机会用当下的眼光评价以前发生的事。为了寻找那个苗条的老巫婆，我一口气加载到了第 5 集，依旧热情不减，第 5 集的主题是“小心昨日”，颇为时髦。视频加载的时候屏幕下方跳出了半透明的横幅广告，上面写着“会计与税务咨询”。不经意间，我的记忆里又混进了谷歌根据我最近的搜索记录推送的广告。最终，那天我发现自己记错了台词：“让你的狮群离我的独角兽们远一点！”当巫婆和猎人赫恩坐着各自的鹿拉雪橇在空中擦肩而过时，老巫婆如是喊道。

在电影版的《第二春》（*Shirley Valentine*）中，女主角雪莉实现了一个长久以来的梦想，她在爱琴海边支起一张桌子，一边品酒一边看日落。雪莉在白日梦中无数次想象过这么做的感觉。但是，在梦想成真之后她坦陈：“坐在这里我才发现，这种感觉跟我想的一点儿都不一样。既不唯美，也不安详，反倒觉得有点格格不入。我真是年纪不小了。”憧憬的未来当真到来的那一天像跟雪莉开了一个叶公好龙的玩笑，过去的回忆同样也可以。

如今，如果想到了一部我童年时印象深刻的动画片，我只要花上几秒钟就能够在 YouTube 上找到零星的视频片段，准确地说是外语配音的译制片段，因此我发现，在我们分别的这些年里，亲爱的超人泰德（Super Ted）去学了瑞典语，霹雳猫（Thundercats）都会用意大利腔嚎叫了。追忆《趣盒历险记》的经历告诉我，追忆过往只要一些片段就已然足够，点到为止才是回忆过去的最佳方式。

虽然怀旧的心思常常躁动难忍，但奇怪的是它异常懒散，只肯让记忆走下山的快车道。只要真心希望，我本可以与儿时这些放学后的伙伴们形影不离，我可以轻松地在网上订购 DVD，然后好好地沉浸在回忆的世界里，只是这份怅然若失并没有让我觉得值得花这番心力。而现在，往日的记忆碎片走出了暗无天日的保险柜，有史以来第一次可供我们随手取用。没有人会因为儿时被童话书包围就断了长大成人之后的怀旧心思，怀念过去是人之常情。虽然在最初的几十年里，我们就已经有歌曲可以对抗怀旧的情绪，但是直到后来我们才想到用影视原声安抚少年时代的不安与悸动。

影视主题曲的流行是我们这代人面对成长的烦恼时释放出的第一波信号，那些熟悉的歌曲曾经每天都伴随我们，一天又一天，陪伴我们在家里的地毯上无忧无虑地翻滚。而如今，YouTube 让我们可以迅速地从一段回忆跳到另一段回忆，记忆的陈列和管理成了某种外显的东西。

大约一个世纪以前的某一天，马塞尔·普鲁斯特想到有必要用 5 页纸的篇幅来描写咬到蛋糕的感受，他的这段描绘可以看作是感官体验无意中触发回忆闪现的经典范例。《追忆似水年华》中的旁白讲述者也叫马塞尔。在书中，有一次他受人招待，人家给了他一杯茶和一块玛德琳蛋糕，玛德琳蛋糕是一种人气今非昔比的扇形法国蛋糕，蛋糕的味道让马塞尔的脑海里浮现出一连串儿时的画面。马塞尔说道：

> 突然之间，往事涌上心头，老家后院里的鲜花盛开，邻居斯万先生家的也是，维沃纳县的睡莲，村里亲切友好的乡亲，每家都拥有一户小巧精致的住宅，教区威严的教堂，还有整个贡布雷以及周边的景致，回忆的画面喷涌而出，昨日仿佛就在眼前。

多亏了 YouTube 对过去的打包派送，我仿佛突然之间置身于一家出售回忆的回转寿司店，而餐台的传送带上摆着我小时候钟爱的小吃甜品，有巴滕堡蛋糕、吉卜林先生牌 6 块装香浓巧克力、化得软软的冰淇淋、幼儿园老师做的烤苹果酥，以及企鹅牌能量棒等，它们都安安静静地躺在传送带上，等待被挑选。但促销回忆并非普鲁斯特的本意，他的重点在于马塞尔温馨回忆的偶然性。蛋糕的味道让回忆情不自禁。

与之相比，如今我们大多数所谓的回忆不仅刻意，甚至显得造作。马塞尔的回忆不是被玛德琳蛋糕的形象勾起的，而是它的味道，证据是在过去的许多年里，时常会见到玛德琳蛋糕的他只有在亲口尝到蛋糕的味道时，往事才会掠过眼前。马塞尔曾说："透过烤箱的窗户，我能看到放在托盘上的玛德琳蛋糕。"也因此，"在这里的相遇，让玛德琳蛋糕身上打着的关于贡布雷的独特烙印淡去了一些，取而代之的是与此时此地相关的新印记"。

数字化技术带来的回忆与我们如影随形、寸步不离，如此情形下，我们还有多少机会让时间真正地流逝，然后享受回忆失而复得的喜悦呢？曾经，我们会牢牢记住定格动画里那些蹦蹦跳跳的卡通角色，部分原因是因为我们以为离别即是永远，"花有重开日，人无再少年"。对于比我年轻得多的新一代人而言，文化的新陈代谢似乎停止了，过去的岁月从来没有真的离开过，童年的旧爱总是触手可及。

菲利普·罗斯（Philip Roth）是长篇小说《美国牧歌》（*American Pastoral*）的作者。故事以纳撒尼尔·祖克曼（Nathaniel Zuckerman）的口吻叙述，场景被设置在 1995 年一场毕业 45 年后的高中同学会上，也正是在那一年，互联网开始扫荡整个世界。虽然出席聚会的都是老同学，怎奈岁月不饶人，大家都努力地从别人沟壑丛生的脸上寻找年轻时的蛛丝马迹，不时为有所寻获或真相揭晓而欢呼雀跃。默默旁观的祖克曼为眼前的场景暗自发笑，“1995 年好像成了一场未来主题的老年舞会，就像当年的我们立下约定，各自用纸糊一副自己暮年的面具，然后在世纪末的舞会中戴上它”。而今天，多亏了社交媒体，我们总是能够跟进同窗们的最新情况，时刻觉察岁月留下的每一丝痕迹。

“时间存在的意义不为其他，只为让我们久别成谜”，未来世界的同学聚会难免要少去几分这种罗斯式的欢腾喜悦。它们更像是社交平台上新鲜事的真人版，是静默的照片和文字的有声和活动版，是平台上怀旧情怀的具象化。在人们向社交网站争先恐后涌入的过程中，我碰见了不少儿时与大学时期的老面孔，我把他们加在自己的好友列表里，就像真人在场一样。尽管从来没有发生过任何互动，我还是对他们的存在报以几乎虔诚的态度。他们的新鲜事会时不时地跳出来，定期向在网上消磨时间的我诉说时光飞逝的感时伤怀。后来我发现，甚至我童年的老朋友《趣盒历险记》，都在社交网站上开通了属于自己的主页。

YouTube 的个人喜好推荐功能也是一个把你的虚拟自我实体化的东西。窗口边框旁的口红广告仿佛在讲述一个关于你的故事。如果有不熟悉的人登陆我的 YouTube 账号，看到视频推荐栏里长长的一排关于口红的视频，和在推荐栏末尾对碧伊·亚瑟（Bea Arthur）和狮猫莱恩诺（Lion-O）的推荐[①]——他们都对最后的猎犬汤恩（Dogtanian）不屑一顾，那真是百口莫辩，让人无地自容。不过，失而复得的不仅仅是个人的回忆，我们生活的这个时代同样是一个能够随意抽调公众记忆的时代。

过去与当下的纠缠

杰伦·拉尼尔（Jaron Lanier）是一名计算机科学家和网络哲学家，他曾经定义了"虚拟现实"的概念，并一直用文字创作表达对未来互联网发展亦喜亦忧的两难态度。拉尼尔相信，在以信息交换为基础的未来社会，数字技术巨大的信息记录容量才是全球经济可持续发展的保证和关键。在《未来属于谁？》（*Who Owns the Future?*）中，拉尼尔虚构了一个可能的未来社会，在那里，数据才是社会的核心商品，公民们通过对储存大数据的数据库做出贡献才能获得相应的回报。举一个简单的例子，如果你和你的伴侣是通过在线约会网站相识并最终步入婚姻殿堂的，那么只要未来有任何新人因为当初让你们相遇的算法而匹配、相识并成婚，每有一对，社会就会给你们发放一次"微报酬"，以感谢你们美满的婚姻对完善婚恋匹配算法的贡献。

拉尼尔的观点认为，既然你提供的数据，包括个人兴趣、职业专长、生活预期、政治倾向等，一直都会作为约会网站提升和改良匹配算法的组成部分，那么你就有权要求从网站通过个人信息获取的效率提升中分红。按照这种制度，我们在数字世界的经历，即在互联网上以数据形式呈现的内容，就相当于演员的电影年表，或者作家的作品目录，持续不断地为个人带来版权收益。这个模式不禁让人联想到爱彼迎对用户在网上"建立个人历史"的呼吁。拉尼尔和爱彼迎都把过去的经历抬到了至高无上的位置上，原本只对个

①《霹雳猫》中的角色。——译者注

人而言珍贵无比的记忆现在成了价值连城的社会资源。拉尼尔的构想意在建立一种“记忆经济”，让哪怕是数据链上最微不足道的链接，也有产生经济价值的机会。记忆经济对数据遗忘和丢失是零容忍的。拉尼尔指出：“可惜，对于讲求信息的未来经济而言，现金能记住的东西实在是太有限了。”

按照拉尼尔的构想，未来人们养家糊口将必须充分利用互联网记忆。虽然今天我们离用数据领“微报酬”的拉尼尔社会还很远，但是数字技术能够以前所未有的方式让我们回顾过往和提取信息的本事却已有目共睹。我们对自己在网络世界里难掩行踪的事实都心知肚明，我们也知道四维世界会给穿行其中的人印上纹身，有时候甚至是我们求之不得的，某些网络标签的吸引力不亚于好莱坞星光大道上的手印。

互联网世界的每一条路都是由记忆铺成的，因此如今我们也在目睹持续不断的法律纠纷，争论“被遗忘的权力”。比如，就互联网行为而言，有人希望谷歌能够隐藏与自己过去有关的搜索结果。“遗忘权”规定我们不应当永远与所有用本人名字搜索的结果挂钩，比如在许多年前拍摄的、有失体面或者勾起痛苦回忆的照片。倘若虚拟世界记住的东西多到让我们感觉不适，那么至少应当按照拉尼尔的构想，在无法删除这些内容的情况下对当事人进行合理补偿。

假使真有一天，对发生在眼皮底下的一切都过目不忘的互联网登堂入室，记录下了世界上所有的地方，每一只手，每一个上衣口袋，信息交换成为货币流通的等价形式，它的目标是什么呢？攫取金钱。金钱利益的交易将变得跟届时的我们一样，事无巨细，充分备案，每一次握手都会被留存到社交媒体上，每一桩交易都会像状态更新一样被记录在案：“衷心期望这些人们翘首以盼的奢华公寓楼能早日投入使用！——‘和蔼可亲的投资公司’在一所‘非营利性医院’的建造签约会上如是说道。”

2011 年初发生了两起事件，尽管它们在对世界的影响方面不可相提并论，但是它们和拉尼尔口中用个人经历换取金钱的构想一样，都可以作为彰显互联网时代特点的例子。第一起事件是时尚设计师约翰·加里亚诺（John Galliano）爆出的丑闻；第二起则是西方各国政府对利比亚内战爆发的表态与应对，这最终促成了穆阿迈尔·卡扎菲（Muammar Gaddafi）的倒台。无论从哪个角度看，把这两起事件放在一起讨论都显得滑稽可笑，不过它们的确有一个共同之处。互联网在这两起事件里都扮演了不太光彩的角色，甩不掉的互联网记录是数字时代每个人都不得不面对的现实，社会伦常理应对此有与时俱进的说法。

2011 年 2 月，网上出现了一段加里亚诺在巴黎市一家名为“珍珠”的酒吧外发酒疯的视频，显然他喝得酩酊大醉。我去过这家店，对它略有了解，无论三教九流还是社会精英都愿意时常光顾那里。我曾在那里碰到过一个买醉的年轻人，设计师伊夫·圣·洛朗（Yves St Laurent）去世的消息让他悲痛欲绝，无心工作，只好和老板说自己的父亲突发心脏病。“珍珠”的常客们对时尚都颇有见地，也许正是剑拔弩张的气氛才导致了后来的过激场面。

“珍珠”酒吧位于巴黎市玛黑区圣殿老街和珍珠大街的交汇处，在沿街的人行道两旁，各种落脚喝酒的精致小酒吧比比皆是，它们一般会营业到深夜。夜幕降临，这里往往聚集了各种各样的酒客，从衣着整洁的绅士淑女到穿着夹克的机车党，应有尽有。在这样一个时尚气息浓郁的地方，你总会担心自己被穿着更新潮的人士比下去。而这种恐惧在加里亚诺酒气醺天、骂骂咧咧的姿态里被演绎得淋漓尽致，他时不时用手指着屏幕外的观众说：“你们这样的人是活不过今天的。”

加里亚诺的丑态发生在 2010 年年底，这上不了台面的情景很快就被时间和在场的人抛在了脑后。而让这段经历重见天日的恰恰是互联网——我们的调皮之神。有人拍下了加里亚诺发酒疯的情景，随后这段视频开始在网上疯传。网上的视频，再加上 2011 年 2 月警察局收到的对疑似同一事件的举报投诉，加里亚诺随即被老东家克里斯汀·迪奥公司（Christian Dior）免去了首席设计师的职位。与此同时，当时的“迪奥甜心香水”代言人娜塔莉·波特曼（Natalie Portman）立刻在新闻发布会中表示：“我将与加里亚诺先生断绝一切形式的往来。”

从某种角度上说，波特曼发表这样的言论显得有些奇怪，因为“断绝往来”几乎是迪奥公司与她签订的合同里体现的全部精神，根本不需要她无谓的强调。迪奥公司聘请波特曼唯一的理由是她对公众有着巨大的吸引力，除了对她摆弄相机的摄影师之外，波特曼几乎与其余的任何环节都没有联系，遑论发言权，包括销售报告、利润预测、市场定位、活动策划，所有这些与时尚没有直接关系、自我本位的商业事物。波特曼发声的部分原因是为了帮助迪奥淡化公司形象被抹黑的历史。

奢侈品行业最陈腐、最常见的形容词恐怕要数“永恒”了。为此，波特曼在为一款淡香氛代言的宣传照中破天荒地采用了一种极尽女性魅力的姿势。她用双臂环抱赤裸的上身，侧脸回望，视线越过香肩，投向海报前的芸芸众生。整张海报上只有波特曼的肖像：朱唇微启，瞳仁右移，双目仿佛两弯半月。波特曼的海报不禁让人想起名画《戴珍珠耳环的少女》（*Girl with a*

Pearl Earring），只不过前者整体的格调里多了几分让你想要打开钱包的冲动。但在加里亚诺被辞退之后，“时间永恒”的广告词一语成谶。一夜之间，波特曼辛辛苦苦代言的品牌形象在一名酒徒的胡言乱语中轰然倒塌，并永远为人所铭记。

丑闻发生两年之后，加里亚诺首度在一档电视节目上现身并接受采访，他告诉美国记者查理·罗斯（Charlie Rose），自己完全不记得在“珍珠”酒吧外发生的事了。他说自己在那段时间是个“晕晕乎乎的酒鬼”，因此“那段时光的短期记忆没有能够转化为长期记忆”。对于波特曼和所有把迪奥的“永恒”奉若真言的信徒们来说，加里亚诺在酒吧门口慷慨陈词的场面是他们最不愿意回想的时刻，而偏偏是这一时刻成了不可磨灭的永恒。对于加里亚诺而言却正好相反，他记不得当时的情景了。

不仅如此，加里亚诺还借题发挥了一把，把自己的不雅行径解释为对从前悲惨遭遇的集中宣泄。在罗斯采访他的时候，面对自己当时模仿希特勒演讲的情形，加里亚诺解释说这么做的部分原因是因为“童年的挫折……意志被扭曲、被霸凌，还被取各种侮辱性外号的画面”在眼前重现。之所以会忘记自己的酒后失态，加里亚诺认为是因为古老的自我保护机制被触发了，当时说话的他并不是真正的他，而是过去遭受欺凌的那个自己。在伦敦南部由新一代移民组建的多种族聚居区长大的加里亚诺辩解说：“那些辱骂的话都是别人曾经对我说过的。”

除了个人的不幸经历和东窗事发后一落千丈的境遇，加里亚诺在“珍珠”酒吧外的丑闻事件还映射出了商业关系一旦遭到曝光可能会发生的结果。让我们把视角转向商业，一个与之相关的概念叫“物化”（reification），它的含义是指商品的交易关系成为日常生活组织运行的最根本依据，市场中商品与商品交换的关系取代了人与人之间的联系。由此，物化让我们可以心安理得地面对“劳动力”“薪水”“粮食”“住房”等这些作为经济制度成分的词，而不用大费周折地考虑复杂的人际关系：我为你工作，你为他工作，而他又曾经为她工作，她又在他那里租过房子。

这种经济制度的结果是，所有在商品交易中涉及的人以及人与人之间组成的关系网，包括每个人全部的个人经历，都被忽略和遗忘了。从这个角度说，物化经济与拉尼尔的记忆经济完全背道而驰，后者依靠的恰恰是用数字技术的人情力量将市场上的商品个性化，让商品紧紧依附于创造它们的人身上。

委婉地说，只要是容易被人们遗忘的经济制度，就必有罔顾个人价值的成分盘踞其中。物化渗透进“物物交换”型经济制度的方式之一，是借助商品的诱惑性，让消费者沉浸于编织的美梦和欲望里，继而忘记商品生产与销售各个环节中不平等的人际关系网。伊索贝尔·阿姆斯特朗（Isobel Armstrong）在她的书《激进的美学》（*The Radical Aesthetic*）中谈到，“性诱惑的场面往往可以遮蔽力量的锋芒，粉饰资本的暴虐”。加里亚诺曾经语出惊人：“魅惑是我的天职。”而他魅惑世人的手段常常是借用盛世佳人的花容月貌，比如波特曼。但是在迪奥经历的丑闻事件中，波特曼却被人抓到了狐狸尾巴，她的姿态满是欲盖弥彰的做作，最终摔下神坛，跌落尘埃。

加里亚诺的丑闻事件犹如一场波及整个行业的地震，震醒了许多睡眼惺忪的消费者，人们这时候才突然想起加里亚诺和波特曼之间的经济关系，想起他们在公司体制中各自扮演的角色。可想而知，这种关联是波特曼不愿意接受的。加里亚诺在路人拍摄的视频里表露了毫无人情味的锋芒和暴虐，回想一下他的托词，他辩解说那些只是酒后口无遮拦的醉话。就这样，穿着黑色外套，戴着黑色便帽，留着精心修剪的小胡子的加里亚诺以这种方式君临波特曼的职业生涯，仿佛靡菲斯特（Mephistopheles）[①]降临。他可能自己都没有想过，在极力宣泄的那一天，资本主义意识形态中的物化思潮在他身上达到了某种高潮：极端冷酷的法西斯主义。

加里亚诺是个不甘隐藏在幕后的淫邪才子，是个无比高调的伪装大师，他在荧幕上的首次亮相就在波特曼神圣不可侵犯的形象上刻下了一道深深的划痕，从此无论时间如何推移，历史和记忆都注定在这条伤疤上湍流不息。波特曼本是受雇于迪奥公司、把自己物化为彰显独立矜持气质的符号，而作为一件有瑕疵的商品，她已经无力按照合同的要求保持公司一如既往的美好形象，“永恒的热望”随之难以为继。

2011 年的那个星期就像莎士比亚剧本里的一段插曲，焦头烂额的迪奥公司是这一幕的开场，随后发生的事情犹如它的继续展开，但又时刻围绕着剧本的主旨。过去的时光重现，生动犹如昨日。迪奥公司炒掉加里亚诺的风波还没过去几天，经济学家霍华德·戴维斯（Howard Davies）就主动辞去了在伦敦经济学院的职务，理由是他曾接受过来自卡扎菲家族的经济捐赠并为此出访过利比亚。加拿大歌手妮莉·费塔朵（Nelly Furtado），一个通常情况下与戴维斯不会有丝毫交集的人，恰好也在那一周坦诚了自己与卡扎菲之间的瓜葛，并寻求公众的谅解。在社交网站上，费塔朵承认自己在 4 年前接受了“卡扎菲家族”付给她的 100 万美元，这笔钱是用于邀请她在一家意大利旅馆进行 45 分钟的私人表演的酬金。费塔朵，以及一起合作的音乐家玛利

① 亦作墨菲斯托，在歌德的《浮士德》中登场的恶魔，玩世不恭，诱人堕落。——译者注

亚·凯莉（Mariah Carey）和乌谢尔（Usher），三人随即将这笔演出收入全额捐赠给了慈善机构，以此表达忏悔。无偿捐赠100万美元是一种配得上摇滚明星酷劲儿的抹除过去的方式，只不过，我们都见识过数字痕迹的顽固性，无论你如何抹除都很难一劳永逸。

推翻卡扎菲政权的风险在于，过去那些在资本力量推动下来去自如的金钱交易将被人记起。和加里亚诺的遭遇类似，独裁者卡扎菲的倒台导致了物化效应的大退潮，随着天价资本交易承诺与合约的不断曝光和披露，公众意识从冷漠的物物交换中苏醒，转而把目光投向了人与人之间的关系。加拿大音乐人坦白和赎罪的姿态无疑反映了利比亚内战波及的范围之广、程度之深，但如果以他们行事的逻辑合理外推，我们会发现一个与整个资本主义制度相关的有趣问题：我们是不是应当只把服务卖给品德高尚的人，而把不义之徒排除在任何形式的经济交易之外？如果一名餐厅服务员曾经怠慢过顾客的旧账被人翻出来，那他是否配得上接受眼前顾客的小费？永远不遗忘的后果到底是什么？

利比亚发生的暴动在资本流通的道路上划开了一道口子，强迫我们反思现今的制度体系，钞票上映射着每个人的面孔，仿佛在质问你是不是面对着不义之财。数字时代信息至上的文化正好契合了这种反思。我们又要在这里提到拉尼尔的“微报酬”了。在数字信息经济的体制里，清楚地记着金钱的来龙去脉，留存过往的经历以便成为眼下的财富，只有满足这两个前提，个人才能收到他们应得的报酬或分红。

兴师动众为每一分钱著书立传的构想非常符合数字时代的特色，因为数字时代的文化强调人与人之间的连接以及个人生活轨迹的交汇。卡扎菲政权的倒台在蜂巢里引起了轩然大波。由于在网络上寻找有关我们过去的链接几乎是轻而易举的，所以切断与过去不必要的联系就显得越发重要。肮脏的金钱交易与政治开脱无论在哪个时代都不可避免，但是互联网强大的信息存储功能让它们在今天变得无比显眼。从这种角度上说，面对把过去牢牢捆绑在我们背上的数字时代，新的道德框架变得不可或缺。数字技术正在要求我们像网络机器一样用清楚明晰的记忆处理和应对生活中的每一件事。在英国、澳大利亚和美国，过去几年里民间针对知名男演员和男艺人性虐待的指控声一浪高过一浪，这些多数情况下缺乏证据支持的声讨之所以愈演愈烈，背后有着相当复杂的原因。尽管如此，文化和法律的大环境对受害人态度的转变——从落井下石到给予更多信任和支持，把亵渎感从被害者转移到施暴人身上，却并没有因为我们离数字信息时代更近了就顺理成章地发生。

数字技术当然不是揭露吉米·萨维尔（Jimmy Savile）①罪行的必要手段，实际上，当初针对萨维尔的刑侦手段科技含量非常低。《卫报》的丹尼尔·博费（Daniel Boffey）记录了调查该事件的负责人珍妮特·史密斯（Janet Smith）是如何展开调查的，“（警方）沿用了与哈罗德·希普曼事件②同样的方法”——也就是14年前的刑侦手段。史密斯的手下“写信”给英国广播公司现任和离职的员工，向他们询问是否记得相关的线索。萨维尔的丑闻连同许多其他案件，除了向我们展示正义虽得以伸张却总是不够及时之外，还让我们看到人们更容易对过去产生亲密感的文化心态，传统手段和过去经历的易亲近性，以及拿过去的标准作为基准来评判新事物的习惯。于是乎便有了这些年的回忆热潮，人们热衷于寻回丢失的过去，却把过去和当下纠缠在了一起。

① 英国广播公司老牌主持人，去世后被曝曾在50多年中犯下百余起性侵案。——译者注

② 英国最臭名昭著的连环杀人案凶手，以职务之便先后谋杀了250名自己的病人。——译者注

大事年表与新鲜事

和从前一样，当今世上发生的新闻总是要比过去多得多，加上无线设备的普及，片刻的清静几乎成了一种奢望。从我记事起，新闻于我而言就像一本介绍如何死亡的指南，它的天性就是报道或鲜为人知或引领潮流的事物，也就是煽情主义的两个极端。而自从智能手机出现以后，这种情况变本加厉，我们就像躺在病榻上需要管饲的病人，每天看着滴管里的心灵鸡汤缓缓流进我们的身体。常年阅读这些不加区分的新闻会扰乱我们对事物轻重缓急的判断能力，不仅如此，那些容易相信新闻传达正能量的人更倾向于相信世事无恙、岁月静好。如果说过去的时光在四维世界里变了味道，那么未来也不见得能好到哪里去。

我曾有一次感受到格外强烈的末世感体验，那是 2010 年 4 月 14 日晚上，月中日[①]的后一天。那天晚上是英国广播公司四频道播放系列纪录片《伟大的头脑》(*Beautiful Minds*)的日子，当晚那一集的主角是以激进著称的科学家詹姆斯·洛夫洛克（James Lovelock），他最广为人知的事迹是在 20 世纪 60 年代构想了“盖亚理论”（Gaia theory）[②]。盖亚理论最基本的主张是，考虑到太阳目前的温度比生命最初出现时高了将近 30%，地球与地球上多样化的生物群落必须共同进化出一套稳定的、能够自我调节的机制，以便在如此剧烈的环境变化中保持自身的内稳态。

在长达近一个小时引人入胜的人生回顾与访谈之后，这位已经 90 岁高龄的教授在节目中以祖父般沉稳的姿态宣称，他认为人类限制二氧化碳排放量

① 古罗马历法中每月居中的那一天。——译者注

② 取名自地母“盖亚”，理论的核心思想是地球上的生物与环境是相互选择、相互促进的整体，并不是单方面的决定关系。——译者注

的举措对遏制全球变暖的作用微乎其微。按照洛夫洛克的观点，当盖亚系统为修复长期遭受的损伤而启动升高全球温度的机制时，人类排放的那点二氧化碳根本无法与导致气候改变的巨大动因相提并论。他预测，随着北极冰盖的消失，曾经能把太阳的热量反射回太空的巨大冰川快速融化，多余的热量将被裸露出的海水吸收。因此，我们减排二氧化碳的努力对阻止全球变暖来说只是杯水车薪。不仅如此，洛夫洛克还表示，自己并不是没有可能亲眼目睹气候剧变前的先兆，他认为那将是“糟糕到令人胆寒”的情景，洛夫洛克预测，每 8 个人里会有 7 个死于未来的气候剧变。

就在洛夫洛克的节目播出前两个小时，警察接到了一通从哈克尼区霍斯顿炸鸡与比萨快餐店打来的报警电话，称那里有一名叫阿格尼丝·希娜－伊娜克朱（Agnes Sina-Inakoju）的 16 岁女孩被子弹射中颈部。有人在自行车上从窗户向快餐店内发射了一发子弹。我是第二天打算查看邮件的时候才得知了枪击事件发生的新闻。两天后，有人在社交媒体上称女孩在医院里救治无效身亡。据透露，她是被当天发生的一起黑帮寻仇袭击事件误伤的。在网上，我还了解到她有出色的演讲才能，学校的老师们对她在普通中等教育证书考试中的表现十分看好。

当我试图在谷歌上用女孩的名字搜索更多的故事时，洛夫洛克对人类未来悲惨阴暗的预测却莫名在我脑海里响起，女孩的死突然让我想到，相比洛夫洛克详细阐述的、邦德电影般的世界毁灭方式——冰盖消融引发连锁反应，继而爆发饥荒、瘟疫和恐怖主义战争，日常生活中有许多简单得多、迅速得多的死法。忘了天启四骑士[①]吧：你大有可能在某天和朋友们一起走进某家

① 天启四骑士：一说为瘟疫、战争、饥荒和死亡，《新约》中为最终审判日传令的使者，代表末世。——译者注

当地的快餐店，然后再也没有走出来。这样的死法真是太不体面也太没有意义了，我不禁暗暗自怜。我开始回想有多少次站在外卖店的收银台前，等着大巴车加满汽油，我回想着那些荒唐胡闹的夜晚。画面一转，洛夫洛克说的北极冰盖出现在了我的脑海。我又想起那周预报有火山灰云。我的手不自觉地摸了摸脖子，抬头往天上看去，哪里有什么火山灰，万里晴空上挂着一个明晃晃的太阳。

把这两个故事联系到一起只是为了举一个例子，从中可以看到在信息速食化的年代，我们在日常生活中不得不经常调和各种规模的悲剧带来的感受，比如个人层次的和地球层次的。数字技术把我们恒久地置于这两种水平的恐惧中，个人的祸福得失与宇宙的至大苦难，以及芸芸众生们渺小的绝望感。新闻故事的报道，比如希娜–伊娜克朱枪击事件，就像一把放大镜，把原先数百万伦敦人中的普通一员投射到了虚拟的网络世界里。希娜–伊娜克朱的生活照作为配图出现在了新闻故事里，由于发生在她身上的不幸，我才能够看到她闪亮的鼻钉，修剪整齐的发型和灿烂的笑容，照片里的她愉快地斜着头，低垂的耳环几乎碰到衣领。

尽管希娜–伊娜克朱死亡的时间和地点都是纯粹意外，主流新闻媒体却不想把它当作一个单独的悲剧看待，而是希望用它去证明更宏观的观点。《每日电讯报》（*Telegraph*）的一篇文章指出：“她是过去 3 周里第 4 个在伦敦被谋杀的青少年。”这个别有用心的数据（为什么时间限定在过去 3 周？）引发了强烈的误导情绪：社会治安正在走下坡路，我们都在快速地走向某种被人算计的结局。同一年，公众的这种末世情绪在广泛传播之后终于被斯比格尔特（Spiegelhalter）教授止住，他发表了一篇统计学研究报告，显示伦敦的谋杀率与历史上相比没有任何升高的趋势。斯比格尔特教授拿起一面镜子，让现代人看到了自己妄想的丑恶嘴脸。

拓展人类视野的科学技术在历史上一直都是带来忧郁与焦虑的根源之一。大约 350 多年前，性格忧郁的布莱斯·帕斯卡（Blaise Pascal）对于这种焦虑的感受比任何人都敏感，当时的他也在因为“新媒体”的出现而苦恼。透镜技术的发展把人类的眼睛带向两个相反的极端。《惊叹，彩虹，与奇妙经历的美学》（*Wonder, the Rainbow, and the Aesthetics of Rare Experiences*）的作者菲利普·费雪（Philip Fisher）在书中解释说，对帕斯卡而言，“列文虎克的新式显微镜，还有伽利略的新天文望远镜给人类带来了两个无垠的世界，新世界没有带给帕斯卡喜悦和好奇，相反，技术进步的恐慌触发了深刻的绝望与恐惧”。经过数个世纪的启蒙思潮，如今我们才勉强接受了自己生活在一个既有亚原子粒子又有红矮星的宇宙里的事实。

一波方平，一波又起。数字技术紧追光学技术的后尘，这次它影响的是我们对未来的看法。“当下趋势”的概念就像一柄放大镜，新鲜事推送和个人主页的状态就像倍数不同的镜片，它们瞄准的是大大小小的恐惧。它们往往聚焦放大某一件特定的、孤立的悲剧事件：社交媒体上有关某人突然去世的消息几乎随处可见；总是能看到有人在为与你年龄相仿的某人举办悼念活动，他或她可能是你朋友的朋友的朋友。与此同时，“当下趋势”的视野又会放眼到全世界，告诉你恐怖组织的最新动向，欧元区的动荡以及冰山规模的缩减。

2010 年 4 月的两则新闻很好地展现了现代新闻报道行业的雅努斯双面性[①]，它的一面如天文望远镜，直指万里之外的冰川极点；而它的另一面则像

① 罗马神话中的双面神雅努斯，是前后两面的保护神，通常寓意事物的两面性。——译者注

实验室的显微镜，细腻地呈现着个人痛苦的切片。这边的脸注视着亚洲工业的爆发和雾霾问题，那边的脸又紧紧盯着某个特定人的遭遇，盯着希娜 - 伊娜克朱亮闪闪的耳钉以及她本应似锦的前程。如果说我们搜罗的信息时常让我们自己感到恐惧，那大概是因为信息的来源实在太广了。我们日常读取信息的互联网是一个以汇聚恐慌著称的宇宙，它的渔网里既有微小的 H1N1 流感病毒，也有巨大的 DD45 号小行星 ①。

差距如此悬殊的碰撞把我们置于丢失比例感的惊恐中，继而导致一种恐慌文化。在如此的文化大环境里，我们对自己的未来有着持续不断的质疑，质疑自己想象中那些多姿多彩的未来是否真的会如期而至。恐慌与时间有关，因为它诞生于新闻故事，而故事都是按照时间顺序讲述的：起因、经过和结果，时间是用因果逻辑串联起来的。跨上故事叙述的引擎，恐慌载着我们从故事的开始跑到结束，让我们仿佛从头到尾亲身经历了一遍，随即使我们对未来失去了信心。“9 · 11”事件发生后不久，世界马上被新一轮的恐慌笼罩，伊恩 · 麦克尤温（Ian McEwan）在一篇短文中描写了事件受害者们的遗言，让我们身临其境地感受到了他们临终前的恐慌。

> 你躺在被子下，辗转反侧，这时候你突然想象自己其实蜷缩在飞机尾部拉丝钢面的盥洗室里，小声地和你深爱的人告别……你的时间紧迫，很快就有一个鬼迷心窍、相信自己能永生的神愚分子踹开了盥洗室的大门，不由分说扇了一下你的脑袋，随后命令你回到自己的座位上。23C。系上你的安全带。前座的后背上还插着你刚才读的那本杂志。

① 编号 DD45，于世界时 2009 年 3 月 2 日 13：44 以海拔 63 500 千米擦过地球的小行星。——译者注

麦克尤温认为，这种想象是“同情心的缘故”，但它同样是非理性的恐慌在作怪，你害怕自己随时有可能打破次元壁，进入想象中那个行将毁灭的场景。他们的灾祸就是我的灾祸，为他们写的悼词很快也会写给我。从这个角度看，恐慌是最能激发我们创作天赋的本能情绪，慌乱恐惧的大脑非常擅长想象床底藏着怎样的怪物。恐慌可以把睡裙的剪影幻化作歌剧和艺术品中常见的午夜凶灵，它虎视眈眈，渴望大开杀戒。新闻故事强大的感染力正是它们污染人们的想象和能够通过空气传播的原因。

踮着脚的诺曼·贝茨（Norman Bates）[①]凭借你的想象力，偷偷溜进了世界上的每一个浴室里。我们就这样心甘情愿地成了日常新闻的受害者，把自己代入了另一个时空里，仿佛故事里遭殃的那个人是我们自己。这种末世情节的核心动因是我们花费心思与金钱只为购买他人的结局，不过如此说来，倒是与如今消费主义盛行的风气无比契合。四维世界的推波助澜对末世感的长盛不衰尤为重要，因为一方面，社交媒体无孔不入的触手让我们有无数条途径通往本该被遗忘的事物，而另一方面，它单一趋同的形式又让我们陷入单调重复的无尽循环。我们总是被永无止境地告知“这次真的要结束了”，谁也挣脱不开这种千篇一律的内容老瓶装新酒后的反复轰炸，世界要灭亡，而唯独“世界要灭亡”的消息却永远不会灭亡。

与“9·11”事件后的恐慌文化相伴而生的，是与它完全对立的另一种文化：纯粹把关注点放在事件的新奇程度上，这种流行文化就是所谓的明星文化。Web 2.0 时代正是在这两股力量的牵扯下发展起来的。明星文化通常以脱离了实质内容的新闻报道的形式出现，它是没有故事的新闻。历史和时

① 小说《惊魂记》（*Psycho*）和同名小说改编电影中的反派，一个患有人格分裂症的杀人狂。——译者注

序在这些报道中一点也不重要，我们甚至不用关心发生了什么事情、为什么会发生，我们只要单纯地为事情的发生而欢呼雀跃就可以了。在恐慌文化向人们兜售万事休矣的不幸时，明星八卦的卖点恰恰是让最平凡单调的日常琐事焕发趣味。明星文化的生命力来自疲惫的我们对喘息的渴望，看啊，世界还好着呢，因为格温妮丝·帕特洛（Gwyneth Paltrow）刚刚出门吃晚饭去了。

当年，迫于理查德·道金斯（Richard Dawkins）对盖亚理论的评判和责问，作为回应，洛夫洛克编写了一个名为“雏菊世界”（Daisyworld）的计算机程序，以此展示一颗只有黑白雏菊生长的星球如何通过改变每种雏菊的数量，在极端的昼夜温差交替中实现星球温度的自动调节。程序规定，白色的雏菊偏爱温暖的环境，而黑色的雏菊则喜欢凉爽。由于白色的雏菊能够反射太阳的热量，它们的大量开放会让星球表面的温度下降，为黑色雏菊的繁衍创造舒适的环境，反之也一样。如果说洛夫洛克的盖亚理论可以概括为创生和毁灭的稳定循环，是长远上生机活力与衰退死亡的微妙平衡，那么主流媒体的两个极端：一个讲述生死，一个关注八卦；一个重在故事，一个罔顾内容；一个是强烈的时不我与，一个是慵懒的岁月静好；这两者间也隔着巨大的间隙遥相对望，创生和毁灭相辅相成。只有残酷病态的末世臆想吗？不用担心，我们还有永世长存的明星八卦。

洛夫洛克的邻居威廉·戈尔丁（William Golding）曾向自己的科学家街坊建议，应该用希腊神话中的地母为这种自我调节的生态圈模型理论命名。而内容空洞、铺天盖地的明星文化流行现象并没有正式的名字，英国社会评论家经常用来指代该现象的换喻词是卡蒂·普莱斯（Katie Price），当今炙手可热的性感模特，同时也是创业家。在传媒界，她是行业里的常青树，毋庸置疑的流量主宰。与地母盖亚维系微妙的平衡不同，普莱斯是盖亚的绝对反面。

洛夫洛克最早发现氯氟烃的威胁是在萨塞克斯郡的乡野小路上散步的时候，他发现从远处看小镇常常没有童年记忆里的那样清晰。经过对遮蔽自己视线的雾霾成分进行分析，洛夫洛克发现，不知从何时开始，空气里悄悄积累了大量工业排放的废气。一天，在一家超市的收银处，我突然发现卡蒂·普莱斯竟然独揽了货架上一半多的杂志封面，此外还霸占了一些坚果和嘀嗒糖的包装，报纸上也随处可见与她有关的消息。如果用科学术语来形容普莱斯的社会影响力的话，我们可以说她是一个非常理想的标记物。洛夫洛克之所以选择在萨塞克斯郡的空气样本中化验氯氟烃，原因在于氯氟烃是最能够代表工业生产活动的独特排放物。同样的道理，谁的名号都比不上之前火爆一时的“乔丹”（Jordan）[①]。和氯氟烃相比，普莱斯作为社会现象的独特性完全不落下风，哪怕是在南极企鹅的脂肪里检测出痕量的普莱斯都不为过。

安德鲁·奥黑根（Andrew O’Hagan）[②]曾形容普莱斯是“英国社会最让人害怕的性感女孩”，只是她让人害怕的原因与传播恐慌的新闻故事不太一样。与后者相反，普莱斯让人害怕的原因是与她相关的一切都是“没有故事”的。现代生活让我们焦虑通常源于对因果联系不受控制的胡乱联想——如果我登上这架飞机，那么就会怎么样。普莱斯的事业用对这种因果逻辑的缺失安抚了我们焦虑的内心。她所代表的文化符号，一种由无头无尾的琐事和暂时性

① 卡蒂·普莱斯事业初期在一档健身节目中用的化名，因极度的性感形象被称为“波霸乔丹”。——译者注

② 苏格兰小说家、作家。——译者注

的狂热支撑的存在，实际上早已有之。普莱斯在公众眼里的生活就像前现代社会时期的记事年表，在现代国家诞生的1000年前，记事年表是国家和城邦归档事件的主流形式。也就是说，如果盖亚象征着古典的平衡与稳态，那么普莱斯的火爆就是中世纪的产物。

在一篇探讨叙述形式的论文里，史学家海登·怀特（Hayden White）展示了一个记事年表的例子，它节选自《圣加尔年表》(*The Annals of Saint Gall*)。你可以在下方看到一些发生在8世纪的年度记事，它们按照年代先后排列，每一条记录前都标注了事件发生的年份。

- 712年　洪水肆虐
- 714年　宫廷长皮聘去世
- 720年　查尔斯勇斗撒克逊人
- 721年　从阿基坦驱逐撒拉逊人

怀特在论文里指出，“所有事件记述的口吻都是绝对式的”。

> 记述社会事件的难度显然与记录自然现象不分伯仲。不管是哪一种，都让人一时分不清它们的重要性到底为几何。记事年表的语气让你感觉那些事件仅仅是发生过而已，但从字面似乎找不到这些事件值得记录的原因。事实上，很多人可能会认为，它们被记载在年表上本身就是其最大的意义。

记事年表的目的并不在于挖掘事件背后的动人故事。对于记事年表来说，一件事的规模以及它发生的原因并不重要，它发生过的事实才是年表所关注的地方。普莱斯的走红亦是如此。我们不知道宫廷长皮聘是怎么死的，就像我们也不知道在关于普莱斯的各种新闻里她是怎么想的一样；关于她的“分手”和风流史的新闻一样销路火爆；她的平庸乏味仅仅因为她是普莱斯就广受赞扬。大约在希娜－伊娜克朱遇害、洛夫洛克说出自己对于人类未来悲观的预测的那段时间，我们可以为“乔丹”编写如下的一段记事摘要。

- 4 月 4 日，普莱斯的婚姻到了危机关头？
- 4 月 4 日，普莱斯为停车位纠纷袭击一名老人。
- 4 月 4 日，普莱斯“在受到不明威胁后计划升级保卫”。
- 4 月 6 日，通灵师：“普莱斯怨灵缠身。”
- 4 月 7 日，普莱斯：“我尝试了自杀。”
- 4 月 7 日，普莱斯“帮助被马吓到的朋友”。
- 4 月 13 日，“普莱斯没有怀孕”。
- 4 月 13 日，普莱斯收到“胸部可能爆裂”的警告。

真是多灾多难的一个月。和怀特给的例子一样，普莱斯多如牛毛的头条新闻没有相应的故事，没有跌宕起伏的情节。和数字世界对历史事无巨细的详细记录不同，眼下风头不减的明星文化把事件原因和结果之间的联系消解殆尽。它们没有正式的情节阐述，取而代之的是清单样的事件罗列、激昂的措辞、后续跟进的承诺以及缺乏逻辑支撑的结论。明星文化制胜的法宝只是密集的报道频率和广泛的媒体传播。

普莱斯肯定也能感受到明星文化带给自己的苦恼。2009 年 11 月，普莱斯重新回到了英国独立电视台一台的丛林真人秀节目《我是明星，快放我走！》。在此之前，她曾退出过一次，原因是观众们总是在节目的参与热线里选她作为“丛林美食”环节的挑战者，这个环节的规则是选定一个节目嘉宾作为挑战者，让他完成通常让人极度不适的项目，成功的奖励则是为营地的所有人赢得额外的食物配额。在一连好几期被赶鸭子上架之后，普莱斯央求观众不要再投她的票了，然而第二天她还是高票当选。

普莱斯怎么都想不通为什么10个嘉宾里只有她一直被观众提名，她肯定不知道原因与她自身的媒体形象有关。她说:“他们到底是喜欢我还是讨厌我，我不知道。”观众模棱两可的暧昧态度和普莱斯年表式的公众媒体曝光方式脱不开关系，喜爱与讨厌、同情和唾弃的感情都需要建立在故事之上：感情是情节的产物。而为了维持超脱的形象，普莱斯一直不屑于为公众讲述自己的故事。结果是，追捧者们早就把崇拜她和折磨她的区别抛诸脑后。

普莱斯自称回归《我是明星，快放我走！》的原因是给与前夫彼得·安德烈（Peter Andre）的婚姻画上一个“圆满的句号”，5年前两人正是在参加这档节目时相识的。而她解释自己此前离开的原因（除了沦为丛林美食试炼专业户之外）是因为丛林让她止不住地想到与安德烈的过往。当我们每个人都沉浸在世界行将灭亡的想法里时，普莱斯似乎完全看不到终点在哪里。这样说来，她一直没有给两人的婚姻画上句号也不足为奇。2010年，普莱斯的真人秀节目《普莱斯离异后的生活》（*What Katie Did Next*）在播出后获得了极高的媒体评分，该剧的核心卖点是展示普莱斯永不停歇的坚韧不屈。就在我写这一段文字的时候，她刚刚走进了《名人老大哥》（*Celebrity Big Brother*）[①]节目的录制现场，穿得像一位从童话里来的仙子。考虑到童话仙子在历史上往往没有明确的时间定位，她们命运的结局也常常因为故事篇幅的

① 起源于荷兰的综艺节目，内容是在一个布置了摄像机的房间内展示明星24小时的生活。——译者注

限制而避而不谈，只有“永远幸福地生活着直到永远”这样的模糊交代，用这个比方来形容普莱斯竟显得出奇的恰当。

末世的恐慌新闻与不朽的明星文化水火不容，虽然这不是多么恰当的比方，但是两者之间剑拔弩张的微妙态势也可以与生态平衡进行类比。作为目前主导媒体的两个极端，我们自然要想办法在残灯末庙抑或日月丽天这两种狂热的情绪中寻找平衡的办法，而不能像西方社会曾经那样，一面穷尽不可持续的发展手段，一面又做着无尽财富的白日梦。

我们的数字世界文化包含了这些元素：新闻卖力地叫嚣着世事艰难，而我们则为幸免于难而欢欣雀跃。新千禧年年初的明星文化在某种程度上给后来出现的社交媒体铺平了道路，因为两者大体上都是记事年表家族的成员。除了让关注自己的人聚集到身边之外，社交媒体的时间轴和新鲜事推送功能深谙明星文化的精髓，它们关注和欢呼的都是事件本身。虽然叙事和情节不是新鲜事的必要条件，但是社交媒体的确有时会让我们六神无主，不知作何感想：一张爱丁堡某家银行的照片，一条感慨酿制啤酒的美好下午时光的状态，以及夹在两者之间报道恐怖分子枪击案的新闻推送。不仅如此，尽管时间轴按照发送的时间顺序堆砌了这些新鲜事，但这未必就是它们发生的时间和顺序。当然，如果事件之间的因果关系不再是人们的关注点，这自然也就算不上是什么大问题了。

过往是挥之不去的悲剧，未来是一片虚无的末世，社交媒体倒是为前后两难的当下提供了些许宽慰：至少它把已经发生的过去、正在展开的现在和无甚期待的未来都同时摆在了我们眼前。当下被切分成成百上千条碎片，然后一条一条整整齐齐地摆在我们面前。我们当然也会用社交媒体跟进故事的发展，为了了解事件的前因后果而循着时间轴，不知疲倦地把未知事物的碎片一块一块地拼到一起。这种做法能够相当程度地保留事件的内容、情节和意义。但是在宏观上，对事件结局毫无执念的社交媒体让我们产生了摆脱时间紧迫感束缚的喜悦。一直没有结局，就意味着一直待续；推送之后还会再有推送。

当世界处在危急存亡的关头，当新的威胁接踵而至，当你认为这次真的在劫难逃时，社交媒体却总是在这个时候挺身而出，给你的“末日”凭空增加一些时间。“我主页上推送的新鲜事太多了！”在血腥的叙利亚内战打响的伊始，我曾看到一位社交网站的好友如是说。在出现危机事件时，社交媒体上的新鲜事数量总会一涨再涨，随着人们分享和发泄自己碎片化的思考和恐惧，生活随即滑出了前往未来的轨道，这时候真正的麻烦就出现了。

这是从全局的眼光看待社交媒体的、一种高屋建瓴式的审视和评估，在这个距离上，末世信号成了微小的备注。而在微观的视角下，哪怕是社交媒体也是时间牢笼的阶下囚。每一条推送都被标注了自己的年龄，单是盯着被推送的时间，我们就可以直观地看到它们一点一点地沉入历史的深海里。社交媒体的新鲜事反而成了提醒你时间正在流失的帮凶。

也许每一条推送刚出现在页面顶端时都会让你眼前一亮，但是当我们在一天接下来的时间里时不时地打断手头的事，翻看自己的主页时，就会看到时间流逝对它的摧残。上一次看那篇标有“热门”的关于疫苗接种的文章时，它的推送时间还显示是“8 秒钟前”。在一个慵懒的午后，时间从指缝间偷偷溜走，再看到这篇文章时它已经“4 个小时”高龄了。“我明明记得上一次看的时候你才 41 分钟啊！”我们内心惊呼，仿佛要证明自己的清白。浪费当下的隐隐恐惧油然而生：白天的时间都去哪儿了？不仅如此，我们心里都清楚社交媒体上的状态比我们都长寿，比它们的创造者更恒久。有史以来第一次，地球上出现了一种奇怪的物种，他们能从陌生人诙谐的谈吐和抖机灵里，听出时间的流逝和隐约的死亡宣言。

时间 – porn，善意或恶毒的调侃

赫伯特·乔治·威尔斯（H. G. Wells）的中篇小说《时间机器》（*The Time Machine*）出版于 1895 年，书中构想的末世未来远在洛夫洛克的 21 世纪之后，不过两者对未来推测的相似之处都是人类的消亡。在小说讲述的故事里，一名勇敢的维多利亚时代晚期科学家被称为“时间旅行者”，他穿越时空前往遥远的未来。坐在用舒服的扶手椅临时改装成的时光机上，“数千年甚至更多的时光‘呼呼’的从他耳边划过”。时间旅行者的穿梭把他带到了地球垂垂老矣的暮年时期，他发现我们居住的行星已经濒临死亡，连自转都停止了，因此有一面总是朝着“当空静止的太阳，巨大的太阳把那一面照得如血染般鲜红”。

就像《第二春》里的雪莉那样，时间旅行者发现自己在一片荒芜的海滩上思考时间的意义。地球上最后幸存的甲壳纲动物——一种巨型螃蟹，沿着无尽的海岸线缓缓移动着巨大的身躯，随着时间旅行者再次启动了时间机器，巨型螃蟹也消失了，“红彤彤的太阳有气无力地挂在天上，只能照亮 1/10 的天空”。

威尔斯是 19 世纪晚期四维世界热潮的见证者，他在《时间机器》的开篇就对这个新概念做了说明。从时空旅行试验返回的时间旅行者招集了一群将

信将疑的朋友，告诉他们说：

> 真的，这就是四维世界的含义。许多人总是把四维世界挂在嘴边，但是对“什么是四维世界”一知半解。四维其实是描述时间的另一种形式。时间之于四维就如同空间之于三维，但我们的意识只能随时间而不能随空间流动。

当时人们认为时间可以用空间类比，按照这种想象，时间旅行自然也就可以双向进行，如同在空间里前进和后退。

如果时间旅行者生活在我们这个时代，他无疑会成为“时间 -porn”[①]概念的出处。当他向朋友们描述时间加速流逝的过程如何让眼前的情景变得越来越模糊时，周身布满情色感应器的现代人怎么可能会遗漏如此抓人眼球的经历。我已经想到了 BuzzFeed[②]会如何对时间旅行者看到的情景大做文章：“头顶的天空被抹上了不浅不深的宝石蓝，晶莹透亮得像暮色初起的天光；余力犹存的太阳划过天际，成为一线天火，苍穹上印下了一道完美的弧线；夜落月升，天火化为初上的华灯。”我打赌类似的东西你还可以再找出 19 条。大约 10 年前，“-porn”作为后缀的网络用语开始悄然流行，给我们或善意或恶毒的调侃增添了许多色彩。

对数字世界这种大肆拿“-porn”打比方的现象可能有很多不同的解释。其中一种解释认为，这种做法和从前的牧羊诗人们青睐于用小山、大树和蓝天作诗一样，都是近水楼台先得月的结果。还有一种解释认为我们其实非常

---

① porn 本意为色情片、成人电影，在此加在了“时间”之后，为英语中的网络流行语用法，下同。——译者注

② 一个发布时事新闻和娱乐信息的热门门户网站。——译者注

忌惮数字世界的平庸无奇,“-porn”的流行是对这种“网络窥探癖”心理的反映。而实际上,这个词缀真正喻指的对象是空间,形容数字技术让我们能够隔空体验远在他方的经历。不过,我想在这里提出的观点是它同样涉及时间,所有以“-porn”打比方的比喻,都多少在暗示作为喻体的成人影片那独特的时序特性。每一个“某物 -porn”的用法都反映出四维世界里时间流逝的独特性,在四维世界里,时间的流逝并不是严格地遵从时序先后,而是如威尔斯的时间旅行者一样,凌驾于线性、单向的时间维度之上。此外,这种“情欲时代”的出现也是我们对“既定未来”微弱的反抗。

“-porn”作为后缀的用法略显猥琐和轻浮,它的出现与非虚构真人秀的火爆以及网络上其他所有对“现实生活”的展现有关。杰米(Jamie)和奈吉拉(Nigella)的烹饪节目一直被冠以“美食色情片”(food-porn)的外号,这个美名可不仅仅是为两位主持人性感的外表取的。诸如小小厨房(Smitten Kitchen)这样的美食博客,在展示食物的照片里常常避免任何人肉背景,某种程度上也让“美食色情”的微妙感受更加明显。“房产 -porn”这个词最初是由记者萝西·米勒德(Rosie Millard)在 2002 年创造的,用于形容一个人在浏览互联网或者出版物上与自己的房产价值相当的商品房广告时,意淫自己搬到山清水秀之地的想法。

除了互联网和出版物,“房产 -porn”也有电视节目的版本,亦即当你因为看到别人在电视上装修和重新布置自己的房子时而产生的快感。还有一个词不是很常见,不过我们也能够从字面对它的意思猜出一二——“自然 -porn”:在连续工作 11 个小时之后,节目里大卫·爱登堡(David Attenborough)[①] 气喘吁吁的解说声如今已成为对我们内心狂野欲望的聊慰。口味更重的是,从新

① 英国著名博物学家,英国广播公司纪录片栏目的常客,以走访过地球上最多的生态环境著称。——译者注

千禧年伊始，美国观众就对形如《杰瑞·斯普林格访谈秀》（*Jerry Springer*）一类极具争议的真人秀喜爱有加，这也可以被称为“贫穷 -porn”，而诸如《福利大道》（*Benefits Street*）和《平民窟》（*Slumming It*）这样的系列纪录片，却一直被观众诟病是在恶意夸大社会经济的衰退。

在时间旅行者生活的维多利亚时代，富人亲自到贫民区观察困苦同胞生活的行为通常会被视为猎奇，而非“情欲”。我们可以从一种文化所用的比喻中看出许多门道来。尽管有些词在前数字时代早已有之，如“贫穷”和“美食”受到关注的时间分别可以追溯到 20 世纪的 70 年代和 80 年代，而直到将近 2010 年，给它们加上后缀“-porn”的现象才开始普遍。

这种构词法的普及意味着不管对象有多么不同，都被视为与性带来的兴奋感挂钩。另外，和对性的感受也一样，这些撩人的比喻很快就会失去它们原本的吸引力。米勒德玩味着自己的幻想，她坦诚自己时常对一套看上的公寓想入非非：“我们曾经一度觊觎鲁克里大厦，幻想给它加上果园和护城河。”Grist 是一家总部位于西雅图的非营利性环保组织，它曾在自己的网站上打出过一句奇怪的标语，同时混杂了亵渎和虔诚：“静若禅宗，动若三级，请关注这段 5 分钟的自然风光延时摄影！”2008 年，小小厨房博客上的一条评论直言不讳地说：“这个网站上美食的色情元素几乎达到了犯罪的程度，尽管如此，无论网站上那朵野蘑菇看上去有多鲜嫩，那块斯蒂尔顿干酪馅饼看起来有多松脆，从超市回家的你手里提的永远只会是湿漉漉的购物袋和已经断气的鱼。”

要说名副其实的“食物色情片”，令人作呕的美国青春电影《美国派》（*American Pie*）可谓当仁不让，它可比只是经过一点后期修改的某些电影色情多了。与此同时，“贫穷 -porn”顶替了过去可望不可及的受虐者的位置，成为阶级尊卑观念挥舞的施虐小皮鞭下新的宠爱对象，同样屈服于后者淫威的还有其他用“-porn”构词的现实中的不幸。

那么，为什么突然之间我们的追求都和情色挂上了钩？在网络上浏览火爆图片的行为，不知道因为什么原因都被简单粗暴地类比成了从货柜上取阅皮肉杂志。公平来说，不像带有后缀“-porn”的那些冒牌货，真正的色情片有它万宗归一的目的：它是为了一个时刻，委婉地说，它是为了让你追求那个昙花一现、倦意顿生的时刻，让方才令你全神贯注、令你忙得不可开交的伴侣变得形同陌路的时刻，随后潮退水静。但是，等等，马盖特市那栋有4个房间的乔治亚式小洋房出手的价格居然比你在伦敦住的破旧公寓还要便宜？你心动了，内心的骚动像一匹发情的种马。但是你要如何才能发泄房产色情带给你的力比多[①]呢？就像是回到了纳尼亚，这些拿情色打的比方和女巫的诅咒如出一辙，“一年四季都是冬天，但是永远没有圣诞”。因此，我们都知道加上后缀“-porn”那些词的含义，却没有多少人意识到这样的类比有它不确切的地方。

我们都能理解用添加后缀“-porn”的方式形容某些概念，尤其是难以用其他方式形容的那些，不过，很少有人想过互联网上的成人影片，或者说任何媒介中的成人影片，都可以看作是对互联网生活中独特的时间流逝方式的彰显。比起电视剧和电影，人们在计算机上浏览色情网站的历史要略长一些。色情电影产业进军互联网的速度比绝大多数其他媒体产业都快，几乎无人能望其项背。有鉴于此，和其他影片一样，对在线成人电影的时序剪辑一直是有人会上心的事。

① 心理学名词，泛指一切身体器官的快感。——编者注

病毒横行的免费成人网站曾经让无数个人电脑中招，继而报废，这些网站常常会把成人电影切分剪辑成短小的片段。用这种惊鸿一瞥的方式，它们让成人电影无论是内容还是画面都变得支离破碎：每个片段都是整部影片无头无尾的一部分，犹如性爱的场面展示的往往是演员身体无首无尾的一部分。与时间线性、先后流逝相关的因果逻辑从来就不是成人电影关注的东西。按分钟计费的成人网站是为你提供安全保障的围墙，犹如为你的电脑硬件披上了防弹衣，你可以浏览影片，代价是消耗时间，没有商量的余地。时间因此摇身一变为硬通货，即使有一部完整的成人影片摆在你面前，你也会出于经济的考虑选择跳着看。

在某种程度上，当我们认为一样东西可以用成人电影类比时，时间总是可以在其中扮演硬通货的角色。只有色情片爱好者，即从前那些生活萎靡、遥控器不离手的成人电影狂热分子们，才会把成人电影重新剪辑和拼接成片段，分门别类以满足不同的需要。而现如今，这样的做法在数字时代可谓司空见惯。从人们可以在手提电脑上看电影并且屏幕底部会配上一条显示时间的进度条开始，就算是脑袋最迟钝的人也可以随心所欲地操控奈飞公司旗下的电视剧、电影或者 YouTube 站点上的视频的播放进度，同样的操作在过去只能用难以准确估算的快进和倒带来实现。若不是上面提到的成人电影爱好者，很多人都不情愿大动干戈。

我们经常会被病毒视频下面评论区中类似这样的留言牵着鼻子走：“跳到 1 ：28 就能看到这个女孩怎么把世界粮食危机的辩论会搞得一团糟。”而在回顾以前看过的视频时，比如我急不可耐地看《趣盒历险记》的经历，我们都会直接冲着想看的镜头而去。把进度条像大衣上的拉链一样拉上拉下，一部我们曾经喜爱的电影就这样变成了时长仅 10 分钟的精华镜头集锦。

让我们垂涎欲滴的原因不是因为拉近的空间距离，成人影片的类比更像是我们在互联网上消磨时间方式的隐喻。你一定在浏览网络信息时有过一种紧迫和不耐烦感，它们源于你想一口气读尽所有相关信息的冲动。这种冲动与技术提供信息的效率关系不大，而与每个人自己内在唤起的欲望有关。如果说从前成人电影只属于个人隐私的范畴，是与日常工作和生活严格隔离的领域，那么现在，我们几乎无时无刻不在体验色情式的唤起。我相信，这就是人们如今在日常生活中会滥用“成人电影”修饰那些原本与“情色”毫不相关的事物的原因。我们越来越习惯情色式反应的节奏，整个互联网都回荡着同样撩人的节拍。

奈飞公司和色情片构词上的关联不是因为它把《飞禽传》（*The Life of Birds*）里难得一见的世界呈现在了我们眼前，也不是因为它有什么让人想入非非的情节，而是因为它给了我们主宰时间轴的机会，只要前后拖动进度条，我们就可以从一个高潮片段直接跳到下一个。但这并不是说我们现在都不愿意像过去那样，从头到尾地观看节目。我们当然愿意按照正常的顺序观看影片。伯特·雷诺兹（Burt Reynolds）在电影《不羁夜》（*Boogie Nights*）中饰演一位名叫杰克·霍纳（Jack Horner）的色情片导演，杰克的梦想是拍出让人们能够从头看到尾的色情电影，即便中途释放了自我，也舍不得落掉一分钟，而我们的确还没有丢掉这份耐力。和你们很多人一样，即便反复看过很多遍了，我每次还是会认认真真地把《谋杀》（*The Killing*）从头开始一秒不落地看到结尾。

在一个无论对大事小情都持有恐慌态度的时代，如果谁能想出时空穿梭的办法想必是再好不过了。单是因为气候变暖的猜想而引起的恐慌，就可以葬送人类所有对未来的美好幻想。至少目前在英国，人们已经成了惊弓之鸟，温暖和煦的每个晴天都被精神紧张的人当成是全球变暖的征兆，着实让人丧气。或者无论你身处何方，只要天气发生一丁点改变，就会有人侥幸地认为气候剧变有所缓解。

气候变暖问题是一个由生活直觉和不可预测性混搭的糟糕混合体，谁也不清楚它是否在发展，又会在何时到来，这让对它一知半解的人无所适从。由此，我们只能借助想象假设二氧化碳过量排放的极端未来，以及唏嘘自己未来悲惨的命运。那么这种不幸是由谁造成的？二氧化碳。数字世界独特的时序特征让我们不费吹灰之力就能得出这个结论。我们爬到自己的床上，摊开自己的笔记本电脑，来回滑动界面犹如时间旅行者前往未来和返回过去。指尖在触控指板上往来回复，突然一段《恋爱时代》（*Dawson's Creek*）里几乎被人忘记的情节出现在眼前："树木会生长、会变化，就像膨胀的水蒸气，有时枯槁凋敝，有时生机勃发，它们生长着、繁衍着，生老病死。"不知从哪里飘来了 1999 年的气息。

THE FOUR-DIMENSIONAL HUMAN

05

偷窥与跟踪，模糊的安全感

数字世界总是倾向于将事物的界限模糊化，所以它称得上是对哥特式风格最好的诠释。哥特代表着令人不悦的视线，它让我们知道，被自己看不见摸不着的人或者力量监视和影响，是一种何等恐怖的体验。偷窥与跟踪，互联网让隐私泄露变得太容易，让一切措手不及。

四维世界的哥特式风格

我曾经参加过一个俄罗斯主题的化妆舞会，当时我把自己扮成了拉斯普廷（Rasputin）[①]。一位迟到的女士顺手偷走了我黑色的宽檐帽，实际上那顶帽子是我妈妈的，那位女士得意洋洋地顶着它四处炫耀，嘴上还带着假胡子。我猜那胡子也是她从谁那儿偷来的。舞会结束的时候我们冰释前嫌，还一起在我们都认识的一位朋友的杆子旁边合了几张影，那个朋友扮的是瓦西里·布勃卡（Vasiliy Bubka），是世界男子撑杆跳六冠王选手谢尔盖（Sergey）的哥哥，他同样也是一个撑杆跳选手，只是远没有他弟弟那么有名。

第二天，我接受了那个女子在社交网站上发来的好友邀请，然而在接下来的 5 年里我再也没有见过她。她在网络上非常活跃，那段时间她几乎成了我生活的一部分。我看着她有了身孕，始终光彩照人，看到她带着太阳帽穿着泳衣出现在洛杉矶，我见证了她事业的起步，还曾看过一段她的孩子在

① 俄罗斯帝国神父，丑闻百出的沙皇宠臣。——译者注

浴池里踩水的录像，以及胡言乱语地讲述自己在幼儿园的经历。那位女士，现在的母亲，是个使用社交媒体的天才，她是每天在新鲜事中给我带来最多乐趣的人之一。阅读她的状态就像从大巴车上看一家临街的商店，大部分时候商店的门面只是在你眼前一闪而过，但总有那么几天，你会因为某个微小的细节而眼前一亮。

不过，怎么能把活人说成是一动不动的街景呢？有人可能反驳说，只要我们生活在社区里就难免沦为别人生活中的背景和陪衬。帮助学龄前孩子识字的绘本在这方面可严谨精确得多，它们总会用悬浮的名字把街上的一切都标注得清清楚楚：面包师、警官、园丁、厨师、清洁工、护士、教师，他们都是这个错综复杂的世界中不能被忽略的成员。四维世界的不同在于，人们眼前的视野是卷曲的，所有近景特写反而成了背景陪衬。卷曲屏的奇怪之处，是它让我们能够同时看到焦点中央的对象，以及本来因为超出余光范围而看不见的东西。四维世界把一切都放在了我们正前方的视野里，边缘成了焦点。

全知视野并不完全等于百分百的利好。我一直怀疑自己在浏览社交网站时，多数时候脸上一定会不自觉地呈现出海关工作人员在机场没完没了地检查游客行李时流露出的惊奇和兴奋。你肯定很少看见那些尽职尽责的监督者在一个手提包和下一个包裹过检的间隙倒向椅背，伸个懒腰，然后再无精打采地重新盯着小屏幕上的图像，花花绿绿犹如安迪·沃霍尔的画。我那筋疲力尽、布满血丝的眼睛真的配得上那个孩子在浴池里牙牙学语的可爱画面吗？

最近，我这位“陌生人朋友”在社交网站上遇到了麻烦：她在网上结识的一个网友与现实生活中的某个闺蜜吵了起来。两人的纠纷源于对某些涉及政治观点的新闻存在分歧。于是她一本正经地宣布，她将删除自己的好友列表里不认识或者不记得曾经会面过的人。这听起来合情合理。

我一点儿都不指望自己能被她留下来。要不是她在主页上高调地宣布，要是她一声不吭地就把我从好友列表里移了出去，手起刀落，无声无息的话，我很好奇要过多久我才会发现。这意味着她在筛选自己好友的同时，我也在筛选她是不是我的好友。伊丽莎白·鲍恩在她的小说《炎炎日正午》（*The Heat of the Day*）中，有一段对遭受闪击战后，伦敦市满目疮痍、居民生活惨淡的绝妙描写："谁也料不准死去的人里都有谁，那个生平从来没有旷过工的楼梯修理工今早会不会准时报到？街旁书报摊那张熟悉的笑脸今天还会不会出现？今晚哪一班通勤的地铁或大巴上会比以前少一个人？"当某个朋友悄然离去，我们能马上觉察到好友列表里少了的那个人的分量吗？

一想到某个你悄悄关注多年的名字马上就要在某一刻永远消失，原因仅仅是因为某些愚蠢的新闻报道，就让人心头阵阵发紧。那些把你删除的好友，离他们果断叫停这种双向的猜谜游戏已经过去多久了？你搜索他们的名字，找到他们的主页，却发现大门紧闭，门上连个猫眼都没有，只贴了一张措辞颇为正式的通告——请发送好友申请，让我们从零开始。礼貌的官僚做派，你知道这条通告是对方写给从来不认识的人的，不是你。而你，是主人不愿意接见的不速之客，被拒之门外。你可能会自嘲地付之一笑，伸手拿起热气腾腾的茶杯——此处不留爷，自有留爷处。不过你总会时不时地想起，想起那扇紧闭的大门。

在随后的日子里，我还是经常会看到"陌生人朋友"牙牙学语的孩子出现在我的新鲜事推送里，我依然在她的好友列表里，不仅如此，她的好友人数一点都没有改变，这反而让我有些惆怅，因为这意味着我的幸存没有任何特殊意义。不仅没有意义，没过几天她的好友人数不降反升，新增了一两个。我对这件事上心和在意的程度几乎到了让自己诧异的程度，它时常让我心绪不宁。有一天晚上我梦见了这个女人：我俩结伴走过一间大屋子和一条长长的走廊，那间巨大、破败的房子是我假想中她在伦敦东区的家。周公知道，我在梦里为了博得她的好感极尽溜须拍马之能事，甚至一度卑躬屈膝。她在现实生活中，掌握的那一点微不足道的主动权却在我梦境中被放大成生杀予夺的无上权威。在她的社交网站主页上，很多人开始求情讨好。一个人恳求道："不要解除我们的好友关系！"还有一个人做了一番礼貌而伤感的告别，忠厚地把脖子凑到了她的刀口上。

在她宣布要清理好友列表后没多久，我和她因为公务的关系第二次会面。她对我关注她的主页如此之久感到惊讶，笑着说以为我很早以前就把她删除或者至少是屏蔽了。我解释说是她的表现赢得了我的关注，态度尽量轻描淡写；我告诉她，她有一条状态一直在我脑子里挥之不去，印象深刻。想必当时她是对囚徒式的待产生活忍无可忍，极度渴望和别人热热闹闹地痛饮一番。在社交网站上，她痛陈自己愿意和魔鬼做一笔交易：只要让她喝酒，她愿意赤手空拳活活揍扁一只老鼠，她承诺"说到做到"。

当我告诉她我总是会时不时想起这条状态时，她笑了，说自己根本不记得还拿揍扁老鼠这种事做过交换的条件。后来我们终于见上了面，会面的感觉犹如会见一个有头有脸的大人物。我对她的了解比她对我的要多得多，我们就像坐在一架跷跷板的两端，她对我的无知反倒衬托了她在我们两人关系中的声望。社交媒体中的大腕和无名小卒本来就很难平起平坐。我们多年之后的聚首不像是在谈论"你最近过得怎么样"，倒更像我一直在提醒她"你记得你那一次说过的话吗"。

对于永生不死的四维人格来说，筛选好友不是什么让人痛心疾首的事。对只有你一个人组成的世界来说，屠杀是暂时的，种族清洗也毫无痛苦。如若不然，谁也不会高声宣布自己打算筛选好友这样血腥残忍的决定。回到2007年，当时的人随随便便就会关闭自己的聚友网（MySpace）账户，销毁个人空间。对可以无限复活数据的互联网来说，这根本不算什么大事。

要在社交媒体上复活实在是太容易了，所以把账户死亡当成调侃和戏谑也无妨。到处都是人山人海，到处都是一片繁荣昌盛的景象。随后，社交媒体在竞争产品日新月异的情况下逐渐失宠，大量的不活跃用户把社交媒体变成了一座座“公墓”，里面埋葬着成堆无人悼念的“尸骨”。即使是在这些网站如日中天的时候，社会上的叫好声不断，但它们固步自封的经营模式也让人感觉衰败不可避免。就像一名为英国天空新闻台撰稿的年轻记者格蕾丝·比德尔（Grace Beadle）在2014年年初写的那样：“虽然不是马上，但是Facebook也将不可避免地步贝博网（Bebo）和聚友网的后尘，安息于社交媒体家族的墓园里。”社交账户的游魂们，也就是现实生活中的人，自然会为自己寻找新的栖身之所。

数字世界从骨子里就和恶毒邪魅的语言非常相衬。最广为人知的例子是“网络巨魔”[①]，这个对数字世界的比喻非常传神，同时涉及和包含了它原本的两种词意，即作为钓鱼技巧的“寻衅滋事”和作为巨魔的丑陋形象。也有人认为单纯用巨魔来形容互联网上的恶行有些过于宽泛，毕竟恶行的种类囊括了无谓的骚扰、语言暴力和人身威胁等级别。还有反对的声音是不满于这个词原本浓厚的民俗风情，他们认为戏谑的意象淡化了事实背后的残忍和暴虐。想象一下，如果我们用同样儿戏的方式指代现实生活中的犯罪事件会是什么

① 本意为巨魔和某种钓鱼的技术，英语语境中专门用于形容在网络上恶意挑衅、混淆视听的行为和人。——译者注

样的效果，比如把一起醉酒驾驶事故报道成这样：蟾宫之蟾[①]撞死了14岁的女学生。

与对个人和星球命运一视同仁的恐慌文化一样，“巨魔”是现代生活中概念扁平化问题的又一个体现。这次，我们把“显而易见”和“微不足道”放在了一起。有趣的是，“巨魔”本身就是个包含两种相反意思的词。“巨魔”起源于挪威的古文化，是一种挖凿地道的生物，它们有的身形巨大，有的非常矮小。虽然如上面所说，很多人对用这个词形容互联网提出了批评，但是“巨魔”们还是挖通了进入词典的隧道。正当我在写这一段的时候，英国广播公司报道了一则新闻故事，标题是“总统办公室里的巨魔”，讲述了某个因为出言不逊而臭名昭著的社交网站账户，被发现其真实的身份竟是卢旺达总统保罗·卡加梅（Paul Kagame）手下的官员。

把在互联网上混淆视听的恶徒称为“巨魔”非常契合新闻记者引发公众哗然的需要，不过直觉告诉我们，互联网世界的怪异和这个意象不无相似之处。“巨魔”曾经是汪达尔人[②]对古时哥特人的称呼，而随着我们如今越来越深入互联网世界，哥特式的定义和描述我们自身的作用变得越来越重要。古代文化在面对新晋技术时的复兴，预示着我们面对的电子世界将是一个哥特式的世界。但是请注意，哥特文化并不是互联网世界的唯一标签。英国广播公司在报道卢旺达的“网络巨魔”事件时也坦陈：“它也有可能是个无人操纵的脚本账号。”

哥特式的风格特点是积聚各种形式的血腥、超自然以及令人战栗的元

① 根据小说《杨柳风》改编的话剧中的情节。故事中讲述了4只小动物开车出游的遭遇。——译者注

② 古日耳曼人的分支。——译者注

素，它常常象征着黑魔法和毫无理性的欲望，让人联想到古宅废墟中的孤魂野鬼。过去的学者们曾经试图把英国哥特式小说的发展沿革当作蝴蝶标本，钉在玻璃橱柜里细细研究，他们考证了编年史，以霍勒斯·沃波尔（Horace Walpole）的《奥特朗托城堡》（*The Castle of Otranto*）为哥特风诞生的起点，以托马斯·德·昆西（Thomas De Quincey）的《一个英国瘾君子的自白》（*Confessions of an English Opium Eater*）为绝唱。只不过"智者千虑，必有一失"，哥特风格不是蝴蝶，而是振翅的蝙蝠，它飞过《呼啸山庄》（*Wuthering Heights*）的荒野，拐进19世纪都市小说的长廊，在那里碰见了乔治·威廉·麦克阿瑟·雷诺兹（Geogre Reynolds）的《伦敦谜案》（*The Mysteries of London*），随后一跃而上，掠过《德古拉》（*Dracula*），直到今天，它还在空中飞翔。

哥特式风格能历久弥新，让全世界的人如此受用的原因之一，是因为我们需要一种确定性的安全感，确认事物的存在与否，而这正是哥特蝙蝠最喜欢的饵食。我们身体里的动物本能总是渴望给亲疏远近划出明确的界线：谁在近，谁在远；谁能看见我们，谁又不能。面对说好要离开但又扭扭捏捏在眼前晃了半个小时的人，即使是最有修养的人也会感到愠怒。这样的人悬停徘徊在别人的住所和告别离开之间，破坏了界线分明的规矩。哥特式风格正是通过放大我们的焦躁不安，把它们变成了极度的恐惧，这也解释了为什么幽灵是哥特式风格的常见意象之一。幽灵是极致的不确定者，它们不能被看见，又不见得不存在。

鉴于数字世界总是倾向于模糊事物的界线，所以它称得上是对哥特式风格最好的诠释。我们在前面的章节里已经探讨过四维躯体的"无处不在"，还有数字化如何把现实和虚拟的概念颠倒。还记得谢默斯·希尼的诗吗？"你在那儿却又不在那儿。”他诘责的不光是四维的互联网世界，也是三维世界里的幽灵。广义上来说，不可亲近之物有两种表现形式，这也是哥特式风格的另一个特点，每一种都与互联网有关。第一种是我们在探讨爱彼迎怪异的家的感觉时提到的，陌生的熟悉感或熟悉的陌生感，家而非家的恐惧。第二种是活着与活动之间的区别。模特假人、洋娃娃和雕像都很像真人，虽然它们都不会动，但很容易让人产生它们具有意识的错觉，这种逼真的外表反倒是不可亲近感的根源。与之类似的不可亲近之物是尸体，尸体在去世之前都是能够活动之物，只是不知为何生机不再。所有这些事物的形式不同，如灵魂、人偶、尸体，却都是占据某个临界边缘的模糊存在。随着数字技术把越来越多现实生活中的层面推到类似的境地，难怪互联网世界变得越来越哥特式。换句话说，四维世界的人类都生活在一间闹鬼的屋子里。

如果说巨魔喜欢躲在大桥底下，那么幽灵就喜欢躲在四维世界的阁楼里。2013 年夏天，《石板》杂志上一篇由塞斯·斯蒂芬森（Seth Stephenson）写的文章中提到了一个新词——“鬼遁”（ghosting）①，随后公众对这个新概念的感情迅速升温。当时距离斯蒂芬森第一次提出这个概念已经过去至少 3 年了，它最早出现在 2010 年的“城市词典”（*Urban Dictionary*）②里，指在派对上不辞而别的行为。斯蒂芬森指出，人们给不礼貌的告别方式命名的做法由来已久，可以追溯到 18 世纪，当时的人们会用排外式的视角给它取名，如荷兰式或爱尔兰式告别。鉴于如今大众已经不时兴用挖苦其他国家的方式取名了，我们有必要给这种行为杜撰一个新的词汇。“鬼遁”就这样生逢其时地出现了。我们经常在网上的交流中像鬼魂一样悄悄地遁走，看看那些没有正式道别的聊天记录，或者好友栏里那些一声不响就下线的人，便可知一二。不

① 字面意思为“变为幽灵”。——译者注

② 一个在线英语词典网站。——译者注

过除了来无影去无踪之外，互联网社交关系的不完全转化也给人际关系带来了新的维度。

我们可以粗略地用二维的人际关系把朋友分为四类：第一类，只和你在现实生活中有交集，对你在网络上的生活一无所知；第二类，以极好的平衡同时参与你的现实和网络生活；第三类略显奇怪，通过互联网相识的亲密朋友，对你的现实生活一无所知；第四类，也是最容易让人毛骨悚然的一类：你在现实生活中知道其人，在网上也不曾与他有多亲密的互动，而对方却对你的网络生活了如指掌，仿佛是你的肚里蛔虫。基数庞大的社交媒体用户就像是在一起参加一场互联网社交实验，有的人愿意全情投入，而有的人则只想暗中窥视，后者就是第四类人的出处。

不同的社交媒体之间并不完全相同，有的平台会比其他平台更鼓励自己的用户采取暗中观察的姿态。Facebook 上的监视者数量尤其多，Facebook 用户对他人的兴趣太多时候只是出于当时的百无聊赖，这难免会让他们对现实中还算喜欢的人萌生一些从出发点就已经变味的看法。

我们来举个例子，如果你自己就是喜欢暗中观察的人之一，并且你在现实生活认识的人中有非常高产的 Facebook 用户。有一次他跟你提起和老朋友们喝酒聚会的事，告诉了你那些老伙计们最近的消息，甚至他们最近迷上了什么或者有什么新的打算，无比详尽，但你总觉得这些听起来很耳熟，好像似曾相识。你怀疑是有人泄了密，聚会的朋友中有一个内奸，他已经告诉过你那天晚上疯狂的盛况了，还告诉过你他们喝高的经历或者某次看见德文郡上空美如油画的天空。你顺着桌子望过去，突然意识到那个“内奸”也在看着你：这些东西都是你的朋友泄露出来的！

结果，这些和你坐在同一张桌子前的朋友，和他们相处的时间更像是在聆听现实生活的回声。虽然他们和你一起活在当下，不过他们更像是活在过去，活在你口袋中的手机里。奥斯卡·王尔德在维多利亚晚期创作了长篇小说《道林·格雷的画像》（*The picture of Dorian Gray*）[①]，里面的画像和道林本人也有这种“时差”。女演员西碧儿·韦恩（Sibyl Vane）因为对道林的迷恋而在工作中心不在焉（死心塌地正是道林喜欢她的原因之一），在一次演出中出了洋相而让道林蒙羞，道林盛怒之下将西碧儿抛弃。在回到家之后，道林发现自己的肖像画竟然发生了一点微妙的变化：“画上他的表情看起来和从前不太一样，嘴角略带一丝狠毒。”第二天，道林听到了西碧儿自杀的消息，这才恍然大悟，原来画像上的自己昨晚就知道这个消息了，“只要事情一发生，它就能知道”。

Instagram 公司提出的目标之一正是“让你从朋友的照片中同时同地感受他们生活的每一刻”。让 Instagram 优先试吃我们的晚餐已经是见怪不怪的事了，同样的例子还有在演唱会开场时优先用手机记录。我们在数字世界的画像总是先知先觉，而我们参与现实社交的肉体却总是要借助过时的“最近你过得如何”式的寒暄才能勉强迎头赶上。这么看来，生物学上的当下的“我”反倒成了网络世界虚拟身份的灵魂，身上锁着叮当作响的镣铐，极尽所能地按照几天前在 Facebook 上写好的剧本扮演着自己。

当道林把肖像画拿给原作者巴兹尔·霍尔沃德（Basil Hallward），想让他看看画上难以解释的变化时，道林脸上挂着的表情和画像第一次改变之后的样子一模一样。“道林·格雷笑了，”王尔德写道，“他弯弯的嘴角上挂着一丝

① 王尔德唯一的一部长篇小说。故事讲述美少年道林·格雷对自己的肖像画许下长生不老的愿望，从此所有道林犯下的罪孽和流逝的时间只会让肖像变老，而道林本人永葆青春。——译者注

轻蔑。”“巴兹尔，到楼上来，”道林说，“我每天都在用日记记录发生的事，但是这些日记从来没有离开过这个房间。如果你能跟我上来，我就让你一睹为快。”肖像画会记下每一宗犯下的罪孽，这个秘密最初让道林寝食难安，他的不安大概和如今我们每天都在为维护社交网站上纯洁和良善的形象而操心不已一样。

在大学学习，上班，或者出入职场的人如今越来越担心社交网站上的不当言行可能会影响自己的前途。社交网站对我们而言宛如一本个人道德污点百科全书，威胁着自己的清白。年轻人总会被警告说，他们在网络上的行为可能会毁了他们的梦想。有人告诉他们，深谋远虑的雇主往往会去翻查他们在互联网上的活动记录。不出所料，这样的社交环境让妄想症如鱼得水。我们变得像道林一样，日夜提防着自己家里的佣人维克多，唯恐他发现自己肖像的秘密：“道林担心不知道哪天晚上维克多就会蹑手蹑脚地爬上通向阁楼的楼梯，伸手推开那扇门。家里有个盯梢鬼可真要命！”

“道高一尺，魔高一丈”，有偷窥就会有反偷窥。形如 Ajax 的软件应用可以帮助用户“不留痕迹地净化个人网络记录”，除此之外，还有为数众多的服务商为客户的社交媒体主页提供“审核”业务。这些业务的内容包括全面检索过往的行为记录，清除低俗的玩笑或调侃，删除内容粗俗的链接以及酒后疯言。拍到烟蒂的照片会被悄悄地移除。和王尔德的故事不一样的地方是，归根结底我们既是画家又是画家面对的对象，所以只要我们的手指轻轻一点，就能把肖像上有损自身形象的地方涂抹得干干净净。不过，关于我们是否会只保留那些最能突显线上形象唯美亲善的东西，并形成优先以档案记录而非亲身感受看待他人的风气还不好说，也许不知不觉间水到渠成，有朝一日肖像画真的先于我们一步知晓世事。倘若如此，只能说，届时它们比现实中的我们要“年长”了。

数字生活的哥特性还体现在“跟踪”式词汇的大量流行。年轻人在讨论社交媒体时，用的词汇常常游走于刺探和狂喜的边缘，是两者的混合体。“我昨晚可是把你Facebook了个底朝天啊。”他们会这样兴致勃勃地向朋友坦白，意思是说他们浏览了别人社交网站的个人主页，深挖了对方的过往且颇有收获。有种说法认为，我们每个人距离成为一名跟踪狂都没有想象中那么远。只是即便是在互联网上偷窥和跟踪他人，也会让我们产生羞愧的感受，社交媒体让朋友的隐私来得太容易，让我们措手不及。

我们总是觉得，为了让刺探隐私能有刺探隐私的快感，就必须设法遵守闯空门的形式正义，只不过这种想法混淆了展览馆和地下密室两者之间的区别。这种误解源于我们倒置了门上的猫眼而不自知：从猫眼里窥探别人私密的个人生活通常被视为不正当，甚至不合法，除非我们的窥视是被当事人认可的，事实上我们甚至是被邀请的。我们不敢相信那些如此私密的事，那些过去只能深深藏在个人生活的地下室里，再被包裹上厚厚的礼义廉耻的事情，如今居然可以在光天化日之下供人赏玩。三维世界的礼仪观念真是远远落在了四维世界的纲常规范之后。

相互的坦诚意味着年轻人要用发声吐露的形式减轻内心的内疚感，因为在绝大多数情况里，未经允许深挖他人隐私的行径都是百口莫辩的犯罪行为。除了你自己，没有其他人会知道你曾在某个特定对象的主页上徘徊了多久，从浏览对方的个人相簿再到读完长长的互动对话。每当有人提起有的软件可以帮你“看到”Facebook个人主页的访客记录时，四维世界就会像炸开了锅一样。还有什么能比在社交平台上收集指纹的罪证更让人感到害怕的？

软件技术带来的威胁或许会让我们在网上变得规矩一点，不过老派的礼义廉耻也不是全无作用。我们依旧会在四维世界谨遵三维世界的交际规范，具体说来，它包括不应当把别人的主页当作无主之地、不会把手深深地伸进个人记录的床头柜里、不过于频繁地访问、不刺探别人放在桌上的日记里的内容，即便是无心瞥见。过去的社会文明礼仪在如今依旧留存于世。因为，相比于把朋友当作好出风头的展览橱窗，认为自己是跟踪狂的想法颇具骑士的精神和风度。去参观一个广告贴满街头巷尾的美术馆怎么能叫偷偷摸摸呢？我会因为在泰特现代艺术馆里欣赏法国著名画家马蒂斯（Matisse）的作品而被叫作跟踪狂吗？我们用哥特式的自相矛盾解释自己与他人行为的动机，以此掩盖是我们亲手公开了自己的生活并任凭他人欣赏的羞愧想法。

大数据出卖了你

在很大程度上，人们在数字时代对自身互联网形象的关注也反映了四维世界的哥特式风格。你有没有曾经被单独留在一间陌生房间里的经历？通常这种情况是因为主人领你落座之后有事要离开一会儿，你用眼睛环顾四周，先是壁炉台，随后目光又沿着窗帘中间的缝隙向上爬，边看边琢磨如果这个房间也是有生命的那它会想些什么？这时，你才突然注意到远处的座垫之间有一辆小汽车，大大的车灯已经盯了你好一会儿了。即便你没有过这样被玩具汽车伏击的经历，也不难想象在你本以为自己在独处的时候，却突然发现有人一直盯着你看的感受，那种似乎看穿你内心的窘迫和不自在。

作为生存在世上的物种之一，自然选择似乎让我们保留了一定程度的妄想，以备不时之需。对被注视的反应倾向——后脖颈反射性的僵硬发麻，理论上来说是在我们面对危险时的有利性反射。而妄想症，顾名思义，是一种神经质的过度反应，它让人在没有被注视时也感受到目光的凝视。互联网的哥特式内涵精炼了我们的自恋和神经过敏，以至于总是假想被人注视的感觉。甚至连道林·格雷，在面对那张让人无比惊讶、会变老的肖像时，也注意到“它在看他，苍老但是依旧俏美的脸上露出了残忍的微笑……它蓝色的眼睛直直地撞上了他的”。数字世界的哥特式名胜里挂满了肖像画，据说这些肖像画的眼神会紧跟那些紧张的来访者，不过，新的问题是，到底是谁或者什么一直在网上盯着我们呢？

韦斯·克雷文（Wes Craven）是电影《惊声尖叫》（*Scream*）的导演，他在该系列第一部影片中活用了由视野不平衡引起的恐惧感，这是现代社会对哥特式风格的一次绝妙致敬。《惊声尖叫》系列因其在电影角色上对传统恐怖片套路的解构而广为人知，德鲁·巴里摩尔（Drew Barrymore）在第一部影片中饰演一名酷爱看恐怖片的金发少女，《月光光心慌慌》（*Halloween*）是她喜爱的恐怖电影之一，当中最经典的莫过于对反派的塑造：“一个带着白色面具的男人，行踪诡秘，总是尾随一个照看幼儿的家庭保姆。”《惊声尖叫》极具后现代风格，巴里摩尔扮演的角色在电话里和一个陌生人聊着自己对恐怖片的热衷，浑然不知对方是一个正在向她步步逼近、带着白色面具的杀人魔，他假装拨错了号码后自然而然地与女主角攀谈了起来。你可能会想，如此平平无奇的场景，加上谈话里对恐怖片套路的解构，怎么能吓到人呢？事实上，制造恐怖的确只需要合理地运用哥特式的非对称视野，即使只是按部就班的一问一答也会产生意外的效果。

巴里摩尔的角色叫凯西·贝克尔（Casey Becker），电影中她的家位于“前不着村后不着店”的荒郊野外，某天晚上她在自家灯火通明的一楼踱步，灯光穿过数量众多的窗户，马上就消失在无边无际的黑暗里。于贝克尔而言，她是黑暗中无数双眼睛觊觎的对象，她在绝对的明处，而窥视者在绝对的暗处。观众事先只知道这是一部恐怖片，摄像机仿佛在模仿室外偷窥者的视角，恐惧感在我们远远窥见屋子里的贝克尔一边与电话里的杀人魔打趣，一边从一个房间走到另一个房间的过程中慢慢发酵。

随后让人冷汗直冒的第一个激灵出现了，贝克尔突然问道："你为什么想知道我的名字？"电话里那个冷冰冰的男性阴阳怪气地回答说："因为我想知道我看着的是谁。"得知自己正在被一个看不见的人注视着，贝克尔吓得马上把所有门窗都上了锁。她从不同的窗户向外瞧，极力在黑暗中搜寻，但陌生人却只是继续用自己的视野优势在电话里挑衅她。"你看不到我吗？"他压着嗓子说，而当贝克尔问他到底想怎么样时，他坦诚地说自己想要更大的视野优势："我想看看你五脏六腑的样子。"这场戏的紧迫感不仅来自杀人魔那个"网络巨魔"式的电话，更多是因为他和贝克尔一个在暗一个在明的立场博弈。

在埃德加·爱伦·坡的短篇小说《陷坑与钟摆》（*The Pit and the Pendulum*）中，一个男人因为被西班牙宗教判为异端而遭受囚禁。他被拘禁在一个昏暗的房间内，感到自己的每一个动作都被人监视着。除了人类的监视，还有非人类的监视。爱伦·坡同样在自己的作品中考虑了这个方面，在他的作品《厄舍古厦的倒塌》（*The Fall of the House of Usher*）中，男主角罗德尼·厄舍（Rodney Usher）感到行将倾颓的房子在对他暗暗地施加可怕的影响："这种影响寓于灰墙，寓于塔楼，寓于那静静的水塘映照出的古厦的倒影中，它们越积越浓，使他成了现在这幅样子。"

哥特式代表令人不悦的视线，它让我们知道被自己看不见摸不着的人或者力量监视和影响是一种何等恐怖的体验。罗德尼·厄舍画过一幅让人毛骨悚然的画，一间看起来没有窗户且深藏地底的地下室，却被不知道从何而来的光源照得通明："在目之所及的范围里没有任何通光孔，没有火把，也没有其他能够辨识的人造光源；尽管如此，室内光芒四射，整个地下室都沐浴在诡异而违和的绚丽之中。"坡的旁白这样告诉我们："倘若有凡人能够把思想画出来，那个凡人就是罗德尼·厄舍。"流光溢彩的地下室切中了哥特风格的要害，那就是丑陋怪异的光亮。被无情的亮光照得彷徨而无助，无奈地接受不知从何处射来的目光的猥亵，罗德尼·厄舍的画便是四维哥特的缩影，它们在我们这个时代的表现形式多种多样，不一而足，而你对它们几乎到了熟视无睹的地步。

旅行网站艾派迪（Expedia）经常这样冷冰冰地提醒我们："有另外 17 个人正在浏览这家旅馆。"我们对自己的想法被人监视和跟踪的现象已然习以为常，毕竟只要连上互联网，我们就知道自己的行踪和行为都会时刻受到监控，只不过监视我们的并不是什么朋友或者上司一类的人而已。互联网的商业化是它谍战氛围的主要推手，它既明目张胆又姿态低调地把我们日常访问的网络变成了一个置于监控下的世界。

互联网商人是不知羞耻的跟踪狂，他们对弄清有多少人正在查看自己的出价有着极度的渴望。eBay 会告诉你有 132 人正在看这款"小型精致复古风格古董橱柜"。一双双看不见的眼睛从树林里向外窥视，神秘的气息萦绕在这些网上交易的商品周围，而计数潜在买家的数字居然真的就这样成了评估商品价值的参考维度之一。显然，这个数字意味着竞争者的数量，从某种意义上说，他们在看的其实不是什么古董橱柜，他们在看的是自己。我们坐在自家的沙发上，窗户外是漆黑的深夜，而手机里不知有谁正在和你一起看着那只古董橱柜。活脱脱的一出恐怖片桥段！

在文学世界里最著名的广告牌之一出自《了不起的盖茨比》，那块风蚀残存的破旧广告牌上画着一双巨大的眼睛。它如同一座守卫灰烬谷[①]的哨塔，画上的眼睛原本属于配镜师埃克尔堡大夫（T. J. Eckleburg），一代又一代的老师向学生们强调着这块广告牌在小说中的重要性：广告牌上低垂的眼神代表着20世纪的文明轨迹脱离了对上帝的依附，转而由商人主宰，后者唯利是图，对人类的精神熟视无睹。菲茨杰拉德对广告牌的刻画因为它宿命论式的含义而经久不衰。但如果真如菲茨杰拉德所说，上帝已死，而新的大众偶像却脱胎自贫瘠不毛的商业，那又如何？世事奇怪的地方之一，是宫殿的废墟往往比宫殿更恒久。珀西·雪莱（Percy Shelley）告诉我们，奥斯曼提斯的绝大多数雕像都已经损毁，但只要雕像的底座和双脚还在，我们就能感受到这位法老昔日的荣耀，“寂寥，荒凉，无边的平沙伸向远方”。

不过，就算废墟也没法长存不朽。新千禧年之后的某一天，埃克尔堡大夫的广告牌也被人掀翻了，他大头朝下，整张脸直直地摔在了地上，眼镜上满是尘埃。一块新的数字时代的广告牌替代了他的位置，《了不起的盖茨比2.0》告诉现在的学生们，上帝已死，那个年迈的眼镜商人也随之而去，现在他们不会再盯着我们了。如今，埃克尔堡大夫的眼镜被“Google”的两个“O”所取代，在这两个猫眼背后窥视的是我们的亲朋好友。谷歌会实时跟进和修缮公司的服务协议和条款，在2013年10月，它更新了下面这条：“为了保证家人朋友能够从你的推荐中受益，谷歌将不时在旗下的应用或服务中向他们推送你的评论、推荐以及其他相关活动。”因为谷歌推广的“互相推荐”服务，我们自己也成了网上广告的一部分。比如你用自己的谷歌账号

① 小说《了不起的盖茨比》中位于纽约和长岛西卵区之间的贫民地段。——译者注

在网上发表了评论，那么当你的好友在谷歌社区系统上进行搜索的时候，他们就会发现你的头像出现在相应的结果旁边。这就是我们在朋友生活中阴魂不散的情况：“我们来看看芝加哥市里有哪些风评还不错的意大利餐馆，咦，这不是那谁吗？”

你当然可以选择对这种肤浅的推荐模式敬而远之，只不过要退出可不像按一下开关那么容易，谷歌拿定了主意要和你死缠烂打到最后一刻。“你确定吗？”在最后关头它仍然想要讨价还价。“如果关闭这项功能，你的好友们将很难从你的推荐中受益。”言辞恳切，但是稍加琢磨就能感受到谷歌以夏尔巴人[①]自居的意味。因为互联网的出现，我们不是应当更容易手牵手、心贴心吗？奈何只能感到人与人之间千里的相隔，嘴边说出的话顷刻就消失在风中，最后不知飘到谁的耳畔。从他人评论中受益的人肩负着延续这种羁绊的任务，只有用户的持之以恒方能让它存续，这在某种程度上使纠缠他人生活的风气得以正当化和日常化。

除了明目张胆的谷歌之外，普通互联网广告也对自己跟踪目标用户的行径毫不避讳。我记得自己就曾在一个阴冷的隆冬之夜沦为互联网跟踪技术的牺牲品。那天我躺在床上，慵懒孤单的低落情绪不请自来，我打开 YouTube 上一个以前看过的莎拉·希尔曼（Sarah Silverman）的混剪视频，聊以自慰。窗口化的视频播放器右边有一块悬浮的页面广告，上面写着“威尔特郡农庄食品”。我当时已经有好一阵没有想起过威尔特郡农庄这个品牌了，实际上我一直试图忘记它。

大概在一年以前，因为想购置一些贝克威尔杏仁蛋糕和苹果奶布丁，我

① 沿喜马拉雅山脉两侧散居的山民，藏语意为“来自东方的人”，以擅长为珠峰登山队作向导和背夫而闻名。—— 译者注

用谷歌搜索过这家公司。食道癌让我的父亲在不久后便撒手人寰，弥留之际，这些柔软的食品是为数不多的他的病情允许摄入的东西。威尔特郡农庄的商标上画着两道小山坡，虽然我曾经因为看到配送车上的它们而备感安慰，但再次看到它们却只让我想起那段焦虑痛苦的时光。我几乎能闻到用叉子在塑料包装戳出几个洞之后，从里面冒出来的甜甜的香气。我仿佛听见父亲用勺子刮着碗里最后那一点蛋糕的声音，甜食给了父亲片刻的欢愉，他抿起嘴唇咽下一口蛋糕，脸上洋溢着轻松的神情。晚上他会一直像吃蛋糕时那样抿着自己的嘴唇，直到我们用颤颤巍巍的手喂他喝下一勺软便剂，然后照顾他入睡。有一次他这么跟我说："味道很好。"那是他第一次尝到桃子味的处方药。

而眼下威尔特郡农庄的广告就在我的面前，悬浮在视频的窗口旁边，我暂停了莎拉·希尔曼的视频，陷进了广告勾起的痛苦回忆里。对任何经历过丧亲的人来说，亲人离去后留下的是一个布满地雷的世界，当然这并不是这个世界的错。不仅如此，在那个隆冬之夜，我早该想到如果要到数字世界里寻求莎拉·希尔曼的安慰，那广告就是避无可避的。"世上没有免费的午餐，"她眨了眨眼对我说，"只有蜡烛的光不要钱。"在四维世界中成长起来的年轻人对广告"精确定位消费人群"的现象当然早已习以为常，他们也认同这种做法的高效性。对他们来说，我们这代人熟悉的电视广告不免有些不够考究，相比之下，广撒网的电视广告就像霰弹枪，而精确投递的互联网广告则是狙击枪。但就我本人而言，我并不希望在上网的时候时刻都有一个小红点在我脑门上晃荡。

撇开个人的过往经历不谈，单就互联网上那些跟踪狂式的广告来说，它们还有许多让人顾虑和不快的地方。商业与意识的合体本身就是件让人惊悚的事，如果你看过《捉鬼敢死队》（*Ghostbusters*），一定记得里面那只获得了意识和体型巨大的棉花糖宝宝差点就把曼哈顿夷为平地的情节。但是那只臃肿笨拙、脸上还带着萌萌笑意的吉祥物至少只会对城市带来无差别暴力，你知道它其实并不会针对芸芸众生里某个特定的人，更不会随意支配和玩弄谁的意愿。谷歌意图预测个体愿望的行为实际上是哥特式恐怖的变体。被恶毒心绪和执念包围并附身的诡秘之地是哥特式小说的招牌，在这些小说的套路里，女主角经常会被自己心理活动实体化的文字或者征兆吓得不轻。超越人类智力的幽灵对你的注视或跟踪，正是哥特式恐怖的独门绝技之一。

网络世界的墙上挂满了让我恐惧不安的肖像，它们是精心装裱的我的过往，这一幅里画的是我搜索豪宅的记录，那一幅里画的是我在看买不起的苏佩加帆布鞋。哥特风的作品精于用看不见的邪恶势力透露的戏谑和嘲弄来传达被监视的恐惧。过去的羞耻和糗事是这股“邪恶势力”最好的饵料，无论多遥远，无论有多模糊，从前乃是今天的原罪，是为哥特。

屁股后面跟着的广告时刻在以一种非常哥特的方式提醒你身上粘着的标签。你看过那部电影吗，对，就是那部，《我知道你去年夏天买了什么》（*I Know What You Shopped For Last Summer*）[①]。谷歌广告没有做错什么，你也没有，他们会争辩说，你得知道这些商业广告是互联网维系自身存在的重要资金来源，没有什么值得大惊小怪的。我只有在心情还过得去的时候，才会把这些讨厌的订制广告看成是小学生对班里广受欢迎的同学的拙劣模仿，用看待儿戏的眼光一笑置之。即便如此，我也无法抹消这种广告模式中包含的浓厚的哥特意味，它代表在我们百无聊赖地消磨时光时，有一双鬼鬼祟祟的眼睛注视并记下了全部过程。

① 指惊悚恐怖电影《我知道你去年夏天干了什么》，此处为作者的双关。——译者注

“去下载一个广告屏蔽软件吧，”一个朋友告诉我说，“不管什么网站都能变得像英国广播公司的主页那样清爽。”事实上，广告和屏蔽软件的关系犹如一场追逐战，页面广告经常会设法绕过屏蔽软件的拦截，互相攻讦的猫鼠游戏总是不停地上演。我并不会因为有广告屏蔽软件就觉得高枕无忧，恰恰相反，需要下载额外的程序才能逃避广告追踪的事实倒更令人丧气和不安，它意味着日常生活中的商业触角无处不在。

张贴广告不应当成为默认的事实，没有广告海报张贴的空白才应当是墙壁的初始状态。在我生活的三维世界的伦敦，每每有双层巴士为阿迪达斯的广告而牺牲经典的车厢涂装时，无论是从道义上还是美学角度上，都会有人提出明确反对的声音。但在四维世界的最前线，在和广告争抢空间的战役中，对每个人的过去了如指掌的商业哥特让我们节节败退，朝不保夕。我们总是摆脱不掉过去投下的影子，当下一次打开互联网的页面时，想必我还是能够看见那双无声胜有声的苏佩加帆布鞋。

别样的“临终关怀”

在大学生活的最后一年，我的室友交了一个运动员女朋友。她经常在结束排球晚训之后到我们的宿舍里串门。她坐在厨房里，湿哒哒的头发披在身上。我曾经一度想回忆起一点她对我说过的只言片语，但是奈何过往如烟，除了对她的声音还有几分印象之外，我已经完全想不起我们之间的任何对话了。她很容易被逗乐，动不动就会哈哈大笑，作为偶尔来访的客人，她是让人无比高兴和舒心的类型。我记得曾经在学校的小路上碰到过她一次，当时她应该和一个队友在一起，两人并排走着，很可能都戴着兜帽，我有点记不清了，也有可能是她曾经某次戴着兜帽，坐在我们厨房的桌子上。对了，我想起来了，那时她戴着兜帽，双肩舒张，用一只脚拦着我的室友。

我有时候会把她和室友的前女友搞混，部分原因可能是我的室友偏爱与自己搭配颜色的品味相似的女孩。因此，要回忆她其实并不难，我们有一张春季舞会上的合影，我不记得是哪一年了，但是难能可贵的是我依然记得照片上有她，只要稍加区分我应该就能认出她。10 年之后，那是我在加拿大过圣诞假期的最后一晚，曾经的室友冒着大雪开车到酒吧和我会面。“她没几天日子了，”提起当年的排球运动员女友他说，顿了顿又道，“她给我发了一封邮件。”

我这才发现，原来我对她几乎一无所知。回家之后我马上从她的社交网站开始关注她。虽然我知道自己看到的是她希望公开的东西，但我假想的双腿还是因为长时间保持从钥匙孔里偷瞄的蹲姿而隐隐作痛。我知道偷窥不是什么健康有益的消遣活动，但互联网真是一块寡廉鲜耻的土地，所以我不打算为自己的行为申辩。我看到她如今是一名学者，但昔日运动员的派头丝毫未减。在治疗期间她自然也没有停止体能训练，不仅如此，她还通过自己的事迹为癌症研究筹到了数千美元的善款。

那一整年我都会定期去主页上查看她的近况。渐渐地，她成了我生活里的一部分，查看她的情况成了我闲暇时消磨时光的手段。体能训练渐渐变得让她难以承受。主页上的一些照片是她在跑步机上坚持锻炼那副被病魔摧残的躯体，她看起来越来越像一个化疗病人该有的样子了。她在用竞技体育的精神对抗病魔，但是癌症治疗手段让她的肌肉不堪重负，体能训练无以为继。慢慢地，她开始定期汇报病情的恶化。她变得越来越嗜睡，她还发现爬一层楼梯或者洗个澡就能把自己累得够呛。纵观她上传的状态，俨然一本前后颠倒的康复日记。

在西方社会，给气数将尽的人留下足够的空间是默认的习俗。至亲陪伴左右，远房和故友则保持距离，等待噩耗传来。对这些只能远观的人来说，他们既担心与他人的死亡靠得太近，又止不住对门后的生离死别暗自遐想。詹姆斯·乔伊斯（James Joyce）在短篇小说《姐妹俩》（*The Sisters*）中生动刻画过这种让人进退两难的矛盾情绪，小说里有一个小男孩预见了神父的死亡，而神父和他的交情颇为不错。

> 每天晚上我经过那栋房子时都会研究蜡烛照亮窗户的样子：我发现每个夜晚它看起来都一样，透出屋里昏暗而均匀的光线。如果他真的去世了，我猜，蜡烛的光芒会透过窗户照亮屋前原本黑漆漆的地方，因为我知道守灵时要在遗体的头侧点上两根蜡烛。

小说里的神父在第三次中风后去世，他躺在房间里，衰弱不堪的身躯再也没法映照在窗口。微弱昏暗的烛光能把外人挡在门外，小男孩告诉了我们其中的道理：

> 每天晚上，当我抬头盯着那扇窗户时，我都会对自己默念“瘫痪”。这个词总是让我感觉听起来很奇怪……但是现在，我觉得它就像某个妖魔鬼怪的名字。它让我充满恐惧，我却止不住地想要靠近一些，看看它杀人的把戏。

今天，我们的确可以近距离地看到这些“把戏”了。社交平台和博客让躲在显示屏后面的我们能够分享将死之人的情绪，观察他们的生活，沉默避嫌有了可喜的后备选择。这种新的交流形式让当事的双方省去了许多劳烦和尴尬。只要他们希望且力所能及，濒死的人就能与我们分享自己的体验和感受，或者他们也可以撇开病重不治的标签，选择与我们进行自由的正常交流。在这里，互联网去实体化的特点倒是成了无可指摘的优势，它让身体虚弱的人能和健康强壮的正常人一样拥有实实在在的存在感，同时还可以让病情相似的人得以抱团取暖。

在日常生活中，死亡首先会从精神上孤立一个人，这是 20 世纪末期让西方发达国家束手无策的问题之一。电影《搏击俱乐部》（*Fight Club*）根据恰克·帕拉尼克（Chunk Palahniuk）1996 年出版的小说改编，里面有一段影射了西方社会对死亡的讳莫如深。影片中，杰克和玛拉对偷偷参加各种劝诫互助团体深深上了瘾。杰克解释说：“当别人知道你活不长了，他们才会静下心来听你说话。”沉迷斡旋于一帮命不久矣的人当中，他们不得不商量好每周互助会的分配方式。

杰克：你可以去淋巴瘤、肺结核患者的互助会，还有……

玛拉：肺结核患者互助会还是你去吧，我犯烟瘾，糊弄不过去。

他们在一个两人都想参加的结肠癌病友互助会上达成了平分的协议。“每个月第一和第三个星期日归你。”杰克提议。“好嘞。”玛拉说。从杰克和玛拉瓜分互助会的年代开始算，博客和其他各种形式的论坛已经逐渐取代了互助会，现在人们不需要见面就可以让别人知道自己的近况。

排球姑娘去世的时候我正在加拿大休冬假，她所在的医院离我当时住的地方只有一小段的距离。听到这个消息之前我还一直隐隐担心，因为当时她已经有两周没有在社交网站上更新了。我还掐着手指算过她发状态的间隔，想推断如此长时间的静默算不算正常。对我来说，社交网站上的更新就是她的心跳，静默的个人页面无异于心脑检测仪上宣告死亡的水平线。至少，她去世的时候是躲在屏幕后面的。在她去世时，我的室友正好带着妻子和孩子离开了加拿大，没有任何人知道我在这一年里断断续续地充当着那个姑娘的守望者。

最后是我在搜索与她相关的消息时，发现了一则当地报纸宣告她死亡的讣告，那时我才恍然大悟。我不住地回过头去查看她在社交网站上发布的最后一条消息，那条消息最后以一串俏皮的感叹号作为结尾。看着她健康完整的文字，正确的动词变换和单词拼写，想到她发完这条消息之后没几天就再也不会说话了，万般感受涌上心头。我重新化身成威尔斯笔下的时间旅行者，坐上用椅子改装成的时光机，穿梭在她最后一个月发布的消息里。我看着她被命运玩弄于喜悦和恐惧的股掌之间，任凭自己在悲伤中沉溺。我成了一个非正式的吊唁者，不请自来，无人知晓。她的去世对我来说算不上亲人亡故，我们的关系让正式的吊唁显得不太合适。

悲伤常常可以被看作是爱的另一个终点，爱有多深就会有多悲伤。不过我几乎对这个去世的姑娘一无所知，所以我也不知道自己究竟悲从何起。我的感受与自己在她生活中的位置不符，因而承受了和吸血鬼相反的痛苦：我有镜子中的倒影，却没有现实中的身体。

在网上进行无形的关注是唯一可行的方式，如今，这也越来越成为关注濒死之人的主流方式。以个人博客的形式在生命即将结束时接受他人的关切确实比较妥当，无论是博客的作者还是读者都能从中受益良多。对于在网上分享人生最后时光的作者来说，众多像我这样的人组成了隐形的听众，看不看得见我们都无所谓，只希望他们能够为此感受到些许慰藉。在网络上分享人生最后几周或几个月的时光，借此排遣苦闷和悲伤，这是数字时代才有的独特景象。对于围观的人来说，我们突然开始担心信息的安全，担心自己的一部分生活也会在陌生人中被阅读、被散布，最终不知止于何处。而对把迎面而来的死亡作为日常探讨对象的博客作者们来说，他们则会被一群生活在世界各地的陌生人凭吊，这些陌生人中有的一直在实时跟进他们的终结之旅，有的则可能是在数年之后才发现他们的死讯。

如果要探讨与互联网居丧相关的伦理，可不是三言两语就能说清楚的。作为几乎没有什么来往的陌生人，我对室友前女友去世朦胧但持久的哀恸，到底应该算是室迩人遐还是自作多情呢？如果剥除了社交媒体，我是不是只有在闲暇无事时才会偶然想起去世的她呢？倘若没有互联网，没有长久以来对她生活的跟进，没有陪伴她走完最后一程的经历，只是在某一天道听途说，偶然得知她的死讯，想必我一定不会悲伤如许。

职业哭丧人在葬礼上充当背景音的习俗已经延续了不下数百年，他们的本事是用苦练的恸哭和哀嚎感染其他人，催人泪下，以此彰显逝者生前的为人风貌。此外，在有的文化中，人们还相信他们可以助人到达极乐，轮回转世。除了哭丧人之外，葬礼上还有一种职业化的角色，称为“默丧人”。遭遇丧失的人家花钱雇用默丧人，让他们笔直、安静地站在灵堂外面，用悲伤的仪容向外人昭告亲人去世的噩耗。在维多利亚时代中期的伦敦，默丧人是个非常有争议的职业，狄更斯在《雾都孤儿》里对默丧人极尽嘲讽。作家威廉·丹尼尔（William O’Daniel）甚至直言不讳：“（默丧人）全是低贱者中的低贱者，绝大多数都是酒鬼、赌徒、杀人犯或恶棍，十有八九都在监狱里待过。”

时过境迁，默丧人也在四维世界里改头换面。如果在网络世界里也能举办一场丧事，再给死者的灵堂加上一扇供人凭吊用的小窗户，那么所有这样的公开死亡旁都会围上许多前来参观和吊唁的陌生人，他们可能身在千里之外，他们是数字时代新的默丧人，是哭泣的汤姆[①]。他们的悲伤无从诉说也无人知晓，从这一点上来说，他们深得“默丧人”这个职业的精髓。与从前的默丧人一样，他们不被允许对死者怀有过深的情感，正常情况下他们与死者甚至永远不会相见。但是在网络上凭吊他人的这些陌生人们真的是“低贱者中的低贱者”吗？

相比借助网络进行遮遮掩掩的关心，给临终病人面对面的关怀更有必要也更值得称颂。前者似乎更像是我们对小说中虚构人物的单方面情感，倘若如此，那么现在问题就变成了：充满艺术感的悲伤到底是让我们更接近还是更偏离现实了呢？社交媒体在冥冥之中让我们把其他人变成了休闲娱乐的一部分，别人的生活就像是我们的玩物，随意进出，来去自由，如果厌烦了还可以背过身假装听不见。记事年表样的社交平台对忠诚度的要求并不高。闲言碎语的八卦总是把人当成消磨时间用的谈资，但超越交际边界的行为和八卦的内容都至少会给人带来不小的愉悦感。

上网娱乐的标准配备之一便是单口八卦环节，在这个环节里，我们一面扮演信息的获取者，一面又扮演八卦的倾听者。而在网上记录濒死经历是个例外，休闲娱乐一下又变回了严肃的故事讲述，难能可贵的是，这个故事的讲述还有严格而同步的时序。分享自己的经历对挽回生命当然没有什么用，它只能成为一段文字记录，不过这段文字因为生命终结的内涵而注定鼓舞人

① 原为惊悚电影《偷窥狂》（*Peeping Tom*），此处作者想借此表达“哭泣”和“偷窥”的双重含义。——译者注

心。互联网凭吊和文字创作之间的联系让扩展道德伦理的包容性势在必行。或者简单地说，文学用换位的视角诱惑了我们，让我们对并非自身的将死之人产生了情感上的共鸣。它把我们带入了他人的思想。以社交网站上的女孩为例，我们都知道主页上那些文字的背后是一个活生生的人，但正是这些文字把沉默的读者们聚到了这个越来越暗淡的灵魂身边。因此，哭泣的汤姆才有机会体验真正的悲伤，无论恸哭的对象到底身在何方。

要承认和认同四维世界的这种吊唁方式并不容易。在室友前女友去世后，有一个在最后几周里坚持为她加油鼓劲的人在自己的主页上发表了一条讣告。当我偷偷摸摸到这名高调的哭丧人主页上去偷窥时，我看到那条悼念的讣告排在从上往下数的第三条，紧邻着一条新的、与软心豆粒糖有关的生活趣闻。所以到底是冷酷无情，还是自由不羁，才会让他人的死讯看起来如此宛如儿戏？虽然社交网站会给每条用户发布的信息标注发表时间，但是对于庄严肃穆的服丧吊唁来说，总体的效果并不理想。鉴于社交网站在这方面的失败做法，它让凭吊的用户看起来就像是罹患双向情感障碍的病人一样。由此可见，数字技术对如实反映人类自然的情感周期并不在行。

在过去，过短或过长的情绪反应都会被当成需要警惕的信号。比如，在脸上凝固的表情是引起他人恐惧的法宝。小丑代表的凶恶内涵可谓人尽皆知，这在很大程度上要怪罪于它们那无休无止的猩红色微笑。不顾具体的环境和氛围，始终保持同一副表情的人往往会让他人感觉不适，因为千篇一律的表情意味着当事人同理心的缺失。你会萌生出打碎别人微笑时露出的牙的冲动，尤其当你在他们的脚边瑟瑟发抖的时候。出于同样的原因，洋娃娃、雕像以及其他表情固定的东西都成了恐怖片里的常客，只因为它们僵硬的斜视和败兴的嘴脸实在让人毛骨悚然。除了表情单一之外，同样让人感觉不自在的还有表情之间的唐突转换。以肥皂剧为例，反派们的拿手好戏之一，就是把前一秒还是怜惜同情的皱眉，在下一秒变成越肩视角或者侧脸视角的狰狞邪笑。同样的道理，懊悔的啜泣如果一转眼就变成了不修边幅的大笑，恐怕多少都会招致人们的厌恶和反感。

社交媒体已成为孕育这种厌恶感的温床。从一种状态直接跳跃到下一种完全不相干的状态有时候会让人觉得不得体，即便这可能不是当事人的本意。1901 年，社会学家格奥尔格·齐美尔（Georg Simmel）写了一篇题为《大都市与精神生活》（*The Metropolis and Mental Life*）的论文，他在这篇论文中把一种大城市人特有的精神状态命名为“厌倦态度”。齐美尔提出，这种综合征是由于人们行走在都市灯红酒绿的大街上，不可避免地接收过量的感官刺激，结果造成“外在和内里持续而快速的兴奋，引起强烈的情绪变化”。

厌倦情绪的诱因不是人们关心的事物太少，恰恰相反，是由于关心在意的东西太多太杂，以至于如齐美尔所言：“刺激的变化太快，超出了神经感受能力的负荷，于是它们反而不再兴奋了。”由于社交平台程序的代码还没有赋予它们快速筛选推送内容的能力，所以它们只能用平等的权重把一大堆信息呈现到我们眼前。而如果用户恰好不懂得如何筛选这些信息，对它们照单全收的话，那么，讣告和软心糖趣闻在他们眼中的确就像同等重要一般。虽然许多人都会反驳说他们有能力在社交平台上分辨事物的轻重缓急，但这并不会改变平台本身有意把特殊事件均质化、平常化的事实。

如果你想了解某人真正的性格，那么用匿名观察者的身份观察他们和第三方道别的方式不失为一种明智的做法。人们在道别时经常会面带微笑，大概算是离别时微微发作的癔症倾向，如果我身处公园或者其他公共场所，通常很乐意观察在双方道别之后，这种微笑会在两个陌生人的脸上挂多久。慢慢消失的微笑通常会让我心感宽慰，如同浮云温柔地改变了自己的形状。而那些转身之后笑容如落石一般消失的人，我总是暗自打定主意要和他们保持距离。在互联网上，我们总是会被剥夺缓缓收敛情绪的机会和权力。快刀斩乱麻，一拳碎黄鹤。

当然，社交网站上的某些话题的确会比其他话题更能激发人们的热情，被探讨的时间也更长久，这样的话题往往能画出一道长而圆滑的情绪弧线，而不是碎片式的互动。不过，虽然有这样的情况存在，社交平台推崇的依旧是碎片式互动，对于保守和老派的人来说，后者让整个社交媒体在他们眼中充斥着油腔滑调的气息。未来的新生代很可能不会对鱼龙混杂的信息排布方式感到苦恼，因为他们从出生开始就习惯了社交媒体嘈杂的喧闹，他们深谙一条讣告的真诚程度不会因为前后紧随的其他消息而大打折扣。也许是突然夺走他人生活的死亡本身，而不是我们，才是不体面感的根源，从前是，想必将来也会是。乔伊斯小说中的小男孩在读到神父的讣告后，去神父家的门上钉了一束草草用黑纱包裹的花束，他扫了一眼大街，惊讶地发现，“他一点都不觉得悲伤，仿佛今天谁也没有死去一样”。

如今，仅有某些地区仍然把哭丧当作一种文化形式保留着，而经济全球化的迅速崛起让晒幸福成了新的热门生意。互联网资本的运作机制催生了职业的网络水军，他们是与过去愁眉不展的默丧人完全相反的角色。但是这些明码标价的笑容就如同肖像画一样，它们是过去为尸体恸哭的那类生意的变体，所以诡异和违和的感觉并没有因为哭和笑的转换而有丝毫改变。在一个我们必须以互相关注才能彰显与常去的那家干洗店老板之间友情可靠性的世界里，社交媒体能够量化估值的人气在商人眼里简直相当于一座金矿。

哪里有商机，哪里就有投机取巧的造假者，所以我们大可不必惊讶有像Intertwitter这样的公司出现，它们的主营业务包括为客户提供各式各样的虚假人气：增加个人的关注数量、点赞数、转发数以及收藏数。从前的教会禁止人们崇拜虚假的神明，而现代社会的我们已然进化到学会了虚假的造神运动，这是四维哥特的又一个表现。哭泣的汤姆好歹为人性的议题带来了一些富有洞见的探讨，而这些冒牌的好友不过是没有灵魂的僵尸而已。

2014年12月，《国际商业时报》报道称："虚假账号肃清行动后，金·卡戴珊（Kim Kardashian）取代贾斯汀·比伯（Justin Bieber）成为Instagram上关注数最多的人。"如果往前推10年，恐怕没有几个人能读懂这句话在说什么。在这则新闻登报的一年前，一份调查报告称比伯社交网站的关注中有一半是僵尸粉[①]。Instagram无情的肃清行动过去没多久，就有明星八卦网站报道了一则新消息，这次的主角是20世纪90年代数字媒体还未普及前的著名说唱歌手麦斯，新闻称他的160万关注者在官方的肃清行动后折损了150万，麦斯随即删除了自己的账号。

和绝大多数老道的推销员一样，Intertwitter的宣传策略是一手抓威吓，一手抓方案。它威吓用户的方式是让人相信，如果你希望用社交媒体实现名利双收，那么不管你的作品如何优秀，关注人数太少都相当于白搭。通常他们会用一名艺术家成功用Instagram卖画翻身的励志故事举例。唯才是用那一套在追求曝光度的社交媒体上已经没有市场了。就像谷歌上如火如荼的点赞热潮，如今我们似乎不用多说什么，把嘴堵上，只要让人气说话就可以高枕无忧了。随后，Intertwitter会用反乌托邦科幻中那些反派专属的腔调，告诉可怜的艺术家们不要害怕："我们会给你应得的关注量和点赞数，这样你就

① 指有第三方商业公司提供的用于增加关注量的虚假账户。——译者注

可以名声大噪了！”这段话非常适合在一个废弃的太空商场里，当艺术家扮演的主角们好不容易看到公用电话时，从商场的扩音器里播放出来。

不过，虽然计算机批量提升人气的生意在今天看来是个新奇的玩意儿，但是时过境迁，将来也注定只是一种过时的把戏。同样的情况可以参见曾经的尸体买卖交易，和默丧人一样，它们都曾是在19世纪非常流行的生意和行当。在当时的英国，尸体因为可以用作医学研究而成为交易的商品。昼伏夜出的尸体贩子被人们称作“掘尸人”，他们通常从墓园里偷窃尸体，再把它们卖给医院和高校的外科大夫。哪怕是累累白骨，甚至是被私自关押的犯人，都有可能成为商业资本的牺牲品。

直到1827年，爱丁堡的威廉·伯克（William Burke）和威廉·哈瑞（William Hare）犯下数桩命案，只为把被害人当成尸体卖钱，资本的冷酷达到了令人瞠目结舌的巅峰。如今，社交媒体和商业的联姻为不活跃的社交账号赋予了市场价值，但这种价值实现的前提，是网络世界掘尸行业的复兴。僵尸账号有点像玛丽·雪莱（Mary Shelley）笔下的哥特式造物，弗兰肯斯坦的创造者“从停尸房和荒野收集尸骨，为了深究人体的秘密，不惜动用旁门左道”。僵尸账号是由计算机脚本创制的，脚本程序从真人的账户中抓取头像照片和个人信息，随后把这些信息拼凑缝合成一个会竖大拇指的怪物。弗兰肯斯坦同样对自己可怕的起源不以为意：“我的大部分原材料都能在解剖室和屠宰场里找到。”因此，如今在互联网上，现实中的用户每天都要和数不清的缝合怪们擦肩而过。

Intertwitter 以及与它类似的公司，比如 Fast Followerz，构成了一个专门贩售互联网人气的产业，该产业的估值目前已经达到了上亿英镑。对于很多生意人来说，只要能让生意顺风顺水，购买这些公司提供的人气流量服务就像给街头艺人的帽子里丢张100元的纸币一样稀松平常。而让人担忧的是，这种服务的价格一点也不贵。给自己的Twitter账号添加10 000名关注者，Fast Followerz开价99美元，而Intertwitter只要65美元。价格的差距源于僵尸账号的品质不同。有些僵尸号看起来要比别的更像真人一些。最粗制滥造的量产号一般一眼就能被人认出来，因为它们通常没有头像和个人信息，在点赞和转发方面也不积极。另外，这些账号关注和被关注数的比例也有明显的问题。社交平台上的活死人与电影里的一样，喜欢追逐别人而很少被人追逐。

由于平台本身会清理它们认为不活跃或者不真实的账号，如Instagram，为此，贩售人气的行业随即催生出了“刷单组织”。这种机构的组织只需要在经济欠发达地区，设置一处配有大量计算机的办公地点，然后用轮班制以极低的薪资雇用员工即可。被雇用的员工要做的是依次登陆数千个僵尸账号，比如数千个微博的账号，然后给客户指定的目标内容“点赞”。由于账号的行为是出自真人之手，而不是脚本程序，所以通常很难区分他们到底是不是真正的消费者或者用户。僵尸脸的恐惧又再度袭来，有人会为了一纸合同，不惜连续数个小时在网络上用笑脸维系虚假的情谊，衡量他们价值的方式，是量化他们统率的僵尸大军，而他们创造的收益却遭到了层层盘剥。

眼下，按照社交媒体上的热度选择产品已然触及与公平交易有关的伦理问题。响应这种趋势的人越多，它的参考价值就变得越高，继而刷单组织的存在也就越发显得合理。与传统商业狼狈为奸的表现是压低咖啡的市场价格，这么做的代价是无情剥削劳动者的人力成本，而现如今，与贩售流量人气的风气狼狈为奸的表现，则是选择购买在社交平台上广受好评的商品。

当我还是孩子的时候，长辈们常教导我要为劳动者苦涩的汗水而感到义愤填膺，30 多年过去了，资本主义的进步有目共睹，而劳动者不仅还在流汗、被压迫和被剥削，他们甚至无暇考虑对错善恶。孩童时代，我记得麦当劳的餐牌前总是站着彬彬有礼的服务生，尽管他们的笑容中略微差点诚意。我注意到广告牌上员工们的笑容被打上了“免费”的标签，麦当劳向来财大气粗，这点“免费”的笑容对麦当劳叔叔来说根本不算什么，尤其他还刚好是个小丑，相比之下，让他手下的员工强颜欢笑才是对他们的考验。不知道在新千禧年，这个让人内心发毛的小丑会不会也向我们讨要免费的微笑，或者当社交媒体催生的服务菜单上当真出现“微笑”的选项时，恐怕我们既要用真金白银，又要用伦理纲常来为自己买单。

一切都结束了吗?

如果数字技术可以改变我们的生活，那作为生活的一部分，它当然也可以改变死亡。互联网是个活死人横行之地，而现实中的朋友则像是视觉残像。我们已经习惯于回身凝望的状态。

让我最后再讲一个关于网络幽灵的故事。几年前，我曾经在巴黎认识了一位高高瘦瘦的钢琴家，他的手掌如果完全张开，几乎能从一副键盘的一头跨到另一头。只要你随便给他放一首 YouTube 上的乐曲，不消几分钟他就能翻弹出来。他在贝尔维尔区的唐人街附近租了间公寓，他会坐在自己的电钢琴边，戴着耳机，开着正对楼下庭院的窗户，安安静静地练习那些让人抓狂的协奏曲。他经常喝很多的酒，我在清晨拜访他时常看见他闭着眼睛，用拇指和食指按摩着鼻翼两侧。在家里，他会用桶装的雀巢速溶泡毫无艺术感可言的咖啡。曾经有一次在地铁上，一个模特星探想要凑过来和他套近乎，他当着人家的面撕掉了对方递过来的名片。他家中前门的书柜上杂乱地摆放着他收集的恐怖电影，比如《鬼娃回魂》系列电影。

他总是彬彬有礼、从容不迫，可惜我的法语不够熟练，所以经常会跟不上他说话的速度和节奏，也不清楚他在说什么。我在他身上注意到了非常绅士的法兰西风度，只要和你在一起，他就会把全部注意力放在你身上，外界的一切对他来说仿佛都消失了，为了履约，他也可以推掉手头的其他计划。他对眼前事物的专注当然也有副作用，那就是你可能会连着好几周都联系不到他。

当我离开巴黎后我们没有再保持联系，不过我时常还会想起他在自己的公寓里安静弹琴的情景。有一天晚上，Facebook 告诉我说那天是他 33 岁的生日。当时我正躺在床上，几乎就要睡着了，但我还是再查看了一轮自己的邮箱和社交账号。我点开生日的通知，马上就认出了他的几个朋友的名字，他们都已经在页面上留过言了。我对他最后的了解源于现在所谓的“潜水”，那也已然是 3 年前的事了，我记得他当时好像正要离开巴黎，转而去外省的某个小镇上生活。看到这条消息，我一点都不觉得奇怪，我早就料到他不会一直待在贝尔维尔那间逼仄的“录音棚”里，不过我在巴黎的人脉圈也不小，我认识的人里有不少是职业音乐家，他们对此作何感想可就不好说了。

他似乎集万千宠爱于一身，不过显然只可远观，不可亵玩。留言中除了带着笑脸和爱心的普普通通的生日祝福之外，更多的是动情的哀怨。我从中感受到了浓浓的暧昧，某种程度上可以说是妒意：巴黎人情感的戏剧化果然名不虚传。虽然我已经很久没有读过法语了，但是功力一点没有退步，只是我越往下读越发现一个重复出现的主题，让人心生忧虑。有一个人这么说道："你让我的心里留下了一大块空白。"另一个人坦诚说又梦见了他。在我认识他期间和他交往的情人留了一些孤苦自怜的话，所以我猜他们应该刚分手没多久。

他的主页的其他部分就要轻松活泼得多，比如和朋友的合影、他对电影的口味，以及在许多地方出洋相的照片。突然，我看到了他一个英语是母语的朋友留的言，想必那个人不会像巴黎人那样多愁善感，他在留言中祝我的朋友生日快乐，并且还提到了"无论你在哪里"。我用手肘撑起自己的身体，呼吸开始加速。我突然意识到，这些生日祝福和苦涩情话无不在诉说我的朋友消失不见了。可是应该用什么词形容当我意识到这一点时心跳加速、头脑飞转的感受呢？夜越来越深，楼下的比萨饼店恐怕早就关门了，我一时想不到其他出门的去处。我克制住内心的悲伤，回过头继续浏览他的主页。

六神无主的人很容易抛却良善道德，以我为例，最开始的悲伤很快被好奇心取代，寻找答案的快感成了我全部的动力。趁着社交网站加载更早先的消息的空当，我把他的名字输进了谷歌的检索框里，却发现谷歌居然在推荐条目里放肆地加上了"死亡"两个字，自作主张地宣告了他的离世，这几乎让我的心跳停止。好在，搜索结果为空。

乔纳森·萨福兰·弗尔（Johnathan Safran Foer）在小说《特别响，非常近》（*Extremely Loud and Incredibly Close*）中提到了一段著名的定格动画——"9·11"事件"坠落者"。小说中，那位无名氏坠落的照片以倒放被播放，所以当你按着书页读小说时，那个不幸的人就被天空倒吸回了双子塔上某一层的玻璃窗里。以这种反转的眼光来看，当年撞上世贸大厦的那架飞机也会从楼里倒着飞出去，遇难的人们则会从废墟里安然地走出来。

社交平台能把你带回从前的功能给我们逃避和拒绝悲剧的天性撑起了一把遮风挡雨的伞，我们否认眼前的事实，不愿意踏出安全区一步。于是，就在2010年那个夏夜，沉睡许久的寿星终于醒了过来。没有人因为他感到悲伤。他“活跃”的时间由我的意愿决定，有时候是我想起他时，有时候则是在我想完他时。从他的主页上，我看到他计划在秋天回巴黎，目的大概是为了上某家音乐学院，另外还有几个他在一些小咖啡厅和酒吧驻唱的视频。他偶尔也会写一些跟朋友打趣的东西。既然他重获新生了，下一步我想从头开始，查查他是从哪天开始停止更新主页的。这感觉有些像回顾命案现场，我在上面提到的那种说不清道不明的兴奋劲儿在整个过程中如影随形，分不清它是人的本能，还是正好相反。

他主页上最早的一些分享是几段音乐视频：罗奈特乐队（Ronettes）、广播乐队（Broadcast）的《来吧，我们走》（*Come On Let's Go*），还有颇为怀旧的娜塔莉·安博莉亚（Natalie Imbruglia）的歌曲。稍微向后推，那一段时间他相对冷清的主页几乎可以说是门庭若市：许多好友都来安慰他，或者通过他向对方致以慰问；他的父亲好像为了收集某些信息抢走了母亲的账户，做得干脆而决绝。我还认出了他的一个女性朋友，我曾经见过她一次，她也是前来安慰的人之一。她还曾经出现在一个他分享的音乐视频里，身上爬着许多活的蜗牛。看到他的主页这么热闹我实在是很欣慰。他就像乘着一扇陷阱门消失了，然后突然又被朋友们召唤了回来。我如饥似渴地翻着他留下的消息，而当它们开始变得越来越稀疏，经常间隔数天甚至数周的时候，一股强烈的失望感油然而生。我不知道那时他的生活里发生了什么，直到今天社交网站也没有告诉过我半个字。

接下来，我开始一张一张点开他的照片，尽全力想找一张能够和他对视的。我们两个是同一年出生的，作为温血动物的我一直想知道是什么让他的内心冷若冰霜。但是，哈，看呐，他抽着烟，脸上挂着温暖的笑容。在巴黎的某天下午，我和他一起站在公交车上，我跟他说看到了一个老太太在玩数独，虽然现在我也不明白当时我有什么好大惊小怪的。“我觉得很悲伤。”他一边用英语说，一边轻轻地把肩膀往公交车的栏杆上靠了靠。

第二天我还要早起，眼睛也开始因为疲劳而酸痛，但是我简直欲罢不能。秋风渐起，世事太平，到他的网络坟墓上祭拜的人会越来越少，这时候还风雨无阻的自然只剩下他的母亲了。她总是时不时地访问他的主页，而回应她的只有阴冷的沉默。她告诉他自己去听了伦纳德·科恩（Leonard Cohen）的音乐会，感觉两人在歌声中重逢，她非常感谢他先前买的票。社交网站无疑只是他的母亲想与他神交时的众多选择之一，但它肯定是最让这位母亲有亲近感的地方了。

当年在帕洛阿尔托熬夜写代码的马克·扎克伯格（Mark Zuckerberg）是否曾想见，他倾注心血修建的是一条通向彼岸世界的通道？他母亲造访的记录几乎让我不忍再看下去。她深切的悲痛让在夜里满足自己好奇心的我羞愧难当，她驱散了使我头脑发热的肾上腺素，让我能够静下来好好想一想为什么会这样。对死者的八卦本身就应当引起对冒犯他人的警觉，这种行为反映了当事人涵养的欠缺，理应让人感到羞耻和内疚。然而在没有旁观者指指点点的情况下，即便是冒犯他人的预警信号也变得绵软无力。在八卦、文字和记忆三者之间的夹缝中，自我授意下的冒犯让人感觉既没有损害他人利益，又颇具占人便宜的快感。

又过了一段时间，他母亲恳切的探望也消失了。我缓缓地返回开始的地方，回到充满生日祝福和哀悼的当下。稀疏的新鲜事让时间的跳跃变得飞快。可是他的母亲一直在我的脑海里挥之不去，于是我点开了她的主页，想把她召唤到我身边，解答我心中的困惑。首先映入我眼帘的是在她主页的最上方，竟然是几位好友的道别。我突然意识到，她在自己儿子去世一周年的那天已经驾鹤西去了，也就是说在那个晚上，我一直在倾听一个灵魂对另一个灵魂的恸哭和思念。

从开着的房间门向外，我能看到黑漆漆的厨房，炖锅整整齐齐地挂在阴影里，一墙之隔外的马路上寂寥无声。我关上笔记本电脑，伸手把它放到了地板上。滚烫的电池组碰到冰冷的地板，在夜空里发出“咯噔”一声。我侧过身在床边设好手机闹钟，然后关上床头灯，祈祷自己不要度过一个辗转难眠的夜晚。

THE FOUR-DIMENSIONAL HUMAN

06

幽闭恐惧，束缚与空间剥夺

四维世界里幽闭恐惧盛行，负面情绪是互联网的专利。我们自己让自己感受到了束缚感，其他人则常常扮演着推波助澜的角色。当人们已经记不起自由和远方的样貌时，当只有是与非的二维评价体系充斥我们周围的区域时，文明开化和蛮荒原始的古典二元论体系将开始崩塌。

四维人类会做梦吗?

如果我真的睡着了，然后呢？或者说，四维人类会做梦吗？这么说是因为睡眠和其他东西一样，都逃不过数字技术进步的影响。有一项研究称，各种电子设备屏幕发出的光正在让我们的睡眠激素减少分泌，导致我们更加难以入睡，醒来后的疲劳感也更明显。研究称，就算是我们用完之后把手机屏幕关闭并放在一边，它们对我们的影响也会在闭眼之后持续存在。我们必须下定决心，把设好闹铃的手机、笔记本电脑或者其他电子设备远远地放在房间的另一头。虽然应该要这么做，但以前那些在楼梯口的柜子上庄严坐镇的有线电话几乎已经绝迹了。如果有人需要在半夜和我们通电话怎么办？总有些电话是我们不得不接的。因此，手机还是被我们留在了床头柜上，雷打不动。

对了，提到那些所谓的研究，如今它们随处可见，绝大多数人，都能在日常生活里发现它们的存在：在人行道上，甚至是在风刮过的声音里。通常没有多少人愿意花时间深究那些前沿发现，大多数人只满足于知道个大概，而他们知道这次的“大概”似乎来者不善。电子设备的荧光就像汽车的远光灯，把褪黑激素[①]这头小鹿照得目瞪口呆，不仅如此，电子设备似乎并没有让我们变得更加聪慧。尽管还有不小的争议，但是已经有相当多的支持者认为，网络信息会越过大脑的显意识而直接影响人类的神经系统。我们常常为自己的注意力的分散、信息理解能力的下降和记忆力的衰退而感到忧心忡忡。

人们很容易联想到网络信息正在把人变成一间间实验室，只不过它不出产科研数据，而是塑造个人直觉。一位朋友的母亲经常警告他不要把手机放在口袋里：“你在微波你的睾丸。”如果真的这样，那恐怕如今城市里没有什么地方对人体来说是安全的了。与此同时，饲养宠物有益健康的说法也甚嚣尘上，大有成为公认观点的趋势。

这已不是我们第一次对身边的日常小物件产生恐惧了。1991年的圣诞节，我的一个阿姨当时年近花甲，那天她穿着一套晨袍，膝盖上放着一台电子记忆游戏机“西蒙”(Simon)[②],那是我送给她的圣诞礼物。拗不过我的再三恳求，她不情不愿地答应试玩一次，照着游戏机给出的顺序马马虎虎地按着四个不同颜色的键。我记得阿姨总是按不对，西蒙仿佛也无精打采，有气无力地重复着最简单的前几关。阿姨终于厌倦了，把那台鼓鼓的圆盘状游戏机递回给我，捋了捋裙子的下摆说：“他们都说只要是电子设备就会让我们得癌症。”无独有偶，在我还小的时候，20世纪50年代出生的那代人经常会教育我不要离电视机太近。

---

① 由松果体分泌，是与睡眠有关的关键激素之一。——译者注

② 20世纪末流行于美国的一种电子游戏机，由四个按钮组成，由机器给出一段按钮的按键顺序以及音乐，随后由玩家重复，如果正确则机器会给出更复杂的记忆任务，如果错误则从头开始。——译者注

鉴于电视机在当时早已不是什么新奇玩意儿，大人对它的警惕应该是为了培养新一代养成好习惯：有的孩子会伸手触摸电视的插头，有的孩子会拍打电视的荧幕。相比之下，西蒙已经算是足够安全和让人省心了。哪像如今，我甚至会带着笔记本电脑上床，把它放在我的肚皮上，感受它的温暖和陪伴。躺着看电视的姿势常常让我心慵意懒，尽管如此，我偶尔还是会想到压在笔记本电脑下、感受着温暖洋溢的五脏六腑，它们的真实感受是什么？它们会厌恶这夜复一夜和电子设备的近距离接触吗？它们究竟受到了什么样的影响?

相关的研究没有止于电子设备和互联网对身体的伤害。与数字技术进步并驾齐驱的另一个传言是，它们加剧了人类情绪的脆弱性，导致抑郁和成瘾现象泛滥。科学研究如今不遗余力地想要将社交媒体和社会成员普遍的悲伤情绪联系到一起，诚然，现在的人似乎比以前更加悲伤，不过关于社交媒体在其中到底扮演了哪种角色却难以甄别，社交媒体是悲伤情绪的源头，还是只是展现悲伤的舞台而已呢？不论是哪一个，在公众认知中对数字技术普遍唱衰的效果，不啻于有人对你不断重复“你看上去很累”的心理暗示，所谓三人成虎，大抵如此。从日常生活中已然可以明显感受到人们对此的不满情绪。

社交网站的评论对话里频频出现对“成瘾用户”的劝诫，每每看到这些你就知道派对该散了。从去年开始，我的学生们开始提到一种内疚感——“奈飞暴食症”。顾名思义，他们把自己在网络中大快朵颐、不能自拔的行为比喻成七宗罪中的暴食。不出所料，互联网上随即出现了一种倡导“斋戒”的文化，以示对暴食文化的反抗和制衡。互联网（尤其是社交媒体）成了斋戒者们常年抵制的对象。有一个叫“叠手机”的餐桌游戏，可以看作对网络强迫症的反映：游戏的规则是餐桌上的人都把手机叠放在桌子的中央，用餐结束前第一个忍不住拿手机的人必须负责买单。

但是，互联网的这种污名到底是从何而起的？为什么它出现的时间和人们开始享受与痴迷互联网的时间如此契合？在社交媒体流行和普及之后，人们发现它和从前物理世界的社交一样真实、一样能让人愉悦，后者几乎失去了继续存在的必要。社交媒体通常不是一个能被放到台面上的话题，在当今的舆论氛围里，它通常是成瘾的象征，沉迷社交媒体是抑郁和需要接受干预的信号。每个人都会有几个几乎要弃用社交网站账户的朋友，他们对厌倦感的一种解释是，某些用户在网络上打造的光鲜形象在好友圈中引发了广泛的自卑感体验。

此外，他们还时常因为自己账户的平庸无奇而困扰。如果你仔细想想平时浏览社交媒体时所处的场景，这种落差会变得更大：夜深人静的失眠之夜里，或者通勤路上拥挤不堪的公交车中，车窗上的雾气厚得让你做梦都猜不到车开到了哪里。如果这种解释就是事实，那么登陆社交平台给人的感受不啻于进入竞技场，好友们个个事业有成、风趣幽默，对生活充满信心，而在有些人眼里，这犹如一把把飞向自己的尖刀。有一句颇为流行但也倒人胃口的话："你在网上赢了。"这是对博人眼球的互联网行为的恭维，正是它让这种心照不宣的明争暗斗愈演愈烈。

自卑感的理论肯定无法面面俱到，不仅如此，我们越来越强烈地感受到，自身与数字技术的关系应当用长远的眼光来看待。与此同时，我们也深深为它们给日常生活带来的实实在在的方便和充实而狂喜。因此，四维人类时常能够体验到两种极致的感受。第一种是令人窒息的快感，互联网让我们足不出户就能周游世界，比如随时造访生活在另一个大洲的兄弟姐妹和他们的孩子，与他们待上5分钟，无忧无虑地说说笑笑，随后把灵魂收回肉身，回到自己的现实生活。而第二种体验就没有那么欢愉了，原本的自由烟消云散，与其说互联网是带你遨游世界的飞毯，不如说它是一间牢笼。

社会舆论对互联网的危害和致郁倾向的不断强调给数字技术蒙上了一层阴影，而另一方面，人们又深知互联网的优越性和不可或缺，两难之下导致四维世界里幽闭恐惧盛行。四维世界的空气似乎总是很憋闷。这种压抑从"网上冲浪"这个词的逐渐消亡就可见一斑，相比从前，现在已经没有多少人用这个词了。因为与其说是冲浪，现在的我们更像是一动不动地被困在"网"上。网络生活的许多方面被指责对身体和心理造成了伤害，虽然其中有很多谣言，但也不乏言之凿凿。在这样的舆论大环境下，身不由己地在互联网中越陷越深，难免让人感觉画地为牢、自缚手脚。结果是好不容易才沉沉入睡，四维人类反而马上开始在梦里寻找苏醒的办法。

幽闭恐惧在人们感到挫败和悲伤时尤其容易发作，而负面情绪可谓互联网的专利。互联网让人厌倦的感受很大程度上可以用站在屋外开门来比喻。我们可以花上数个小时摆弄门把手，任凭你旋转拉拽，它都纹丝不动。对移动的极度渴望而不得导致幽闭恐惧的焦虑阵阵发作。举个例子，你有没有过这样的经历：为了挑一个网站消磨时间，你打开收藏夹的网址列表，边看边往下拉滚动条（你可以想象自己舔着嘴唇，周遭环境也非常令人惬意），你选定了一个，点了下去，这时候突然发现，原来你一开始就在这个网站上。兜兜转转最终还是回到了原点。浏览器无奈地把相同的网页放出来一次又一次，它似乎也很想问：我能怎么办？你到底是想链接到哪儿去？

阿伦·索尔金（Aaron Sorkin）为Facebook的传记片《社交网络》（*The Social Network*）写过一个讽刺性的、有着开放结局的剧本，把这种行为的压抑和束缚展现得淋漓尽致。电影的结尾，假想的“扎克伯格”坐在空无一人的办公室里，年纪轻轻就富可敌国，孑然一身，俨然一个刚刚黄袍加身的君主。他表情木讷、筋疲力尽，同时又混杂着隐隐的恐惧。令人印象深刻的场景是，他带着这样的表情，隔几秒就敲击一下键盘，他在几秒钟前向一个漂亮的姑娘发送了好友请求，此时他在不断地刷新页面以查看对方有没有接受。这是一个充满戏剧感的前后呼应，因为正是这个姑娘在电影的开场不久就甩了他。

此外，电影的结尾被特意设计成了开放式结局，在经历了一切之后，“扎克伯格”得到的并不是浪漫的“大团圆”，而是被他自己设计的产品带回了原点，只不过在这里，被社交媒体困住的只有设计师自己。这个结局没有告诉我们“男孩挽回心上人”的戏码到底有没有上演，我们只看到“扎克伯格”每一次刷新出的页面都一模一样。哪怕是没有经历过单相思的人也能从主角不断的刷新中感受到那份焦灼（当然如果你经历过就更感同身受了）。

“扎克伯格循环”可以有很多变体，如果我们换一种更简洁、更上口的叫法，就姑且称它是“连轴转”吧。每天依次把个人通信平台查看一遍，从最让人期待到最没有期待——工作邮箱、个人邮箱、社交媒体，形成了一条经典的“连轴转”路线，再早些年这条经典的循环则是在新闻台和体育台之间来回切换。我们喜欢原地打转的惰性成了控诉数字技术致人上瘾的罪证。

当年互联网承诺的自由，也是它最吸引人的精华部分，如今分发到每个人手上后，我们才发现它似乎只不过是一种个人浏览网页的习惯而已。它就像精神的自由落体，我们为无限的可能性而兴奋抓狂。但是当下落的速度越来越快，我们也说不清要怎样才能被眼前一闪即过的事物所吸引，就像很少有人能记住入睡前一刻失去意识的感觉那样。我的笔记本电脑已经用了很久了，它被病毒攻击得千疮百孔，响应操作的速度经常慢得让我怒火中烧，不过正是因为它极慢的处理速度，才打破了自由落体，让我从盲目乐观的精神过敏中解脱出来，这就好像用慢动作播放捕蝇草闭合的过程，很多如我一样的蚊蝇没能从“咔嚓”一下关闭的血盆大口中逃出来，这就是导致网络世界幽闭恐惧盛行的主要原因。

对我来说，不同的个人浏览习惯具有田园诗般浪漫的吸引力。它们犹如宁静的乡间田野，犹如蒸汽机车自由自在地驶过蜿蜒的河谷，只是浏览网页的体验不是连续的，而是一个又一个的爆发，就像一口接一口地抽烟一样。上网的步伐是由离散的一个个步子组成的。和吸烟非常相似，它重复的动作中同时混合了两种自相矛盾的极端体验：被束缚的自在感和心跳加速的放松感。尤其是当我自己陷入令人窒息的页面循环时，只要回到最开始浏览的页面，什么也不用改变，没有消息，没有广告窗口，不用比较哪个更好，脑子自然就能在“到那个不用到哪里去的页面上”的矛盾想法中平静下来。

我们自己让自己感受到了互联网的束缚感，其他人也常常扮演着推波助澜的角色。被逼迫着做一件事很容易引发幽闭恐惧。通常情况下我并不反感社交媒体，除非有人当着我的面说所有人必须支持社交媒体，因为“它是每个人的归宿”。我有时会怀疑，和本地一家咖喱店的老板做“朋友”到底是不是出于我的真心。初入职场的年轻实习生们经常告诉我，他们参与网络上的社交游戏也是“身不由己”。公司、企业必须参加这场大型社交竞技，许多人认为这就像一家店面必须要挂一块醒目鲜艳的招牌一样理所当然。只是数字世界总是喜欢把商业问题模糊成个人问题，还是那个实习生，他曾说如果没有互联网也就不会有社交生活，他们这代人的青春——无论他们喜欢还是不喜欢，都被牢牢地和互联网绑定在了一起。我想我很难在听到这些论调时不产生强烈的受胁迫感。

这种压力背后的逻辑类似于军备竞赛式的循环——如果每个人都相信它的必要性，它对每个人而言就是必要的。参与到这项新技术中被普遍视为公民生活的必要组成部分。而对那些没有被同化的人而言，学习加入网络生活不啻于一种自我救赎，但是与此同时，新的事物源源不断地到来，筋疲力尽的新千禧年一代一边用手挠着头发，一边许愿说他们希望“能关闭互联网”。没有被同化的人的数量自然会越来越少，在当下，这被看作是“救人一命，胜造七级浮屠”的善举。都跟我来吧！

为此，英国巴克利银行派遣了一支由12 000名雇员组成的“网络猎鹰”，他们的职责是为那些没有互联网读写能力的人免费提供培训，“不管是不是我行的客户都可以报名参加”。显然，从中获益最大的要数上了年纪的人，进入新千禧年之后，老年人面对的选择并不多：要么忍受令人崩溃的孤独，要么发挥余热学习如何上网。商业公司对我们社交生活的干扰和渗透就好比从前街坊邻里对你家务事的指手画脚，它正逐步地把社交本身商品化。网络猎鹰在它的其中一支广告宣传片中讲述了一名威尔士矿工的故事，这名矿工人到中年却发现自己饱受跟不上数字技术发展的苦恼。片子一开头就告诉我们，邻里关系不是什么问题。开场画面展示的是山谷中一座建筑古朴、居民们“相亲相爱”的威尔士小镇。

数字技术进步就像一把双刃剑，惹得几家欢喜几家忧。伴随着一名网络猎鹰成员语气诚恳的旁白：“不得不说，互联网正在接管这个世界。”一个腼腆的矿工入镜，镜头跟着他的脚步摇移过一根灯柱。他以前对互联网一窍不通，随后，他学会了如何用电脑上网，这让他的脸上多出了一抹朴实的微笑，邮箱里的回信写着：“欢迎来到21世纪，爸爸！”这就是我所说的网络体验中的“爆发”点，或者更像是旅程中临时的停靠站，那一刻，矿工坐在自己崭新的家里，显得无比轻松和释然。而当他在矿井上作业时，满身污垢的他和同事们就像刚被从地底下挖出来的，广告宣传的寓意大概是巴克利银行执着地刨着黑漆漆的地面，直到把每一个没有见过电脑屏幕的灵魂都挖出来见见世面。

科幻世界的未来气质

没有什么东西能像世界末日那样让一个人失去希望和梦想的动力，因而在玛雅文化预言的2012年，世界末日理所当然地成了当年的热门话题。末日灾变最糟糕的地方是它让人们别无选择。末日一旦降临，就会像社交网站公司成立一般，无人能挡。尽管许多人付之一笑——虽然笑里多少都有些紧张，2012年的末日预言没有被大多数人当回事，不过它的确正中这个时代互联网幽闭恐惧的下怀。正是在2012年，市面上同时出现了三部涉及探讨人类社会自由的高成本悬疑科幻电影。当舆论不断催促人们赶紧进入数字世界时，这三部电影却反其道而行之，探讨了人类因非自愿暴露在互联网监控下而遭受的压抑。

此外，这三部电影架构的科幻世界还呈现出了逼真的未来气质，而这恰恰源于它们在场景和情节中对前数字时代的感怀和致敬。这三部电影从不同视角展现了未来人类在各种限制和压迫下挣扎求生的众生相，为此主角们想方设法只为逃离普通人盲目追捧和向往的网络世界。他们感觉到生活的维度太小，生存的空间让人窒息，另外，一刻不停的监视也让他们深受其害。在这样的背景下，这三部电影在情节上展现了狂野的想象力，为笼中的鸟儿谱写了悲壮的赞歌。

第一部电影是克里斯托弗·诺兰（Christopher Nolan）的《蝙蝠侠：黑暗骑士崛起》（*The Dark Knight Rises*），里面的猫女已经不再是一个满眼只有钻石、满脑子只想着权力和财富的“小贼猫”了，她想要借助一款名叫“一笔勾销”（Clean Slate）的程序清除全球所有罪犯数据库里与她有关的信息，获得解脱。人间蒸发和隐姓埋名成了新时代的宝藏。由安妮·海瑟薇（Anne Hathaway）扮演的这版猫女极具“Normcore”气质，她想要从人间消失，彻底摆脱记录有她犯罪史的互联网的限制。她深入虎穴，只是为了偷窃被遗忘的权利，好让自己的人生从头开始。

反观1992年由米歇尔·菲佛（Michelle Pfeiffer）饰演的版本，那一代猫女被塑造成了有仇必报和入世颇深的形象。不像尽力逃避的海瑟薇版本，菲佛扮演的猫女极力想要掺和到世事中，因为只有体制内才有她觊觎的名望和荣耀。在1992年版的结尾，猫女虽然成功制造了自己的诈死，却没有借此机会退隐江湖。相反，我们在一条小巷里再次看到她一闪而过的影子，菲佛版猫女虽然避实就虚，但显然不想淡出人们的视野。影片的最后一个镜头，菲佛抬头看到蝙蝠探灯在天空中打下的求助信号，预示着她将继续活跃在这座城市里。时过境迁，新版猫女希望的则是离开城市，寻找一处能让自己从头开始的清白之地。

第二部电影是由莱恩·约翰逊（Rian Johnson）导演的《环形使者》（*Looper*），影片讲述了一个生活在未来，和新版猫女一样厌倦了被追踪，渴望自由的黑帮成员的故事。这是一部有关时空穿越的电影，一个生活在2044

年的年轻人受雇于人，专职为雇主清理从30年后的未来世界送来的短命鬼。这桩在过去时空雇凶杀人的生意对雇主来说非常必要，因为在2074年，每一条坑道、每一个树丛都处于时刻的监管之下，发达的监控和追踪技术几乎让私自处理尸体的行为绝迹。因此，未来世界的暴徒们动用当时最前沿的时空穿越技术，把他们想要谋杀的目标送回到相对落后的21世纪40年代，那里仍然还有办法逃过网络上的眼线处置掉一个人或一具尸体。这部电影的基调紧紧围绕着未来社会强烈的幽闭恐惧，这种气氛在许多情节中都能感受到。像主角乔这样的刽子手们，最终的命运是在30年后被送回从前，由年轻的自己亲手处决，这在电影里被称为“闭环”。而当年迈的乔被送回到从前时，他设法从荷枪实弹的青年乔手下逃脱了，两人由此展开了一场激烈的生死追逐，只不过在这场追逐里猎物和猎手是同一个人，故事最终在女主角偏僻的农舍里落下了帷幕。

在这部电影描绘的未来世界，黑帮里的人已经没法再用好人和坏蛋的二维尺度来衡量了，甚至黑帮的穿衣品位也陷入了可悲的循环：青年乔的上司是个年迈的老黑手党，他为了拉拢和掌管手下的成员从未来世界回到了2044年。乔喜欢穿一身油光光的带有20世纪50年代风格的皮夹克，上司有一次取笑乔说：“你以为这是你看的那些电影原创的吗？那是20世纪流行的行头，它们都是一帮天煞的抄袭鬼。换点新鲜的玩意儿行吗？在脖子上挂点金闪闪的东西，或者试试橡胶材质的衣服……什么都行，只要是新的。”无意中我们又发现了发达的网络和原创性之间的水火不容。按照《环形使者》的情节，在技术发达、人口爆炸的未来，人们对穿着的审美也会迎来一次“闭环”。

幽闭恐惧三连发的第三部电影，是由德鲁·高达（Drew Goddard）导演的《林中小屋》（*The Cabin in the Woods*），5名美国大学生开着一辆房车，计划到远离人烟的荒郊野外过周末，自由的公路旅行和僻静的目的地让他们欣喜若狂。“你在全球定位系统上都找不到那地儿，”其中一个人手里举着自己的智能手机说，“连全球定位系统都懒得标注它。”随即一个瘾君子口齿不清地说：“这才有意思不是吗，去他的互联网，嗯？”在这部电影的其中一个预告片里，旁白的字幕采用了一种我们之前探讨过的恐怖片套路：“你以为你很了解这个故事……你以为你很了解这个地方……”这两句挑衅的话实际上是在暗指，影片中那几个本想逃离文明世界的大学生却在无意中迈进了严格的监控之下。

随着影片的进展，观众才发现，这座建在荒郊野外的林中小屋事实上是一座处于严密监视和控制之下的研究设施，该设施由一个专门的机构负责，他们精确掌控着每一起出现在小屋内的恐怖事件，目的是秘密为长眠于地下的一个古老魔神举行一年一次的血祭仪式。成队成队的工作人员在高科技的秘密设施里一边聊着怎么过周末，一边确保着小屋里的杀戮能够顺利进行：5个来“度假”的孩子被他们玩弄于股掌之间，乖乖地按照他们的意愿喝醉、调情；设施里的僵尸和怪物在触发条件满足之后适时放出。这就像我们一无所获的页面刷新行为，只是规模更大，涉及人更多。我们徒劳地刷新着那些不会有变化的页面，努力迈着步子，实际上却哪里都没有去。

《林中小屋》可以看成是《惊声尖叫》的升级版本。《惊声尖叫》自我解构式的架构——一部恐怖电影里的每个角色都在探讨恐怖电影的套路，都是韦斯·克雷文式的幽默，但除了这些笑料之外，荒郊野岭的独栋房子才是电影的主角：偏僻孤独和黑暗无边的夜晚与头戴鬼面的杀人魔一样，让人心惊胆战。电影中的保姆正和别人热情地聊着先前被杀害的保姆时，却不知道自己也被杀人魔盯上了，类似的情节充斥着幽闭恐惧，而《林中小屋》把这种恐惧发扬光大了：诡异的小屋纯粹是人造的，荒郊野岭的选址也是有人刻意为之。

与之相当的四维小屋同样被建在荒林野地里，如果按照现在电影命名的习惯，《林中小屋》也可以改名为《那间小屋》（*That Cabin*）。除此之外，电影中的受害者还是经过秘密机构精挑细选的，特意迎合了经典恐怖片中的角色设置：一个荡妇、一个型男、一个处子、一个智囊以及一个蠢蛋。《惊声尖叫》中恐怖镜头的表现相当委婉，非常仰仗观众自己的理解和想象，而《林中小屋》则极尽血腥之能事，它用存在监视者的设定，肆无忌惮地给观众展示血淋林的镜头。仿佛在说，今天的我们即便是被残忍杀害、大卸八块，也必须在别人的监视下咽下最后一口气。

个人的网络幽闭恐惧不是空穴来风，它与我们这个时代的政治和经济息息相关。后者在大众的日常生活中无处不在，现代公民权力在来者不善的两者间挣扎求生，在夹缝中苟延残喘。公众生活被消费主义主导的后果之一，便是消费市场成为伦理观察和探讨的主战场。如果说古希腊的集市同时兼有议政中心和交易市场两种功能，那么如今我们也有一个合二为一的类似场所，一个集发表言论和购买商品于一体的议政中心，尽管它拥挤不堪、人头攒动。就在这两者结合的框架下，我们不断通过每一次购物发表着自己的意见。在资本猖獗的大环境下，由于难以分辨谁是谁，我们总是会稀里糊涂地为本不愿意站队的一方背书，于是一种被诱骗的感觉油然而生。

罗伯特·舒曼（Robert Schumann）的第39号《声乐套曲》（*Eichendorff Liederkreis*）温婉地描写了将近黄昏的暮色，当阴影从树林间出现，歌词写道："如果你在这片土地上尚有羁绊，此刻请勿相信任何人的眉目传情和甜言蜜语，虚伪的和平中酝酿着战争。”市场全球化意味着善良的消费者们必须取道这片密密麻麻的商业丛林，学会辨认代表公司间关联的每棵树。比从茫茫林海中准确而体面地挑选道德高尚的公司和商品更难的，是避免被虚伪和廉价的友情利用。许多人会在这方面感到心有余而力不足，道德是消费中的奢侈选项。

商业巨头孟山都公司你一定知道，仅仅是提到这个名字就可以让很多人的经济幽闭恐惧阵阵发作，反对者对这家公司道德问题的激烈声讨由来已久，只是一直苦于没有友好的政治渠道来伸张正义。破坏环境历来是孟山都公司最为人诟病的罪名。在民间反抗活动团体间广为流传的阴谋论中，这家公司邪恶得让人心颤。反抗团体称这家巨头公司曾说：“我要垄断种子，这个世界上每一粒种子都是我的，还有每一间工厂，不止是生产种子的工厂，是所有工厂，我要一家不剩地把它们收入我的囊中。”孟山都对超市的虎视眈眈从未减弱过丝毫，更让人后怕的是，公众对它的狼子野心几乎没有关注，对大多数人来说，它的名字只活在危言耸听的传闻和无足轻重的网络签字请愿活动里。有人告诉你说，只要你走上街，就会不可避免地给这个吸血鬼纳税缴税，成为它的帮凶，而你对此将信将疑。

事实是，根据蝴蝶效应，每一滴流进你芥末瓶的调味料，都是用爱荷华万里晴空下一群窒息死亡的蜜蜂换来的。为了要在这个世界上保持自己的清白，善良的购物者只能想办法磨砺自己双眼的刑侦能力，同时把每一件想买的商品都寄给《客从何处来》[①]剧组。超市货架上的商品成了排队验明身份的嫌疑人，取一点清洁先生的样品，查一查杰迈玛阿姨的头巾，或者再验一验

① 由英国广播公司创立的纪实类节目，每期会邀请一位名人，追寻其家族起源的故事，后推出美国版。——译者注

雀巢。我们只能拎着购物袋回家，在心里默默祈祷坎贝尔牌的罐头汤做的不是人血生意。

消费者通常希望自己把钱花在清白的商品上，把钱付给了有良心的企业，以满足自己对从前自给自足的农耕时代的朴素憧憬：农场的动物们过着完满舒适的生活，而帮工们领着公道的薪水，当每天的暮色从果园那头的天际弥漫而来，结束一天劳作的工人们在田园里铺开桌布，杯中斟满基安蒂葡萄酒，互相举杯庆贺。消费者们希望自己的购物车里装着公正和良善。在这番图景里，任何公司的介入都容易招致排斥和抵触，因为和生物的基因突变不同，公司的影响总是只能增加，不能降低疾病传播的风险。毕竟，金钱本身没有对抗罪恶的免疫系统。

当我独自枯坐，在暗无天日的新自由主义里梳理乱麻时，才突然发现，我们生活的这个时代更像是一个以“赚快钱”为主流的时代。我曾经也动过利用互联网资本投机致富的念头。我想过设计一款 APP，主要功能是为用户量身定做与资本罪恶划清界限的方法，也可以把它看作是购物消费版本的《客从何处来》。名字我都想好了，就叫“超市神探”（Supermarket Sweep），消费者只要用智能手机扫一扫商品的条形码，就能轻松查询与它有关的生产公司信息。只要有了它，你就可以快速了解目标商品的道德和清白程度，再也不需要为自己购买的商品疑神疑鬼，搞得自己整夜难眠。

我对自己的设想颇有自信，甚至想过每个用户如何高高兴兴地花上几个小钱，把我的创意 APP 下载到他们手机里，用小流和跬步，成就我的百万家业。以这种方式赚到的钱，我自诩它们纯洁清白犹如南极的冻原。我需要的东西不多，最关键的是一个包含所有公司及其关系网络的数据库，为此，以前期调研为名，我在谷歌上尝试搜索了几个关键词。我搜到了下面这个词条，彻底击碎了我的个人幻想，不过想想，当时有人和我一样能在看到谷歌汽车时想到《末路狂花》，同样的事再上演一次也没什么好大惊小怪的。

> 你是否曾经想到自己花掉的钱可能最终流向了你反对的公司？
>
> 现在只要用 Buycott 扫描商品，它就能帮你查找并确定商品归属的商标和品牌，以及这些品牌归属的公司和公司的所有人，追根究底。随后它会把这些信息与你抵制的公司和品牌清单进行交叉对校，最后告诉你它是否与你的消费信条相抵触。

情景喜剧《我为喜剧狂》中也有对经济幽闭恐惧的夸张演绎和生动刻画。丽兹·雷蒙在一家名为“布鲁克林无极限”的商店里相中了一条完美的牛仔裤，她得意洋洋地认为这是一家个体自营、别有风味的时尚小店。从商业的眼光来看，避世和不落俗套的私营小店算是道德最后的净土，它们真诚的小本生意就像瓶装贩卖的田园诗歌般浪漫。因此，自觉新牛仔裤既性感至极又实惠划算的丽兹忍不住炫耀自己的翘臀，如同炫耀自己的社会公德心一样，见人就把裤子后腰上“美国手工制品”（Handmade in USA）的标签卖弄个不停。就在这时她碰到了自己的顶头上司杰克·多纳吉（Jack Donaghy），杰克向丽兹揭露了布鲁克林无极限的真面目：它的真实背景可没有自己编的那么清白，布鲁克林无极限自称是由秉持反对资本财团精神的“布鲁克林扎克”公司建立的品牌，而实际上并不是。它背后的东家是跨国家、跨行业的石油产业巨头哈里伯顿公司（Halliburton）。

裤子上的那块标签也没有说谎：“它们的确是由一群蹲监狱的越南罪犯贡献劳力做出来的，而他们服刑的孤岛监狱就叫‘Usa’。”丽兹反驳说，如果事实如此，那她为什么没有在自由媒体上读到过揭发类似丑闻的报道，杰克回答说根本没有她说的那种自由媒体，接下来杰克一口气报出了一长串虚构的公司从属谱：“《纽约时报》是NYT公司旗下的报纸，而NYT公司又是埃尔桑弹道动力学公司的子公司，后者归默多克家族管理，而默多克家族……还是哈里伯顿公司的人。”

在杰克“揭露”这一串从属关系时，剧情不禁让人又感受到一种哥特式的恐怖：背景音乐突然切成了德国军歌，丽兹呼吸加速。在布鲁克林无极限的店里，丽兹的同事曾经指着一个穿着修身外套的模特说，它在暗示这家店所在的位置原本是一间精神病院。但是自投罗网的恰恰是消费者自己：他们执着于“个体经营的小店”，却因此正中道貌岸然的跨国巨头的下怀。聪明反被聪明误，消费者绕弯一圈发现自己依旧身陷囹圄。这不就是哥特式恐怖的套路吗：给你一种逃出生天的错觉，随后在你最有希望的时刻无情地把你拍回原点。

“我情愿不”是一种态度

就在各种各样的幽闭恐惧兴风作浪的当口，世界上出现了一场全球规模的抗议运动，而这场运动的名字被人称作“占领”（Occupy）似乎也不是偶然的。世界上大部分的财富被掌握在1%的人手中，这已然成为阻碍社会进步的大问题：资本的流通性急剧下降。这种情况导致的后果之一，是本用于流通的货币却被大量闲置于资本空洞里。除了缺乏资本之外，“占领”系列运动同样反映出公众在抗议活动形式上的匮乏。生活在一个没有闲置土地的大都市里，抗议示威活动便不得不侵犯公共场所的空间。

2011 年，当时的纽约市长迈克尔·布隆伯格（Michael Bloomberg）最终还是下令肃清临时营房里的抗议者，参加“占领华尔街”运动的示威者们在祖科蒂公园赖了两个月之后，突然发现自己只能露宿街头。“占领”运动的文学精神领袖是赫尔曼·梅尔维尔（Herman Melville）在 1853 发表的短篇故事《抄写员巴特比：一个华尔街的故事》（*Bartleby, the Scrivener: A Story of Wall Street*）中的主角。在故事中，巴特比被聘用为一家法务公司的文员，他有一个颇为和善体贴的老板，但巴特比却渐渐不愿意完成老板布置的任务了。每每老板向他交代工作，巴特比都会木讷地用一句永远不变的话回答，他的回答同时杂糅了肯定和否定：“我情愿不。”

如果你知道什么都不干的巴特比后来赖在公司的办公室里不走，甚至在搭铺过夜，大概就能理解几分他与“占领”运动显而易见的关系了，不仅如此，当他的老板终于憋不住火气让他滚蛋时，巴特比还置若罔闻，消极应对。哲学家斯拉沃热·齐泽克（Slavoj Zizek）指出，“占领”运动是一种“巴特比式”的抗议，它不愿意顺从眼前已有社会的架构和权力配置，但是也没有提出更好的社会分配方案，只是消极地拒绝。

“占领”运动最初最广为诟病的地方是它的抗议活动缺乏具体的诉求，许多人都知道该运动发起的初衷是不满于巨头公司对财富的垄断和美国政府民主政治进程的停滞不前，但不理解为什么抗议活动只有反对，而没有诉求。尽管这点让异见人士摸不着头脑，没有主动诉求却是“占领”运动最突出的特征。评论家称，诉求本身就是对现有权威和机构的认可，“占领”运动的抗议者们正是以消极的态度表示对权威和机构的抵触。又是一种像被扼住咽喉的窒息感：如果现有的文字和词汇狭隘冷血，你如何用这些干瘪的文字编写抗议的声明和诉求，如何用压迫者制造的概念为自己谋求自由？

巴特比，那个不愿意抄写文件的抄写文员，宁愿干坐在一堆没有写过一个字的白纸堆里，也不愿意像《甜心先生》(*Jerry Maguire*) 里的杰里·马奎尔[①]一样，写一份决心改变自己命运的宣言。齐泽克也发现，“占领”运动拙于辞令的特点与它反对的资本主义民主政治体系的巧舌如簧构成了鲜明的对比。早在“占领”运动爆发的数年前，齐泽克就留意到干涉主义政府消解民众活动的手段。2003 年美国发生了反对伊拉克战争的公众抗议活动，西方政府却以民主社会的自由主义为标榜，玩弄政治辞令，把侵略战争粉饰成了自卫战争。

支持和反对、是和否成了地位优势者玩弄的措辞游戏。语言意义的消解正是梅尔维尔的故事想要引发我们思考的内容之一。巴特比总是几个小时几个小时地坐在原地，荒诞犹如一尊雕像，仿佛在暗示冥顽笨重的商业寡头和在背后支持现行商业制度的死板权力架构。巴特比的老板试过纵容他的不作为，鼓励他多去户外走走，做一些有益身心健康的运动。尽管如此，巴特比还是没有任何行动。梅尔维尔似乎想告诉我们，在这么一个被显示屏和围墙包围的世界里，已经没有哪里可以被叫作“户外”了。最终，巴特比被逮捕了，随即因为无业游民的身份被驱逐出办公室，但这个罪名无疑是莫大的讽刺，语言在无所不用其极的环境下被推上了荒谬的极端。只有巴特比的雇主意识到了这项指控的疯狂之处：“什么！他？无业游民？流浪汉？你们管一个哪儿都不愿意去的人叫流浪汉？他抵触这个世界就是为了不至于沦落成流浪汉，而你们却偏偏找了一个流浪汉的罪名指控他。这太讽刺了。”

梅尔维尔异常敏锐地觉察到了现代社会职业分工导致的阶级固化，以及

---

①《甜心先生》讲述了体育用品公司的营销经理杰里·马奎尔，在一次构思了一份工作宣言后招致公司开除，随后其通过个人奋斗在朋友的帮助下东山再起的励志故事。——译者注

由此诞生的寡头文化和它们的自相矛盾性。坐着不动的流浪汉巴特比，换作从前又有谁会相信？除了作为“占领”运动的精神领袖，厌世的巴特比和阿伦·索尔金那个描写“扎克伯格”的最后一幕有着异曲同工之妙。100多年前，那个抄写员出神地望着窗外不变的风景，那里除了一面墙之外，什么也没有，仿佛刷新之后毫无变化的页面。不断重复刷新页面的“扎克伯格”就像被律师委派了抄写任务的巴特比，两人的使命都是重复和复制已经存在的东西，周而复始。不停迈步却原地不动，为静止的工作忙得心力憔悴，互联网的这一点让人颇为头疼。

如今，哪里才是能让我们透透气的“户外”呢？远在天边，近在眼前。我有一次在无意间踏进了互联网中一处偏僻的角落，并在那里发现了一个网页。那是一篇2003年发表在《卫报》上的文章，想必无人记得，也乏善可陈，所以我不打算在这里展开讲述它的内容。我也不打算告诉你们它的标题，以便它能继续享受退休般的安宁。我记得这篇文章的原因仅仅是因为它与众不同的页面设置，在它上端的右侧角落里，有一排各种社交媒体的图标，这种方便用户分享文章的界面在如今已经不稀奇了，但由于这个页面诞生在Web 1.0时代，所以这排后来添加的图标实际上只是摆设，没有任何功能。

我们应该怎么看待这种“伪现代”的设计呢？与有的豪宅会加装没有实际功能的维多利亚式壁炉相反，这个设计更像是在茅草棚子的屋顶上放置了太阳能电池板的模型。对每一个图标代表的公司来说，虚有其表的图标着实让这些极具现代感的科技公司汗颜。那些没有超链接的图标，宛如数字世界凉爽的午夜，让我印象深刻。它给这篇平淡无奇的文章意外平添了几分不屈的傲气，一如小孩子看长辈的黑白照时那样的不屑。坦白说，我为这种不屑感到高兴。

我对这个网页的反应稍显神经质，但的确是我的真实感受。我注意到自己并不希望与他人分享，而是希望看到它的访问量因为我的每一次点击而上升，然后暗自窃喜。我从中体会到了占有的快乐，我希望它的口袋里塞满我施舍的金币，每个金币上都刻着我仁厚的笑脸。如今回望，这种感受也不是没有变化。在 25 岁左右的时候，做互联网隐形人可不是我的风格，社交网站就是我乘风破浪的前线滩头。

尽管网上一样也有人间冷暖——取决于你在热门话题里选择的站队和立场，我还是会在发现“在线好友人数为 0”时，内心止不住的怅然若失。这个“0”就像是爱德华·蒙克[①]画的，悲伤惆怅呼之欲出，不过你既可以选择深受其苦，也可以选择一笑置之。这种惆怅在我到了 30 岁之后就开始逐渐淡去，我变得比从前吝啬保守，不愿意分享那篇《卫报》上的文章，情愿将它据为己有。我在林中找到了一个网站，它离大路很远：那 4 个没有链接的图标，没有文字的路牌，保全了这样一处安宁的世外桃源。

《空间的诗学》（*The Poetics of Space*）是一本探讨我们与住所空间之间神秘亲密感的书，作者加斯东·巴什拉（Gaston Bachelard）在书中提到了“拥有一座小屋的白日梦”。无人知晓的独栋小屋总是令人产生一种安全感，人们经常会渴望甚至幻想自己能够拥有这样完美的住处，巴什拉在书中对这种情感做了剖析。“当我们迷失在现代生活的黑暗里，唯有远处依稀可见的一个光点若隐若现，”巴什拉写道，“谁没有梦想过能有一座容身的乡间木屋，甚至是一座隐士的小屋呢？”

① 挪威表现主义画家，代表作品有《呐喊》。——译者注

到底是谁会做这样的梦呢？屋子外面又有谁呢？

几年前的一个仲夏夜，我曾和我的哥哥，还有他工作上的伙伴一起相约外出骑车。我们选了一条伦敦通往偏远郊区的通勤车道，途中在一家路边的小酒吧里稍作歇息。我当时还没有在英格兰居住的经历，所以这趟骑行对我来说就像是打了一剂“英格兰海洛因”——如果真有这种东西的话：我尝到了一种乡下自制的特浓啤酒，名字好像叫什么“哪种花的精酿”，暮色慢慢笼罩在牧场上，北美生活式的心力憔悴被远远抛在了千里之外。光是这几点就足以让我永远记住这诗情画意的英格兰夏夜了，但是除此之外，还有一个原因让我对那天难以忘怀，而且只要提起那天，它总是我第一件想起的事，其他的感受只能算是给它加的注脚。

哥哥的朋友说：“吉恩·马修（Jean Marsh）[①]就住在那儿。”他用手指着一处灌木篱墙的后方，我们当时正在一段下坡路上冲刺，他没有在我们经过的第一时间告诉我，再加上天已经黑得可以看到满天繁星，黑漆漆的地平线上哪里还分得出哪个是吉恩·马修的房子，我们就这样和她的房子失之交臂。吉恩·马修啊！又是一针“英格兰海洛因”。没有亲眼目睹的遗憾反倒让我印象深刻，从那之后，我总是会时不时地想象地平线上那座屋子的剪影，我远远地看到它的窗口点起一盏灯，灯光依稀闪烁，仿佛坠入人间的星辰。当然，在那天晚上，不管是坠入人间的星辰还是吉恩·马修的房子，我都没能看到。

虽然我不确定吉恩·马修到底是不是在那里过着隐居生活，但这并不妨碍我把她和其他名人一起归入我想象中的“隐士天堂”，在我的脑海里有一片广大的土地，里面的每一栋房子都属于一个人，比如汤姆·庞巴迪（Tom

① 英国演员，编剧。——译者注

Bombadil）[①]、《安东尼娅家族》里的弯指哲学家、《纳尼亚传奇》里的海狸夫妇、1994年前后的珍妮特·温特森[②]，还有巴杰（Badger）。“我们深深着迷于独处，”巴什拉认为，“深深着迷于独栋的房子；我们对它的执念实在太深，甚至在梦里都对它念念不忘。”独栋小屋被当成是最纯粹的住所：窗户里透进的柔光驱散了一天的劳累，安抚了紧绷的神经。

隐士的小屋与《惊声尖叫》中的小屋完全相反：同样是人迹罕至的偏远房子，后者在晚上就像玻璃屋一样通透，陌生人的脸庞不知何时会突然出现在某个窗口，而前者则是遮风避雨的安乐窝，在梦中被我们设想成连杀人魔都不会轻易出现的隐居之处，偏僻把未知从恐惧变成了安全感。就像巴什拉写的，“灯光不是打在我身上，而是为我指明道路，一座向外窥视的房子，它再也不只是被人窥视了！——从钥匙孔里向外瞟”。当我们幻想这样一座房子时，我们把它想得天衣无缝，它偏远僻静，阴谋陷害无从染指；它又温馨舒适，金窝银窝也不可与之相提并论。如此两全其美的唯我之境，正是人心所向的诗意空间。

在我小时候读过的故事当中，偏远森林里蹦蹦跳跳的侏儒怪[③]（Rumpelstiltskin）让我印象深刻。侏儒怪住在森林中的小木屋里，他坚信王后不可能猜对自己拗口的名字，按照他们的约定，如果王后说不出侏儒怪的名字，就要把自己的第一个孩子送给他。侏儒怪把宝全押在了自己隐姓埋名的本事和密码一样复杂的绰号上。因为他没有生活在如今的数字时代，所以他对自己赢得赌注颇为自信，情难自已，于是沾沾自喜地唱起了歌。

---

① 《魔戒》中的角色。——译者注

② 英国女作家，代表作《橘子不是唯一的水果》。——译者注

③ 侏儒怪帮助磨坊主的女儿完成了国王的任务，使她成为王后。王后许诺将第一个孩子送给他，但事后反悔，侏儒怪要求只有她猜对自己的名字才能毁约。——译者注

别看我今天忙里又忙外，
明天就把那王子接回来，
王后她根本没胜算，
哪知吾名是侏儒怪。

我非常喜欢野外，每当我自己哼起这首歌，在林间小屋里“忙里忙外”的遐想就盖过这个故事中绑架的情节。换句话说，我记得侏儒怪是因为他过的隐士生活，而不是他作为绑架者的身份。《侏儒怪》的故事里，荒野的浪漫是模棱两可的，惬意的隐居生活里杂合了邪恶的绑架行为，这就是它的特色。而侏儒怪的独居生活也没有那么绝对：王后的一名信使无意中听到了侏儒怪的歌声，从而挫败了这起阴谋。如果你不是鸡汤故事的爱好者，那这个童话的结局算是同时照顾了两边的读者，皆大欢喜：王后保住了自己的孩子，至于侏儒怪，他“盛怒之下夺门而出，从此再也没有人见过他”。

生活在四维世界的人还会继续做有关于独栋小屋的梦吗？远离喧嚣、纯粹宁静的生活空间在将来还能继续得到人们的青睐吗？当点亮屋子的不再是灯，而是各式电子设备长方形的荧光屏时，当桌子底下逐渐被若隐若现的路由器占领时，再偏远的山林小屋都承载不了我们对隐居生活的遐想。和三维世界不同，房子的距离和位置对于衡量四维世界的僻静而言毫无意义。树林里的亮光可以是一处孤独的前哨站，也可以是一处网络覆盖的大本营，细想之下曾经的浪漫感便消失殆尽。在现实世界的对比下，我们发现原来抽象的梦变得更遥不可及。隐居避世无疑会在新的时代有新的表现形式，只是它一面变得越来越难，一面却显得越来越贴近我们的日常生活。数字时代与任何其他时代都不同，我们需要以一种新的眼光来看待“隐居小屋”的梦想。

“结束”=“开始”

互联网压抑的氛围孕育了类似Digital Detox这样的公司。这家公司的总部位于加利福尼亚州奥克兰市，它在官网上非常谨慎地声明，公司的创立者不是“卢德分子[①]”。这么做的原因大概是如今没有人敢僭越反对技术发展的红线，这从公众热衷于追忆史蒂夫·乔布斯，妖魔化乔纳森·弗兰岑（Jonathan Franzen）[②]就可见一斑。

在大斋期暂时性地戒除肉食总比从根本上质疑肉制品的营养要温柔婉转，Digital Detox的生意玩的就是这样的把戏，因此就像扎克伯格一样，这家“治疗网瘾”的公司与互联网的关系有一种说不清的“微妙”。不过，在有一点上它的态度非常决绝：“这个让人筋疲力尽的时代，社交控、多面手、科技产品依赖、对生活的倦怠感、‘流量为王’以及信息过载，这一切都必须被终结。”在这里我不禁想起当公众普遍认为女权运动将要平息时，杰曼·格里尔（Germaine Greer）[③]对人们说的话：“世界女权运动没有失败，它根本还没有开始！”

作为“康复治疗”的一部分，Digital Detox在某个树林里设置了一处木屋，公司保证为每个客户打造一段真正脱离互联网的生活体验。2013年，该公司启动了第一期名为“大地露营”的活动，地点位于纳瓦罗河北边的分流处，那里有一座废弃的修建于20世纪50年代的童子军营房。在红杉环绕的林地间，在“时间永恒”的小木屋里，大地露营活动的营员们纷纷收起自己在互联网的身份，重温天真烂漫的美国式夏令营生活。尽管营地的教练们

① 19世纪初对以捣毁工业设备反抗资本家剥削的工人的称谓。——译者注

② 美国著名作家，作品以抨击现代传媒著称。——译者注

③ 澳大利亚女作家，20世纪后半叶第二次女权运动的代表人物。——译者注

都很亲善负责，并且多做点瑜伽、多吃一些有营养的食品也不会有什么坏处，但是大地露营活动美好的愿景依旧像恐怖电影里那些自欺欺人的怪物一样虚无。恐怖电影里的杀戮空间在大地露营活动里就相当于“健康的毡房和茶室”。

野营地对自己兜售情怀的做法毫不避讳，称自己是一个“让成年人放下互联网，重新成为孩子”的地方。它承诺自己“恰如你童年记忆中的露营和你最喜欢的夏日电影”，在那里有“超过 200 名营员与你朝夕相处，共同欢庆和追寻生活的意义”。木工雕刻、手工腌制、胶片摄影和射箭等活动出现在一张贴心地列有消遣活动的单子上，其中有两项活动的名字尤其耐人寻味。第一项是一个名叫“再次初恋”的活动，这种矛盾修辞似乎在暗示游戏里羡煞旁人的恩爱夫妻可能不复当年风光，不过最让人感慨的肯定是“夜袭”这项活动，这可意味着夜深人静时暗度陈仓的少年时代啊。大地露营把偷偷摸摸的“夜袭”活动“招安”到了官方的活动列表上，刨去了犯罪的可能，只留下叛逆的精神内核，少年时代的禁止和应允在多年后一起围坐在营地的篝火旁，握手言和。

我非常喜欢大地露营活动宣扬的脱离网络生活、多和朋友花些时间相处的理念，但对 Digital Detox 付诸实践的方式却难以苟同。它选择让客户退回和躲进人为炮制的过去，无论是藏身过去的体验还是人为炮制的环境，都只是在强调和加剧我们面对的幽闭恐惧。过去成为仅有的避难所，似乎是在暗示如今的我们已经无处可逃。只有回放自己的过去，才能暂时逃避数字时代的浪潮，比如“我们的厨师会为你烹制健康味美的菜肴，勾起你儿时美妙的回忆”。我们只能靠不断循环已死的过去，才能“感受生活的意义”，这听起来倒像是对现代生活的控诉。不仅如此，以大地露营为例，它为我们量身定做的逃脱方案也着实不可思议：为成年人准备的儿童夏令营。

和所有的仿真品一样，大地露营提供的服务都中规中矩：你吃的食物要和你小时候吃的一样；你在营地的住宿条件要和从前童子军时期的一样。诗人奥登（W. H. Auden）曾说："我的表情就像那雨中残存的婚礼蛋糕。"他的诗句让我们对他的表情和婚礼蛋糕都产生了新的联想。优秀的修辞和意象运用能够拓展我们的感官和知觉。从这个角度看，隐喻是生活中的一扇门，让我们能够看到更多世界上的风景。因循守旧地模仿过去就成了糟糕的生活隐喻，它的内涵完全相反：复制过去的生活，除了最终让人认识到童年的一去不返之外，几乎不会有其他建树。40多岁的中年人在童子军小屋里歇息的时候，需要特别提防郝薇香小姐（Miss Havisham）[①]的附身，这位遭遇负心人抛弃的老处女从新婚之夜起就让自己沉沦在对过去的执念里，她久久地坐在自己的婚礼蛋糕旁，也不管上面已经爬满了蜘蛛。

"康复治疗"中最令人压抑的地方，是营员们试图摆脱的网络生活紧随他们来到了树林里。虽然客户们坚持认为他们能够在这种与世隔绝的怀旧生活里找到生活的意义，但大地露营选用的宣传用语却颇为考究，大量的现代社会意象让它的语言和理念背道而驰。"重新登陆现实生活"是该活动的座右铭，而即将入营的客户们都会被告知"我们为你安装的最重要的更新补丁将是你的快乐"。哪个20世纪50年代的童子军能听懂这两句话？既然如此，等大家到了营地之后，何不在那里竖起一块"人力搜索引擎"，就在一面墙上用手写的方式操作？

在斯诺登和维基解密事件之后，俄罗斯政府也在考虑招募手写的抄写员。

① 查尔斯·狄更斯长篇小说《孤星血泪》中的角色。——译者注

也就是说，尽管营员们都封存了自己的手机和平板电脑，网络语言还是神不知鬼不觉地潜入了营地，有谁还记得树林里的另一间小屋里有一头穿着老奶奶睡衣的大灰狼？大地露营活动在宣传用语中混乱地采用了怀旧和新潮的两种措辞。在红杉林的华盖下，来自两个时代的意象上演着碰撞和拉锯——怀旧情怀和时代潮流。被冷落的互联网世界换上了一条好看的老式女童子军军裤，时不时到树林里那间童子军小屋里进行突击检查。

1913 年，爱德华·摩根·福斯特（E. M. Forster）开始以自己在德贝郡的情感经历为背景，创作小说《莫瑞斯》(*Maurice*)。1960 年，在给这本书增补的后记中，福斯特认为，这部作品属于“英格兰人还能让自己消失的那个年代”。在福斯特看来，经过两次世界大战的军国主义蹂躏，以国境安全为名义的制图勘探和边境巡逻已经让英格兰岛上每一寸土地的神秘感消失殆尽。对小说《莫瑞斯》里的同性恋人来说，逃避社会惩罚的唯一出路恐怕就是寄希望于“归隐山林”了。

《莫瑞斯》是福斯特作品中最让人感觉压抑的小说，既不想落后于技术进步的时代潮流，又不愿意放弃英王爱德华时期的纯真年代，故事和主角就这样挣扎于其中。小说塑造的是一个渴望脱离社会的角色。如果放在数字技术普及的今天，这种不思进取和甘愿平庸的想法也正好契合了人们对互联网的批评。网络大数据分析和社交媒体的爆炸扩张正在横扫世界的每一个角落，也难怪《莫瑞斯》故事核心中展现的进退维谷依旧能引起现代人的共鸣：你要如何做才能既不为躲躲藏藏费尽心思，又不会被人轻而易举地扒光隐私？

《莫瑞斯》的基调颇为黑暗，而福斯特又在其中区分出了两个截然相反的维度。小说和《火眼金睛》(*Brass Eye*)①的观点颇为类似，认为黑暗也有“好”和“坏”的区别。小说的开头把黑暗视作糟糕的、充满限制的东西：主角莫瑞斯的少年岁月犹如在“生命的黑暗之谷”里自由落体，福斯特借莫瑞斯和同窗们之口道出了他们在年少时遭遇的冷落，他们甚至无法感受自己的想法。随后，莫瑞斯在剑桥大学一条没有灯的教室走廊里邂逅了自己的一生所爱克莱夫·达勒姆(Clive Durham)。在这条黑漆漆的走廊里，“来访者要沿着墙一直摸索才能勉强找到门”。

在《莫瑞斯》里，这段秘而不宣的关系是不可告人的道德污点，是两人的精神负担。最终，克莱夫迎娶了安妮。在福斯特笔下，两人的婚后生活只能用黑暗中的笨拙来形容：“克莱夫从来没有亲眼见过安妮的裸体，而安妮也没有见过他的。他们不在乎婚姻对传宗接代和培养感情的意义……真正的夫妻生活对他们来说简直不可想象，所以最好还是在黑暗的掩护下草草了事。”

莫瑞斯像一只鸟笼里受惊的相思鹦鹉，他感觉生活给他的笼子盖上了一块厚厚的布，但是自己置身的黑暗似乎又和从前不同。这种“好”的黑暗不会让你昏昏欲睡，反而能让你保持清醒，仿佛黑夜中扑闪的猫眼。在它的掩护下，你可以变得神不知鬼不觉。在一个拜访克莱夫和安妮的晚上，辗转难眠的莫瑞斯无比渴望脱离自己生活的社会，做一个隐形人、无名侠。“啊！无边的黑暗，不是由家具装点的房子用黑暗囚禁了我，而是我在这片黑暗的掩护下获得了自由！”

---

① 英国广播公司推出的喜剧电视节目，以针砭时弊为主题，用幽默手段讽刺社会生活中的道德乱象。——译者注

莫瑞斯当时处在半梦半醒之间，福斯特借机让他直抒内心的渴望："黑暗是激情与平静的结盟之所，是科学也没法到达的永恒之地，这里有绿林山水，有昊天苍穹。黑暗是我的朋友。"莫瑞斯从窗户里探身出去，对着夜空说了一句"来吧！"令他喜出望外的是，黑夜回应了他，给他送来了一个朋友——克莱夫家年轻的猎场看守亚历克·斯卡德（Alec Scudder），他已经在窗外观望多时。莫瑞斯仿佛在这位年轻人的身上发现了别人看不到的夜光，他随即开始谋划如何让两人永远遁入世界的阴影里。莫瑞斯成竹在胸，坚信"森林和黑暗都是站在自己这一边的"。在这个逃跑计划中，斯卡德是一个完美的伙伴,因为他同样"深爱森林和新鲜的空气"。在经历一些误解和互相伤害之后，最终两人在伦敦破镜重圆，他们一起走在布卢姆茨伯里区的大街上，寻找着"黑暗和冷雨"。

在开始着手写作《莫瑞斯》前 12 个月的大部分时间里，福斯特都在印度旅行。许多名人都曾到印度旅行寻找启示，而它对福斯特写作的助益却恰恰是这个国家遭受的黑暗。在旅行即将结束时，福斯特被印度的洞穴深深吸引了，埃罗拉华美的印度教石窟寺庙是他在印度见过的"最美丽的东西"，只是它"实在太凶残，不该用'美丽'来形容"。让福斯特害怕的倒不是佛像狰狞的表情，而是在丛林里遭遇豹子的危险。尽管埃罗拉石窟让他印象深刻，但是《印度之行》（*A Passage to India*）中的"马拉巴山洞"实际上是以波罗巴山（Barabar Hills）的佛窟为原型的，后者在华美程度上自然无法与埃罗拉石窟相提并论。

福斯特开始写作他的印度游记时，《莫瑞斯》也正在创作之中，当时距离后者的完成还有大概 10 年的时间。这两部作品的创作显然都是得益于印度的异国景致和风土。《印度之行》继承并发扬了《莫瑞斯》崇尚自由、离群索居的精神内核，马拉巴山的岩石中那一个个“漆黑的洞窟”，就是整部小说的黑暗之心。在游览这些让人晕头转向、不辨东西的石窟时，英国小姐阿德拉·奎斯提德（Adela Quested）坚信负责招待自己的印度老东家猥亵了她。起诉最终被法院驳回，作者也没有明说阿德拉到底在漆黑的洞窟里经历了什么。

洞穴曾经足以屏蔽社会的纠纷和审判，而现今这份神秘感也岌岌可危。阿德拉的遭遇之所以会发生在洞穴里，是因为几乎完全相同的坑洞很容易模糊事情的真相，而这些坑洞未来的命运是“它们难免会被用白漆粉刷的数字按序编上号码”。人们制图和勘探的脚步从未停驻。《莫瑞斯》的后记里，福斯特陈述了两部小说创作的动机和对野地行将消亡的担忧：“如今已经没有与世隔绝的丛林和山川了，也没有能够供人藏身的山洞。”

到了 1960 年，福斯特相信代表自由与隐私的树林早就已经“不可避免地从世上消失了，令人扼腕叹息”。结果是，这个世界变得更小，监控变得更严厉，而“脱离社会”的范畴也变得更局限。“还是会有人想要脱离社会，”福斯特坦诚地说，“你们可以看看那些晚上在电影院里的人。与其说他们是法外狂徒，不如用黑手党来形容他们更贴切，因为他们抛弃公民身份的办法，是首先成为一名公民。”黑手党和法外狂徒的区别，完全可以用米歇尔·菲佛版和安妮·海瑟薇版的猫女来类比。前者是身份扑朔迷离的黑手党，而后者则渴望成为彻彻底底的法外狂徒。而今，让法外狂徒们隐姓埋名的绿树林已经不复存在，“逃脱”顶多也只能说是“逃避”而已。

《莫瑞斯》对绿树林的赞颂表达了现代人对私人空间的渴望和呼唤。无论是物质世界还是精神世界，人们都需要一点不受他人监管和公知评论牵绊的空间，以对抗幽闭恐惧。它需要有一定的怀旧气息，就像福斯特对两次世界大战前英格兰的怀念，除此之外，它同样无法被真正地复刻。与大地露营活动贩卖的微笑和纯真不同，福斯特的绿树林没有强调模仿复制，更不会自欺欺人。福斯特的小说有一个没有出版的尾声：莫瑞斯和斯卡德一起搬到了北方，不过他们没有必要把自己打扮成罗宾汉，因为两人在那里成了伐木工人。这就是他们在绿树林里找到的答案——让自己永远淡出从前的生活。

如果《莫瑞斯》合你的口味，那么“个体永远不会消失”的现代生活可能就会少去几分魅力。想象一下，如果让福斯特来看社交网站的某则广告，他会作何评价呢？未知的地方最大的价值就是成为朋友嘴里的谈资？在这则广告里，镜头的视角是从一个海边的洞穴里向外。观众躲在光线不足的角落里，看到洞口有一对男女的剪影，他们背对着镜头，面朝眼前的海阔天空。屏幕中央出现一行白色的标语：“朋友比你先知道你喜欢这样的地方。”如果我们稍加借鉴，这句话凭借它的基调同样可以被用到《莫瑞斯》中，只不过这个“朋友”指的就是莫瑞斯自己，而他的喜好也不会被他分享到社交媒体上。

对于莫瑞斯和斯卡德来说，只要是稍稍远离人烟的地方就算得上是两人避世的小屋了，比如克莱夫庄园的船坞。在小说的结尾，莫瑞斯和斯卡德这对苦命鸳鸯靠着直觉在克莱夫的船坞里相遇。“所以你收到我的电报了。”斯卡德睡眼惺忪地说，他一直满心期望地等着莫瑞斯来这个隐蔽的地方见他。“什么电报？”莫瑞斯问。虽然这个浪漫的洞穴广告收到了超过 115 000 万个“赞”，但评论区还是不可避免地出现了批评的声音。中央情报局和隐私泄露是万年不变的主题。另外，虽然发声的人不多，但依然能够感受到人们对于社交媒体掏空必要的个人隐私的担忧，许多人担心我们的生活只剩下名义上的“藏身之所”。这种“最大的价值”是隐私灾难，试图从中逃跑的人只能眼睁睁看着自己被埋在乱石之下。

尽管在每个人生活的洞口可能有 1 000 个好友在窥探，但互联网上也不是绝对没有自由的、神秘的、福斯特黑暗式的地方。随着越来越多的消费者开始介意互联网贪婪的眼神和过目不忘的记忆力，Blackphone 应运而生。这种智能手机由 Silent Circle 和 Geeksphone 两家公司生产，它能够在保证用户网络通信正常的情况下，避免在网络上留下任何痕迹。换句话说，Blackphone 是一种优先保护用户隐私的智能手机，它会加密并妥善保管用户的数据。如果使用条款和用户须知中包含如下内容的 APP：会“读取”用户的短信、未经同意就记录谈话内容，或者将用户的位置信息泄露给第三方，该手机就会自动将其屏蔽。

不过，互联网上还有一种比 Blackphone 更邪门、更昂贵的东西，那就是暗网（Dark Net）。在这块互联网的荒野上，用户的身份会经过层层加密，这种加密技术就是人们平时所说的“洋葱头表层代理网络”（The Onion Router）或者也叫“Tor”，听起来就像是北欧神话里那位可怕的天神[①]。有了 Tor，一台在悉尼的电脑可以把自己伪装成一部在布拉格的智能手机，由此，网络世界就摆脱了物理世界的定位和追踪。暗网和《莫瑞斯》里的黑暗一样，让人很难简单地定义好坏，因为它既是雇凶杀人、儿童色情和军火贩子滋生的下水道，同时也是某些地区的人民对抗极权政府高压统治的避难所。

暗网中的金钱交易是通过密码货币的形式进行的，譬如之前在网络上颇为火热的比特币，这些虚拟货币的优势在于不受监管的匿名性。暗网受到主流媒体持续关注的起因是美国联邦调查局在 2013 年关闭了一个暗网。这个名叫“丝绸之路”的暗网是一个价值数十亿美元的在线交易平台。该网站的管理员使用的化名颇有怀旧意味——它是电影《公主新娘》（*The Princess*

① 雷神托尔。——译者注

Bride）中一个角色的名字——“恐怖海盗罗伯茨”（Dread Pirate Roberts）。据报道，这个马甲背后的人真名叫罗斯·威廉·乌布利希（Ross William Ulbricht），但就在他因为雇凶杀人的罪名被捕一个月后，“恐怖海盗罗伯茨”很快又在互联网上复活并再次活跃起来。喜欢《公主新娘》的观众都知道，这是标准的剧情，因为这个海盗是以名号的方式传承的，而不是特指某一个人，它是代代相传的权力象征，因此就算逮捕其中一任，对这个组织来说也无关痛痒。

暗网的存在是不争的事实，在这个网络无孔不入的星球上，它似乎反映了我们对无主之地的渴望。《金银岛》（*Treasure Island*）是另一个关于海盗的故事。记得儿时在读到它的开场时，我就被这处无主之岛的神秘性所深深吸引。在小说的开头，主角吉姆用内心独白告诉我们，周围的人让他“写下有关金银岛的一切……什么也别落下，除了（它的）方位”。这也是我第一次看到用隔断法处理日期的写作方式：“我拿起笔，那是公元17—”。我至今还记得那个短短的横线突然在书上出现的情景。这个符号让我同时感到了危险和平静，随着符号的延伸，我脑海中的画面淡化转场到了另一个场景……寥寥数行字，罗伯特·路易斯·史蒂文森就在时间和空间上打开了一个回忆的豁口，为后续故事的发展留出了巨大的空间。

如果说那个短短的横线在一个20世纪80年代的男孩眼里代表着刺激和离奇的幻想，那么它在追求按部就班、确定不变的谷歌眼里简直如同侏罗纪世界一样狂野和危险。社交媒体在这方面也一样，它对我们最常见的要求是让我们填写一个个空格，把它对我们的未知一个个填补上，写下“我们的一切”，写下“我们的方位”。每时每刻，你都在目睹它们因为把用户团结到一起，因为抱团取暖成为现实而欢腾喜悦，有人可能会说，用生活在危机四伏的黑暗里换来的自由并不值得。

诚然，顾名思义，荒野代表着不安全和残忍凶暴。荒野里晃动的灯光的确有可能是隐士的庇护所，但也有可能是海盗的贼窝。莫瑞斯在昏暗的走廊深处邂逅了克莱夫，而克莱夫后来对他的背弃几乎让莫瑞斯伤心欲绝。虽然莫瑞斯最终有斯卡德一起分担远离社会的生活，但是福斯特清楚地告诉我们，做一名法外狂徒必须要有足够的胆量，如果你要的是一个真正的朋友，就必须做好面对豹子的心理准备。

我现在都有点习惯了，每当我在床上把羽绒被往上提一提，就会看到至少有一个白色的充电头被连带着拽上来，后面还跟着乱糟糟的充电线。这很让人心烦。不过我也发现了单身的一个新好处，那就是在任何时候，放在被子上的充电设备都要比两个人过日子少。毕竟一对夫妻的夜晚怎么说也需要至少两个插座。只不过，如果在单身生活里加上数字设备，那么个人所受的桎梏就不见得比成对过日子的人要少了，在为自由歌唱挽歌的声音中，数字技术比婚姻可要响亮和卖力。

2009 年，在商讨二氧化碳排放量的哥本哈根世界气候大会召开之前，珍妮特·温特森（Jeanette Winterson）以一只北极熊的视角写了一则短文，全球变暖加剧，这只北极熊坐在地球的北极，满脑子是关于自己的末日启示。“你瞧，当我好好地在北极过着日子的时候，你们都知道我生活在这儿，我对你们来说代表着一种存在，虽然你们大部分人压根就没见过我，甚至压根没见过浮冰……就是因为我象征性的存在，你们才知道有野性、寒冷和原始这些概念。”而如今，当所有同类都死去之后，这只北极熊相信文明世界的人对自己的幻想将永存不朽。届时，人类将如愿“占有整个世界”，荒野的每一寸土地都会被打包出售："你们这才开始思考北极熊当初是如何看待冰天雪地的荒野的。在购物时你们终于开始仔细观察商店里的鱼长什么样。夜晚来临，你们在睡梦中幻想自己是身披皮毛的野兽。"与之类似，四维世界的人类在被手机充电器牢牢绑住之后，才开始幻想空旷的土地和那座隐士独居的小屋。

当人们已经记不起不受监管、自由的"远方"是什么样，当只有是非的二维评价体系充斥了围困我们的区域——你可以叫它"网络"，或者人脉关系、社交网络、全球化或其他随便什么，文明开化和蛮荒原始的古典二元论开始崩塌。这是闭环的迹象显现。失去了文明和蛮荒的关键二元论，其他二元体系随即应声崩溃。这也是为什么在我们如今生活的社会里，"是"与"否"可以导致相同的结果，而"退出"和"进入"实际上都是"进入"的意思。旅行的出发点成了旅行的目的地，"开始"="结束"。无怪乎没有出路的感受总是时刻相随，它正是幽闭恐惧：一种受限感，一种空间剥夺感。

在这样的体系中，没有足够的空间可以同时容纳对立的双方，以至于相反的两面总是要通过紧紧的拥抱来节省空间，乱象由此而生。空间有限，连语言都只能咬噬自己的尾巴，因此荒谬滑稽的词汇频现：居有定所的流浪汉、规模不大的企业巨头、受到批准的违规行为、不落窠臼的平淡无奇、被广而告之的小众胜地，还有谷歌详细测绘过的绿树林。换句话说，我们缺少可供遐想的土地。荒野是法外狂徒的乐土，是道德审判的豁免之地，但它同时也是孕育多样可能性的绿洲。如果少了这块偏远、空旷、渺无人烟的荒野，少了这片能够包容未知和虚无的土地，二元论的保护伞终将瓦解，两极的冰盖也会消融殆尽。

THE FOUR-DIMENSIONAL HUMAN

07

向往神秘的自由世界

现实世界的荒漠化正在压缩我们的生存空间，与此同时，数字技术发展的超速引擎又在不断蚕食人们的精神家园。对沙漠荒野的向往暴露了我们本身是一种生活在时间和空间里的生物的事实，我们希望把它们推向极限，为自己营造一片无边无垠、无始无终的生存区域。

做时代的开路先锋

在 1941 年，罗伯特·海因莱因（Robert A. Heinlein）写了一个短篇科幻故事——《他造了一栋怪房子》（*And He Built a Crooked House*），讲述了建筑师昆塔斯·提尔（Quintus Teal）无意中建造了一栋四维房子的故事。提尔和客户在这栋房子里经历了一场诡异的旅行，说它诡异是因为房子里的空间分布简直“令人不可思议”。当他们以为自己要从前门进入花园时，却发现自己身处房子的大厅。从屋子的窗户远眺，看见的也不是加利福尼亚的风景，而是一楼的一个房间，穿过这扇窗户你可以同时置身于这个屋子的两个不同的地方，它们甚至连所在的楼层都不一样。还有一扇窗户，透过它，他们看到了克莱斯勒大厦和整个布鲁克林区的风貌。他们听到远处的房间里有人在说话，结果费了好半天功夫才弄明白原来说话的人就是他们自己。

提尔以为屋子里进了贼，但无论他如何追赶“似乎都没法缩短 4 个房间之间的距离”。不速之客在抱头逃窜中掉了一顶帽子，提尔捡起一看却发现帽子上绣着自己名字的首字母缩写。这场自我追逐没有持续太久，一场突如其来的地震剧烈地撼动着房子，建筑师和房子的新主人只得赶紧从最近的窗口跳了出去，等到脱离险境的众人再聚首，他们才意识到房子已经消失了："它不见了，一点痕迹都没有留下。空旷的土地上只剩下他们一行人面面相觑。"他们一度以为自己到了火星，后来才发现自己实际上站在莫哈韦沙漠的约书亚树国家公园（Joshua Tree National Park）里。依靠一路搭便车，一行人终于回到了最初的地方，但是那栋房子已经无迹可寻，彻底在地震中消失得无影无踪，"仿佛被震到了另一个空间里"。

沙漠在四维时代也是非常重要的意象。对于那些向往隐士小屋、对它朝思暮想的人来说，沙漠代表了终极的未知荒野。至少在西方文化里，沙漠不啻于"抹除一切的土地"。如果你想要让自己人间蒸发，那沙漠是再合适不过的选择。在独辟蹊径地以沙漠类比美国的理论中，让·鲍德里亚（Jean Baudrillard）提出"沙漠是人性的延展，是人们逃避世事纷扰的理想场所"。很难想象欧洲人能用如此精炼的方式对沙漠进行概述。西方人对沙漠的敬畏一向犹如对外邦文化亦步亦趋的东方文化，尤其是在面对非洲和中东地区的沙漠时。

在这种思潮下，这些现实世界的沙漠一直被视为神秘和魔幻的领域，没有人会轻易用平庸、端庄的眼光去看待它们，沙漠本身具有的地质和生态属性反倒被人抛在了脑后。浪漫主义情怀几乎让这种贫瘠的地貌不堪重负，沙漠里的原住民也不该简单地被贴上丝绸和阴谋的符号。不过，幻想沙漠的抽象和无人居住是每个人都有的权力，我们愿意把它想成一片空荡荡的土地，一个能让我们从文明社会逃避藏身的庇护所，唯有漫漫黄沙铺向天际。类似的幻想犹如我们对黑暗的渴望。对沙漠荒野的向往暴露了我们本身是一种生活在时间和空间里的生物的事实，我们希望把它们推向极限，为自己营造一片无边无垠、无始无终的生存区域。

如今，现实世界的荒漠化正在压缩我们的生存空间，这是眼前的事实，在可预见的未来也还将持续，沙漠的面积正在变得越来越大，但与此同时，数字技术发展的超速引擎又在不断蚕食人们的精神家园。那么，我们到底应该算是生活在一个荒漠化还是去荒漠化的时代里呢？如我们所见，沙漠是法外之徒的港湾，是网络还未涉足的法外之地。所以，作为数字时代的人类，我们生活在一块怪异的、不断缩水的土地上，它的版图向着地平线拼命延伸，但是在我们脑海中它却变得越来越小。或者换一种说法，就像我们开着车驶向一个目标，我们靠得越近，却发现它变得越小。

我记得当我第一次听说谷歌要把街景服务延伸到沙漠的消息时，天正下着瓢泼大雨。我站在伦敦一个黑漆漆的广场上，手里摆弄着手机，屏幕的亮光勉强地抗衡着冷冷的雨夜。显然，那晚的巴士没有新消息来得那么及时，谷歌在那天公布了利瓦沙漠的街景图片，利瓦是一处位于阿联酋的绿洲地区，谷歌正式宣告了该处沙漠的数字化。街景图片的拍摄依靠的是一架绑在骆驼身上的照相机。

在现实生活中，我利用谷歌街景找路的本事非常糟糕。比如，我不止一次想要在街景上找到老家的旧址，但是不知道为什么，结果却总是要在那条毫无改变的街道上兜兜转转好几个来回才能如愿。我和我的怀旧之心仿佛手拉手在转圈，直到某一刻它突然把手一松，我便大头朝下摔在了水泥地上，迷路的我就是那个趴在地上刨着土的人，执着地以为自己在回家的路上，殊不知底下只有臭烘烘的下水道。而现在谷歌推出了利瓦的街景，只要我正常操作，用屏幕上那个带着白手套的图标不断地点击地平线，就可以沿着骆驼的脚步、伴随着照片间切换的模糊镜头，一厘米一厘米地翻越一座座沙丘。限制我行进速度的因素无疑只有宽带的速度而已。传统观念认为，盲人向导是沙漠探险难得的宝贝，因为他们不会受到沙漠幻觉的蛊惑，由此说来，背着相机的骆驼就像是我的盲人向导，在我用街景功能穿越沙漠的过程中确保我不会被自己的视觉所蒙蔽。

谷歌的沙漠街景延续了一种非常古老的欲望，我们通常把这种执念称为“文明开化”，它让人专注于在荒野乱石间铺桥修路，以人类文明驱逐原始蛮荒。筑路荒野的本领和执政掌权有千丝万缕的联系，对“王相”最经典的释义是“将道路带给原本无路的地方”。铺设道路与领导人民可算作一对同义词，它们深深扎根于西方文化中。

在我们的眼中，沙漠总是在等待圣路的到来。学者马修·贝尔（Matthew Bell）在他的论文《抑郁症：西方社会的顽疾》（*Melancholia: The Western Malady*）中，揭露了沙漠开荒精神与抑郁症的内在联系：“抑郁症就像一个在沙漠中游荡的失意王子。”贝尔认为，“没有道路的沙漠代表着王子的漫无目的、迷失方向，是缺乏领导能力的象征”。因此，沙漠是对君主的终极考验，只有把文明开化的道路带进蛮荒之地的人才有资格称王。

回到眼前，谷歌就是我们这个时代的皇家开路人，是荒野以及我们翘首以待的开路先锋。其实谷歌在这方面似乎从来没有避过锋芒，所以并不令人感到惊讶。谷歌业务目标的自我定位一直是“对世界上的信息进行有序化组织，最大化信息的作用和适用性”。谷歌在诞生之初就是为了给互联网纷乱的荒原铺出一条供人前进的路。用户的每一次搜索都是在为逃出数据混沌的努力添砖加瓦。直到后来有一天，谷歌的创始人拉里·佩奇（Larry Page）才不得不承认，由于公司规模的爆炸式膨胀，当初的目标已经不能满足谷歌的需求，新的业务包括自动驾驶、人工智能和生物相关技术，而地图实景的数字化则承载了公司的又一个增长点。

沙漠是地球上能用搜索引擎搜索到的信息最少、收集也最困难的地貌类型之一。从非从业者的角度来看，数字化沙漠的地形信息，将其精确定位、制图及并入已知的世界，是在腐蚀沙漠的自然属性。因此，尽管谷歌的沙漠街景计划颇有拾荒者无畏的风范，令人眼前一亮，但这同样让它成为数字时代消解和腐蚀荒漠精神的幕后黑手之一。数字时代传承的价值观与荒漠精神恰好背道而驰。无孔不入的链接、避无可避的视线、前所未有的复杂网络、互联网上虚拟的存在感、永不停歇的交流互动，这些就是涌向人类感官的潮流趋势。在经济富足的西方人如今生活的时代，沙漠所代表的精神文化，如远离人烟、遗世独立、无径可循、销声匿迹、不可亲近和寂静无声，正在变得越来越稀缺。

近来，互联网巨头们纷纷在荒凉的沙漠里建立自己的云服务器中心，这与试图街景化沙漠地貌的行事风格如出一辙。互联网公司租用了俄勒冈州高地沙漠地区的大片土地，它们意图在那里建立大型的计算机设施，作为军火库存储海量数据的服务器。为了防止服务器过热，这些公司偏执地斥巨资为沙漠里的设施安装人工制冷设备，以“降温”的目的消耗大量的能量并产生可观的工业热。互联网巨头看中的正是俄勒冈州低廉的电力成本和方便制冷的干燥空气。另外，地广人稀的沙漠地理也是显而易见的优势。与此同时，美国国家安全局也在犹他州的沙漠里建起了价值数十亿美元的综合性设施。该设施存储了安全部门从网上截获的数据，相对直白和简单的信息会被直接记录，而加密信息则会被用各种手段和方式解码。

不过，如果要论眼下哪个“沙漠探路”计划最为宏伟，那非2024年的“火星载人计划”莫属。这个颇为严肃的“火星一号”项目（Mars One project）由私人出资，它的目的是将4名地球人送上火星，志愿者的招募正在如火如荼地进行。项目组织者还将建立一座人类训练基地，以期为受训人员模拟“真实的沙漠环境”。申请“火星一号”项目的志愿者对自己将无法返回地球的事实心知肚明。不过，倘若该计划最终成型，而这4名勇士又没有被广袤的虚空所吞没，那这本身就可以说是技术层面值得称道的奇迹。汉娜·恩肖（Hannah Earnshaw）是入围的候选人之一，她在《卫报》的采访中有一句让人玩味的话：“显然，永远离开地球是一件非常具有挑战性的事。好在我的朋友和家人都很支持我，至少现在我们还能通过互联网见面和聊天。”

目前，火星的同步轨道上已经有了人造卫星，它们会与围绕地球运转的人造卫星交换数据。项目组织者乐观地表示：“将来火星居民可以用电子邮件、短信或者其他社交软件与我们互通信息。”用他的话来说，奇迹其实已经发生了：夜空中那颗我们无比熟悉的荒凉行星，而今已经被纳入地球互联网的范畴了。不要说是地球的沙漠，就连外星球的沙漠如今也嗷嗷待哺，等待它的君主带着圣路降临，可想而知，天堂收到社交网站信息的那一天也指日可待。

抵制网络：一种新禁欲主义

时常会有人说起要抵制互联网对个人的侵蚀，减少它对人们生活的影响。在如今的生活中要拒绝互联网几乎是不可能的，所以这种想法被越来越多的人视为某种新的禁欲主义，返璞归真，拥抱荒野。网络的普及倒是反衬出了独处和孤立的难能可贵，荒漠精神已经融进了我们的语言里。“隐修士”（Hermits）这个称呼起源于希腊语的“cremia”，它的本意是“荒凉贫瘠之地”。它还有一个派生词“eremos”，会让人联想到荒芜、背弃以及空旷的荒野。

如同前文所探讨的，虽然三维世界中人与人之间的联系正变得越来越淡薄，但是“隐修士”精神的确不是数字时代所倡导的主流内涵。“eremia”还是“eremite”（隐士）的词根，用于形容那些抛弃文明世界，到沙漠的宁静中寻求宗教圣启的人。“隐士”作为一种有名有姓的亚文化人群，最早出现在公元 4 世纪的埃及僧侣中。

现代人常常会觉得“正念”是一种可望而不可及的状态。事实上，正念活动需要相当的自制力，以忍受无休止的思维循环。就像谷歌正在野心勃勃地实现自己的地球街景计划一样，我们也在尽力借助技术保全那一点点濒临灭绝的沙漠精神。高尚的禁欲活动如今成了可以下载的 APP，如 SelfControl，一款能够限制你浏览特定网页时间的应用软件，它以帮助用户提高每天的工作效率自居。还有一款名为 Headspace 的软件，开发者是一名还俗的佛教僧人，它更是直接把冥想修行的方法打包送到用户的手机里。Snapchat 以及其他一些“朝生暮死”的社交平台都有定时清理聊天记录的功能，我们姑且可以把这种功能提到重新用“背弃感”和“缺失感”装点数字生活的高度。

那些抵制和戒除社交媒体，避免沉迷于各色电子设备的人，不啻于现代社会中的圣安东尼。生活中你可能认识这样的“隐修士”。在你看来，他们藏身在沙漠的前哨站里，耐心、安静地体味着一种极端的生活，他们高冷、帅气且颇有遗世独立的气质。数字时代这种难能可贵的新禁欲主义精神正在越来越受到人们的关注，很难说新禁欲主义把世俗和虔诚之间的界限置于何处。我曾经目睹过有人在社交网站上与他们的牧师聊天，“真高兴您能喜欢这张照片，神父”。

1998 年，我有一个往来不多的大学同学的生活在一夜之间变得低调而简朴。断绝联系多年之后，有一天他突然出现在了我的社交网站上。我得知他近来正在忙于一款 APP 的开发，他对这款 APP 的吸金能力寄予厚望。不过，从 YouTube 账号数万的订阅量里不难看出，他真正的雄心似乎是要建立一整个互联网帝国。他的 YouTube 主页上有一张巨大的横幅照片，拍的是他在一处林间空地里打坐冥想，周围是三台用三脚架支起的相机摆成的三角形。

相比之下，我还认识一个在大三的时候做过一周同学的朋友，他是一个彻头彻尾的无神论者，却成了互联网时代的苦修士。他对主流文化的跟进止步于 Web 2.0 时代开始前，当年 20 多岁的他甚至对格温·蒂芬妮（Gwen Stefani）一无所知——流行文化的信息在互联网时代本该俯拾皆是。他在社交媒体上唯一的痕迹是一个疏于打理、死气沉沉的个人账号。账号的头像非常模糊，只能看到一个剪影，他的账号朴素到不禁让人联想到这是把劳瑞（Lowry）[①]的街头插画空运放到了某个荒无人烟的废弃沙滩上。每年，他只有在朋友们有意无意的呼唤中才会高高兴兴地回账号上看几眼。我记得看到他上传的那张照片是在某天下午，照片里的他坐在自己房间的窗边，脸上挂着宿醉的面相，手里点着一支烟，他出神地看着窗外斯坦福山城里来来往往的行人，目光所及，是一群在大声说话的犹太教徒。我犹记得当时看到这张照片的感受，诧异于它散发出的虔诚朝圣般的平静感。

对于那些能够真正免疫社交媒体诱惑的人，公众总是不吝表达自己的嫉妒和羡慕。比如，莎拉·杰西卡·帕克（Sarah Jessica Parker）和洛斯酒店的总裁乔纳森·蒂施（Jonathan Tisch）曾经一起出席过在 92 号大街希伯来协

① 英国画家，作品以描绘不出名的地点见长。——译者注

会（92nd Street Y）[①]举办的一次对话活动。当晚，两人谈到了与社交媒体有关的话题，言语间引人深思。帕克坦诚说自己“有一点害怕社交网站，这种恐惧每一天、每一刻都如影随形”，蒂施回应说：“我不发 Twitter，也没有在 Instagram 上发过照片”。帕克对此报以苦笑，随后，她承认因为常年疲于应付各种社交媒体，自己身上发生了许多切实而不可逆转的变化，这让她苦恼和厌烦。“我很懊悔，再也回不去了……我再也没有机会成为我本想成为的那种人了。”不用说，蒂施就是她说的那种人。“我很羡慕你，”帕克说，“羡慕你的清白纯洁。”

“不，哪有什么清不清白！”

“不，有……真的有。”

虽然那场对话总体来说非常轻松愉快，不过帕克忏悔一般的自白的确击中了数字时代的某种文化痛点，数字技术创作的是它们自己的《经验之歌》[②]。眼下，数字技术在人际评价中占有绝对的主导地位，以至于如果你恰好是新禁欲主义的信徒，仅仅这一条就足够让你在众人眼中显得“清白如许”。在从前三维世界的世道里，谁也不会把酒店行业的掌门人说成是清心寡欲的人。1988 年，《纽约时报》一篇报道蒂施与劳拉·斯坦伯格（Laura S. Steinberg）婚礼的文章赤裸裸地选用了“两大亿万富豪家族的联姻”这样的标题。而如今看在“网络禁欲主义”这块标签的面子上，一个亿万富翁甚至比谷歌训练的骆驼都让人觉得朴实和虔诚。

① 位于纽约曼哈顿上东区，东大街 92 号的民族文化交流中心。此地经常举办各种歌舞表演、访谈和对话活动。——译者注

② 全书为《天真与经验之歌》，英国 18 世纪诗人威廉·布莱克的诗集，分为天真与经验两部分。两部分间风格迥异，经验之歌偏向辛辣、苦涩、斥责社会的成人视角。——译者注

除此之外，还有人提出，在数字技术进步的时代背景下，禁欲主义的普遍缺失会对人类的大脑产生直接影响。尼古拉斯·卡尔（Nicholas Carr）在他的《浅薄》（*The Shallows*）中探讨了制书技术对阅读者的影响，早先手抄本书籍要求制书和读书者注意力的高度集中，因此，后古登堡时代的人便认为阅读可以作为清空思绪、帮助冥想的手段。

换句话说，正是文本信息媒介的普及，才让人们有机会体验深思熟虑的宗教式冥想。而“苦修精神”并不是阅读的必然结果，也不是印刷技术本身的功劳。卡尔认为，“苦修”反映了一种思维模式，与阅读的方式和习惯息息相关。他认为，在手抄书的年代，人们根本不需要特意通过冥想塑造自己的思维。抄录文本的过程本身就是对神经系统的锤炼，它与数字时代鼓励的肤浅阅读习惯有着天壤之别：“是色情小说还是圣咏集都没关系，反正神经突触的反应大体上是一样的。”可想而知，有很多人会因为卡尔把数字时代的阅读定性为肤浅而恼羞成怒，不过值得注意的是，他在书中把阅读深度的缺失形容为“虔诚的世俗化”。

广义的俄狄浦斯情结

在互联网的帮助下，太阳系中其他星球的沙漠几乎变得伸手可及，数字人类也抛弃了隐修士这个过时的身份，看起来沙漠的版图和神秘感似乎正在消失殆尽。不过，事情并没有那么简单直白，从某种角度上说，我们正在遭受沙漠的围困，而且四面楚歌。

小时候跟姐姐一起去看《重返奥兹国》（*Return to Oz*），那是我第一次体会到沙漠的残酷无情。看“绿野仙踪”系列算是我们家非正式的传统之一。

20 世纪 40 年代初，我的一位有凯尔特血统的叔叔在电影院看了这个系列的第一部，据说当时他哭得稀里哗啦，电影结束之后许久都走不动路，最后奶奶不得不把他拎出了电影院。“她要对那个小女孩做什么？”叔叔当时问道，鼻涕眼泪在小脸上糊成一片。谁成想半个世纪后，我成了那个在电影院里被它的续集吓得屁滚尿流的小崽子。

如果时间能够交叠，让我和叔叔坐在同一个电影院里，那当时的我只比当年的叔叔小一岁左右，但是在姐姐 11 岁的好朋友面前，我非常在意自己的面子。大概正是因为这份自尊心，面对系列的新女巫莫比（Mombi）对女主角的凶恶胁迫，我才能强撑着保持冷静。如若不然，当看到莫比扒下自己的伪装，从柜子里挑选要换上的人头时，我怕是要坐不住了。不过，对年幼的我来说，女巫莫比并不是最大的问题。让我印象深刻的是另一种更深邃的恐惧，说它深邃是因为当时的我没有哇哇大哭，只是因为深切的恐惧而哑口无言。比绿面巫婆更可怕的是环绕奥兹国的死亡沙漠。

桃乐丝重返奥兹国的起点就是这片不毛之地。她只能从一块石头跳到另一块石头上，因为一旦接触沙子就会被变成沙漠的一部分。随后电影中出现了一群朋克打扮的食尸鬼，在追捕女主角无果之后，这群四肢均被车轮代替的改造怪物悻悻然地向沙漠边缘奔驰而去。其中一个跌倒的怪物转眼间就被沙漠吞没。它侧身躺在沙地上，塞满沙子的嘴大张着，眼睛直勾勾地盯着前方，眼窝在眉毛下深陷成两个窟窿，接着前额开裂，面容破碎。

奥兹国的沙漠可能远没有电影里的红宝石鞋那样家喻户晓，不过它确实贯穿了整个系列。在《奥兹国的奥兹玛》（*Ozma of Oz*）中，奥兹玛和她的仆从后来要借着一条自动铺开的翡翠地毯才能安全穿越死亡沙漠。果不其然，在死亡沙漠出生入死的桃乐丝出生在美国的“灰盆”[①]地区，她离开自己的家乡，去另一个贫瘠的荒漠沙海历险。“灰色”这个词充斥着桃乐丝登场的开篇章节，暗示了她老家饱受旱灾肆虐的堪萨斯州农场以及周边的土地。当奥兹国系列小说的作者莱曼·弗兰克·鲍姆（L. Frank Baum）去世时，沙漠又回到了他身边。他最后留下的遗言中有这样一句：“现在，我们可以穿过移动的沙丘了。”

现在的我可以从当年四轮食尸鬼那颗解体的脑袋里读出更多的东西来。当我偶尔思考与“环境”有关的问题时，电影里的那幅画面有时会重新浮现在我的脑海里。“环境”是个非常微妙的话题，我不会对它念念不忘，但它却总是以最轻描淡写的姿态时时盘踞在我的脑海里——在我闻牛奶是不是过期的时候，在我疑惑三明治为什么会裂开的时候，在因为好奇或无聊而打量周遭的时候，或者在旅行回家一步一步走近自家大门的时候。

对自己念叨“环境”这个词绝对不是什么好兆头，因为如果个人生活一切无恙，谁又会在意这种话题。我不断地想起怪物的那张脸，因为在这个星球古老的乐土上，沙漠的规模正在不停扩张，啃食着人类居住地的边界。年复一年，戈壁沙漠都在以“值得警惕的速率”增长。撒哈拉沙漠正在“渡过”地中海，向欧洲南部进军，虽然某些国家对这种说法的强调暴露了它们在其他问题上的排外立场。联合国在过去 10 多年公布过许多导致耕地退化和土地荒漠化的原因，比如过度放牧，并称这些行为和原因“是我们这个时代最大的环境难题”。

如今，网上有许多与环境相关的主题网站，与联合国官网公布的信息相

① 美国西部平原的沙土区。——译者注

比，它们要么危言耸听，要么轻描淡写。相同的统计数据被翻来覆去地摘抄和引用，关心环境的人早就对它们耳熟能详：每年有 1 200 万公顷的土地沙漠化和荒漠化，耕地正在以“从前 30~35 倍的速率”消失。而环境保护主义者们能仰仗的只有一些无畏甚至无名的英雄们——埃塞俄比亚当地步步为营的农民们和“绿色长城计划”，该计划预期在非洲建立一道防沙绿化带，并以此呼吁国际社会加入其治理非洲荒漠化的行列。

这就是我们面临的谜题。四维世界显然在消解我们的精神沙漠，而被排挤的沙漠似乎只是被转移到了其他地方。文明开化到底是把我们带向沙漠还是带离沙漠呢？孤独之人越来越多，而隐修士的栖身之所却越来越少。其实我们从前就遇到过类似的谜题。沙漠精神此消彼长的无尽循环是西方文化的本质特点之一，这一点在如今这个数字技术繁荣昌盛，而经济社会摇摇欲坠的时代已经被体现得淋漓尽致。早在古希腊时期，人们就曾为现代人与日俱增的担忧绘制过详尽的蓝图，古希腊人对人类社会意在背离却又不可避免地步向沙漠这一点心知肚明，比如古希腊影响最深远的悲剧之一——关于一个男人弑父恋母的故事。我的音乐指挥家朋友通常把这种离奇夸张的情节称为“极富刺激性”。

弗洛伊德是悲剧诗人索福克勒斯（Sophocles）这篇悲剧故事的忠实读者，诚然它最大的功绩无疑是启发了弗洛伊德创立有关恋母和弑父情结自我压抑的心理学说，不过在这个人尽皆知的层面之下，这部悲剧同样揭示了另一个基本的人性，即所谓的人类文明须掣肘于两种不同的沙漠之间。第一种旨在让人开化和文明化，因此需对荒野进行探索和开拓，第二种是指现实中的沙漠，也是比拟的沙漠，它们是人类文明觉醒后的副产品：原本富饶的土地因为过度开垦退化成贫瘠的荒漠，与之类似的还有孤独感弥漫、沦为精神废土的现代都市。人类文明在沙漠间往复穿行就是我所说的“广义俄狄浦斯情结”，数字时代的到来带动了我们穷兵黩武地探索第四维空间，这无疑是在给顽疾缠身的现代社会火上浇油。

在《俄狄浦斯王》（*Oedipus the King*）开篇的文字中，大祭司如此描述底比斯城遭受的瘟疫：“田间的麦穗枯萎了，牧场上的牛羊也瘟死了。”卡德摩斯[①]的家园变得一片荒芜，大祭司请求俄狄浦斯设法破除这个诅咒，因为“治理人民总比治理荒郊好”。之后，俄狄浦斯时常会回想起这句话，他把底比斯城形容为“遭受神谴的荒漠”。文明的衰败助长了荒漠的贫瘠。俄狄浦斯继位前的上一任君主拉伊俄斯王遭人谋害，俄狄浦斯意识到正是因为弑君的犯人依然逍遥法外，城邦才会遭受瘟疫的诅咒。因此，他着手调查这宗命中注定的悬案，一人分饰侦探和犯人两角。这个神话故事因他而起，也由他而终。

盲眼先知忒瑞西阿斯试着向俄狄浦斯解释这个命运的轮回：“我说你就是你要找的杀人犯。”最终，俄狄浦斯想起了他当年在三岔路碰上的那辆马车，他杀掉的那个暴躁的乘车人，正是从前下令把自己丢弃到无人的山脚下的亲生父亲。他的亲叔叔，如今的内兄克瑞翁，是个老奸巨猾、心狠手辣的政治家，克瑞翁不会放过国王乱伦和弑君这两个天大的把柄，更不用说俄狄浦斯本人情愿接受当初立下的对谋害先皇者的罪罚。在挖出自己的双眼之后，俄狄浦斯命令克瑞翁说：“把我逐至无边的沙漠，从此与世隔绝。”

古代观众对俄狄浦斯的传说早已耳熟能详，远在《俄狄浦斯王》之前，他们就知道这个讲述命运无常、造化弄人的故事，索福克勒斯的剧本则是把

① 底比斯城的建立者，腓尼基王子，屠龙勇士。——译者注

这种情感具象化了。俄狄浦斯的父母本想逃避预言，反而弄巧成拙，这就是后来广为人知的“自我实现”。相比之下，很少有人会从另一个讽刺的视角看待这个故事：为了阻止城邦的荒芜，俄狄浦斯选择了另一种让它荒废的方式。

要理解这一点，我们要从另一个命运的轮回里来看待这个故事。正如忒瑞西阿斯的警告："不是克瑞翁害你，是你害了你自己。”底比斯城下一任的统治者依旧逃不过文明与荒野之间这种奇怪的偏斜和博弈。与俄狄浦斯不同，克瑞翁国王是个大权独揽的暴君，他压榨人民，欺压百姓，视之如猪狗。“这座城邦不是属于您一个人的，”克瑞翁的儿子海蒙告诉他，“做沙子的皇帝可不光彩。”

与此同时，俄狄浦斯的女儿安提戈涅犯下了死罪。在这个神话的另一些版本中，安提戈涅在王朝更替后陪同被流放的俄狄浦斯穿越了沙漠。因为她忤逆克瑞翁的旨意，偷偷埋葬了自己的兄长，克瑞翁下达的处罚是“把她带到路终人尽的地方，找个岩洞把她秘密囚禁起来，不要伤她性命，按照神明的旨意定期送予餐食”。沙漠本就是无径之地,作为“路终”之处也合情合理。虽然直到弗里德里希·荷尔德林（Friedrich Holderlin）的译本出现后，人们才知道神话中对这片沙漠的具体描写，但从前只要提到安提戈涅，人们都会自然地联想到她在沙漠里用干燥的沙土埋葬哥哥的样子。发现尸首被非法掩埋的守卫向克瑞翁汇报："地面坚硬而干燥，填得平平整整，没有车辙，犯人没有留下蛛丝马迹。”犯罪现场被还原成了平常的沙漠景致，作案者的踪迹与环境融为一体，风过无痕，唯有沙丘漫漫。

那么，谁才是真正的沙漠土著呢？是用高压集权扼住民生咽喉，让民主制度日渐荒僻的暴君克瑞翁？还是亡灵的安抚者，因为把沙漠“法外之地”

的精神带到城邦而被驱逐到沙漠的安提戈涅？俄狄浦斯引来的这场沙尘暴虽已过去千年，却仍旧余孽未消。

我们可以在广义的俄狄浦斯情结中画出一道明确的分界线：环境恶化导致的沙尘暴和资本时代后期数字技术风暴频现的现今，以及过去由工业化进程主导的19世纪，后者尤其契合我们有关沙漠意象混乱化的主题。工业化和城镇化造就了社会进步和荒芜孤立这对孪生双子，新兴出现的、拥堵的大都市，那些人造的水泥建筑注定要承载人们对荒原废土的想象。19世纪的巴黎自称“废墟艺术之城”，乔治-欧仁·奥斯曼（Georges-Eugene Haussmann）大刀阔斧地把他设计的宽阔的、现代化的马路铺陈到了错综复杂的中世纪小巷里，只是现在看来，奥斯曼不过是用现代式的荒芜替代了中世纪的荒芜。

建筑大师勒·柯布西耶曾经目睹了奥斯曼与巴黎市议会之间的一场争执，他形容说：“那天，议会成员因为对奥斯曼规划的极度恐惧而要起诉他，他们认为这是在巴黎市的正中心炮制荒漠！他们说他会把塞巴斯托普勒大街弄得面目全非。”差不多在奥斯曼重新规划巴黎的时候，狄更斯也在《我们共同的朋友》中描写了当时的伦敦，只不过他的描写与我们对那个时期伦敦的想象有些出入：“他住在国王十字街到荷洛威城之间的地方，那里是一片围绕城郊的撒哈拉，砖窑密布，生屠烹食，垃圾遍地，白天会有人拍打门前地毯，经常有野狗在街头斗殴，空气里的尘土总是漫天飞舞。”我们看到伦敦在消化自己的残骸，一面吞下自己，一面又吐出新的自己，但是狄更斯让我们不要忘记，漫天飞舞的尘土是工业化不可避免的副产品。

在19世纪美国的工业扩张中，埃德沃德·迈布里奇（Eadweard Muybridge）

拍摄过一张 19 世纪 70 年代旧金山的全景照片，清晰地记录了现代化的底比斯诅咒。在照片拍摄的 30 年前，淘金热带动了旧金山地区的发展，让它一跃成为美国西海岸最大的城市。1877 年夏天，迈布里奇在诺布山（Nob Hill）上顺利拍下了一张 360 度的全景照片。全景照片如同一张摊开的世界地图，东西方向的分界线从中断开，整座城市的面貌就这样在眼前徐徐铺开。照片清晰地展示了这座新兴城市的全貌：城里密密麻麻地分布着无数暗褐色和淡黄色的破旧屋顶。住宅、工厂，各式各样的建筑让外来的人很难分清它们的功用，最后它们随着视线在湾区的尽头变成一个个暗褐色的点。类似的场景无论是在乐高积木还是墙上的涂鸦里都能看到，密集的建筑就是体现现代化宏伟的维度之一。

但是迈布里奇的照片并不讨巧，它暴露了笼罩那个美好年代的异样氛围。在成排的围墙和屋顶之间穿插的是宽阔的大路，而它们几乎都是空荡荡的。新兴的旧金山其实是一座鬼城。迈布里奇的全景照片是当时摄影技术的天花板。拍摄一张全景照片需要数小时的曝光时间，这意味着相机的镜头要全天候对着城里的人群。你可以在照片里看到这里或者那里的人像带着移动的残影，影子往往能拉到一个人的 4 倍那么宽，随后淡化消失。总体上来说，城里的路上几乎没有什么行人。18 年后，威廉·伦琴（Wilhelm Roentgen）拍摄了世界上第一张 X 光片，那同样是一张不讨巧的照片，因为他妻子的盆骨影像被放在了世人面前，一览无余。在诺布山上，迈布里奇拍下了自己的预言，他发现了城市光线皮囊之下的荒芜。他那支先进的镜头，以和世界平行的时间流逝速度俯视着山下的现代化小城，隐隐地捕捉到了世人的担忧。他们担心我们的城市本身将注定成为新的荒漠。

“此处”与“彼处”之间

我们可以从两个角度设想城市的自我荒漠化。第一个是字面意义上的，即环境灾变，工业化狂热带给城市的不外乎贫瘠的水泥森林、污染的空气和萎缩的绿地。第二个则是一种隐喻，它与影响每家每户的城市资本运作有关。许多作家都曾经抒发过一种感慨，城市发展总是导致无趣的均质化。连锁商店哄抬店铺租金，以此排挤周边个体经营户的现象就是典型的都市均质化过程。商业街的趋同程度越来越高，消费者的选择范围急剧缩水。瑞贝卡·索尼特（Rebecca Solnit）认为，旧金山居民的普遍中产阶级化正在造就城市的“寡头文化”，许多人将文化单一化归咎于硅谷的谷歌和它导致的房产泡沫。弗兰·勒博维茨（Fran Lebowitz）非常喜爱盖瑞·温诺格兰德（Garry Winogrand）拍摄的20世纪70年代的纽约，部分原因是因为“在它们之后，纽约市哪里看起来都像一个样，哪里都非常无趣”。

也难怪单调的城市和沙漠会被放在一起类比。与索尔尼特和勒博维茨的观点类似，《纽约客》杂志的亚当·高普尼克（Adam Gopnik）形容纽约市的活力正在“千篇一律的寡头文化沙漠”里逐渐干涸。30多年前，理查德·科布（Richard Cobb）愁绪满怀地写道：“雷阿勒市场[①]化成了一片悲伤的沙漠。”他感怀过去的悲伤久久不能散去，甚至还影响了他对未来的期盼：“Vie（巴黎的一个区）再也不会有小说家了，因为那里的生活乏善可陈。”

数字世界是我们这个时代的新兴小镇，被寄予了振兴城市生活活力的厚望，它的杀手锏是推陈出新的各式网页和不断扩张的虚拟世界。移动设备和社交网站的出现，让原本形容市集的“熙熙攘攘”也能够贴切地用在互联网

① 巴黎市中心最主要的老牌生鲜市场，于1971年拆除，改建为一座现代超市。——译者注

上。我们在虚拟世界里聚首，把它挤得人山人海，人们像孩子一样在个人主页的新鲜事列表里爬上爬下，道路两旁满满地排着各种链接和模因[①]。互联网是个人头攒动的潮流聚集地，同时它也是对用户投其所好的老手。每个人都能在互联网上找到归属，众人拾柴，积土成山，几乎每一项社会调停的呼吁都能在网上找到拥趸。无人问津的号召才是稀罕的事情。互联网的沃土培植了数据爆炸，与之对应，数据收集的方式也摆脱了从前斯文严肃的官僚机构做派，转而变成简单粗暴的割草式。

即便如此，数字世界繁荣的大都市也无法逆转我们走向荒芜的既定命运。扎迪·史密斯（Zadie Smith）观察到，为了迎合社交网站鼓励的开放性和包容性，用户会倾向于"扁平化"自己的人格，她因此认为社交媒体会加剧文化的单一化。她在自己的书里写到，社交平台的用户会因为个人隐私方面的考量而选择妥协，"同性恋会隐瞒自己的性取向，某党派的支持者不会上传该党的图片，政治活跃分子也会悄悄熄灭手里的火把。在现实生活里，我们大可以坦诚地面对自己，过自己想过的生活，选择想要交往的人"。

尽管史密斯认为在现实世界里我们可以自由做自己，但是在互联网上可不行，互联网用户费尽心力为的只是"不落俗套"。在社交媒体上我们可以给关注者和好友添加额外的分组，以便让其中一些人能够看到发布的信息，而另一些则不能。通常情况下，受众尽量广泛的趣闻是衡量该信息否值得发布的标准条件，社交媒体追求的是片刻的刺激，这无疑局限了公众人格的展示空间。似乎每个人都笃定，通常只有生活中最好的那面才能引起他人的兴趣，所以也只需要对自己的人格进行一维的展示即可。由此，关注者的期待和发布者的虚荣心便获得了极大的满足。

---

① 文化通过个体重复传播，模因表示文化传播的基本单位。——译者注

如果我们承认上网的确包含某些令人感到痛苦的成分，它让我们向往自由的荒野，那么这种痛苦的根源大概就是源于强迫自己扁平化，以及被一群人格扁平的熟人所围绕。我们在互联网上其实并不像表面那样，总是说说笑笑、开开心心的，我们不是生活在单一维度里的生物。“今天是我向妈妈告别的日子。”我曾经对这条状态印象深刻，它来自一个我已经许久未联系朋友。

而现在，如何在互联网上万年不变地展示自己好的一面，越来越成为人们的压力和负担。就算是发泄怒火，也必须是三观正确的义愤填膺才行，我们选择的姿态常常犹如从前正经端庄的有线电视节目，以此彰显自己的涵养和自尊。社交媒体一直背负着“孕育极端自我中心主义的温床”的污名，然而它却总是以“超我”的道德标杆自居。人们对于这块坐落在电路板上的土地和它的道德行为规范保持着高度的敏感和警醒。社交媒体在全球化的背景下无异于一场席卷而来的风暴和瘟疫，在它鞭策和整肃我们行为的过程中，虚拟世界里的人格变得趋于单一。

三维世界中被寡头文化占领的街道对眼下四维世界的发展态势颇具借鉴意义。在此，我们回顾一下本书中探讨过的一些观点。现实人格的虚拟“分店”，代表了互联网经济发展的时代背景下，我们被迫在网络上如实表露并安分守己地维护个人形象和身份的压力。在各式各样的要求下——有的是明示，有的是暗示，我们不得不在社交平台上打造自己彬彬有礼的贵族形象，对所有访问者敞开友好的大门。

在当前的社会规范下，人们对互联网生活丝毫不敢怠慢：白纸黑字都代表着个人的脸面，每一条发布的消息都会与他人的评价挂钩。我们在虚拟世界里铺下一条灯光充沛、标识清晰的小径，唯恐陌生人误入歧途，看到那些我们不想别人看到的东西。在社交网站上，主题功能的作用是规范用户，它用稀松的定义统筹用户探讨的话题，通过限制保证话题回复者的趋同性和单一性。与此同时，对于那些想要兜售商品的人来说，研究人们在互联网上的行为正是对消费者进行定性的依据，每一次点击都是在刷新他们对于我们的认知和定义。

这就是互联网世界的俄狄浦斯：一面是欣欣向荣的数字世界，人山人海、繁荣富饶，另一面则是贫瘠单调的虚拟沙漠。这番图景中的沙漠代表着普遍而持久的想象力缺失。1751 年，文物学家理查德·伍德（Richard Wood）在途径埃及和叙利亚的旅程中，写下了沙漠和创造力之间令人失望的关系："千篇一律的黄沙，寂寥无声的天空，哪里唤得起沉睡的想象力和激情。"与之相对，他认为希腊是文明的摇篮，因为"她婀娜多姿"，而且"有明显的四季更替，艺术诞生于这片国土上的某个城邦真是再正常不过的事了"。曾经有一个朋友在询问我对于谷歌沙漠街景功能的看法时表达了类似的想法，她问我为什么会有人想要看沙漠的街景：难道它们"看上去有什么不同吗"？

现在，我们应该发现沙漠不止代表隐修士们栖身的场所，它同时也是自己的反面，是毫无生机的荒芜之所。所以，我们应当用双重的眼光区别看待沙漠。福斯特曾借此打比方，称"伟大的人会让他们周遭的一切变成荒芜单调的沙漠"，当然福斯特同时也为现实中沙漠勘探的如火如荼感到哀伤，那些人迹罕至的地方曾是他笔下的"法外狂徒"安家藏身的处所。如此说来，沙漠正是因为它似是而非的内涵而给人可贵的启发，尤其是在这个互联网威逼利诱我们煞费苦心地经营自己的虚拟人格的时代。当位于美国西南沙漠地区的大型服务器正事无巨细地记录每个人的数据时，我们应当谨记"未知"和"忘却”的重要性。

公元前5世纪，在希罗多德（Herodotus）的《历史》（*Histories*）中，沙漠以神秘和未知的形式界定了古希腊人对已知世界和已知知识的边界。它们是制图技术鞭长莫及之处。在这本古老的、以西方为中心视角的著作里，希罗多德口头追溯了中东和北部波斯、腓尼基、叙利亚和埃及等国的疆界，给出了它们的相对方位和毗邻关系。然后他宣称“亚洲大陆一直到印度为止，都有原著居民生活，但是从印度再往东，就只剩下一片辽阔的沙漠，它无人踏足，也无人知晓。”

同理，在介绍塞西亚和同是位于黑海北部的邻国时，希罗多德用食人蛮族解释了当时地理知识的匮乏：“出了他们的国家就是一片无边无际的沙漠，据我们所知，没有一个部落生活在那片荒漠里。”希罗多德所说的沙漠代表了信息的缺失。它们被形容为无边无际、不可勘探，充满了神秘和未知。希罗多德认为世界上有不可探知的黑色区域，那里通常凶险异常。他的世界观对现在的我们来说有一点值得借鉴：即便不是全知全能，你的生活也可以容纳适当的无知和无为，并依旧多姿多彩。希罗多德的沙漠是隐私的庇护所，是法外狂徒的温馨归宿，专门收容那些在大一统部落中不被认同的人。

圣安东尼肯定能够理解沙漠所代表的虚虚实实，他知道沙漠里的恶魔可能是天使，而天使可能是恶魔。这种看待事物的沙漠式精神，如今应当被我们重新记起，尤其是在眼前亦步亦趋的网络风气下。对虚拟身份的斤斤计较没有让我们一眼千里，反倒愈发真假难辨，四维世界也名不副实，因为它更像是一维生活。在数字技术无孔不入的今天，不说法外狂徒，至少沙漠是那些想要置身事外的人们梦寐以求的地方。在荒野上我们总是可以发现多样的可能性。《麦克白》(*Macbeth*)的开场能够被设定在不同于原著“开放”和“荒凉”的其他地方吗？荒原上，三个神秘莫测的法外狂徒偷偷聚首于一个电闪雷鸣之日。麦克白简短的开场充满了阴谋诡计的味道，这种氛围不仅是因为观众对戏剧中的女巫怀有成见，更是因为她们阴阳怪气的双重措辞。

如很多人已知的那样，三个女巫相约他日再会，“且等烽烟静四陲，败军高奏凯歌回”。莎士比亚用寥寥数笔就勾勒出了女巫阴险狡诈的形象。“败军”焉能“奏凯歌”？所以观众通常会把这句自相矛盾的话当作女巫的故弄玄虚。诚然每场战斗都必有赢家和输家：而尤其对于赢家，女巫的双关意味显得更为深长。历史历来青睐“要么……要么”的二选一，一场战斗要么打赢，要么打输。与之相对，女巫也具有双重观点，她们同时关注战争结果的两面。“hurlyburly”(烽烟)的构词被今天的词源学家称为修辞性重叠，它是中世纪英语词组“hurling and burling”的省略形式，其“动荡”和“骚乱”的本意光靠“hurling”即可涵盖，用两个词纯属形式性的重复。《麦克白》里不乏类似的修辞：“美即丑恶，丑即美(Fair is foul, and foul is fair)。”同样的歌颂声也可以发自沙漠中的苦修士，因为那片将天使、恶魔混为一谈的土地让他们苦不堪言。

虽然同样是语义模糊化，但是沙漠精神与网络幽闭恐惧正好相反。造成幽闭恐惧的原因导致事物内在差别的消解，比如，美与丑最后都代表丑。而这里则是对象兼具两者的特征。当麦克白和班柯在荒原上面见女巫们时，麦克白感慨道：“我从来没有见过这样阴郁而又光明的日子(So foul and fair a day I have not seen)。”换句话说，他穷尽了所有的可能性：这一天既阴郁又光明。这种隐修士的眼光里没有压抑和束缚，有的是宽阔舒适的自我空间。

《时尚艺术》(*Esquire Art*)杂志上曾有一篇评述,作者科尔姆·托宾(Colm Tóibín)提到了他从前对艺术家崔西·艾敏(Tracey Emin)怀有的成见,那时他经常看到艾敏在各种派对聚会间连轴转,便觉得“崔西·艾敏可真是个命好的闲人”。这像不像我们在上网时,偶尔因为孤独寂寞作祟而对他人顿生的那种酸溜溜的敌意?哪怕对方在生活中是我们亲近爱护的人,我们也要一板一眼地对他们论长论短。在社交媒体上,我们以资料和信息的形式看待他,而他们的账号永远不会报以相同的、审视的目光,于是我们容易认定,他们光鲜亮丽的分享代表了无忧无虑的生活。

托宾也好奇艾敏作品里的那些派对狂欢“是不是只是艾敏有意让别人知道的那部分生活”,把这个问题放到四维世界里也同样成立。我们的立场和扮演的角色是艺术作品评论家,别人把回忆贴到主页上,而我们负责欣赏和评价。为什么你会认为我想看到那个?谁会在意你的外孙和外孙女呢?谁在乎你今早喝的咖啡是哪一种口味,你还给它配个眩目的大逆光?我们相互之间唯一的默契和坦诚,大概是不会上传和分享那些最应当被上传和分享的东西吧。

我们来想象一下这样的画面。艾敏在社交网站上创作了一幅霓虹灯文字作品,她给那些亮闪闪、煽情浪漫的文字配上了一些自然风光照,带有非常夺人眼球的互联网风格,比如:“我愿意跟随你到天涯海角”或者“我聆听大海,涛声依旧而你已不在”,又或者“我感觉到你在微笑”。但就在此时,缓缓酝酿的情意绵绵里突然冒出一张厄洛斯的脸,他咆哮道:“哦,天杀的,还不快来跟我快活快活,我已经饥渴难耐了,我要你把爱都给我。”

你还扛得住,对吧?

类似的社交媒体状态里有着浓重的口是心非的意味。艾敏的霓虹灯文字里混杂了许多情感，既有绝望无助又有希望振奋，它是一种既美丽又丑陋的圣人之爱。相比之下，托宾则认为如果这些亮闪闪的自白能够把作者的隐私昭告天下，那些看不见摸不着的心事哪怕能化成无色而有形的气体，他都能感觉相对“安心一些”。托宾在评价艾敏的“帐篷”[①]时如是说：“如果有更多的人能像她一样坦诚地罗列出一夜情的对象，那么每天晚上我就能入睡地更安心一些。”第一次读到他的这句话是在2009年，当时我的第一个念头是，世界已经是一块巨大的露营地了，驻扎在上面的各式帐篷的缝制原料包括：明星文化、真人秀节目、社交媒体、自我忏悔以及互相曝光。想必，在这个贱卖隐私的时代，托宾肯定每晚都鼾声如雷。

细想艾敏自白和忏悔的方式，再反观如今的社交媒体，虽然它形式新颖，用户日常分享的内容也无所不包，却远远没有艾敏那顶朴实的帐篷那么坦诚。我发现网上的同事经常会为“过度分享”而道歉，但是在自白时又会假惺惺地摆出坦诚的姿态。我们的坦诚是一种愉悦的发泄，而不是痛苦的认罪。社交媒体是口是心非的，因为它不承认人会口是心非。绝大多数人在网上都循规蹈矩地践行着一套严格的行为和逻辑准则。我们深信互联网如同一部厚厚的个人历史和证据的备忘录，所以我们不得不始终在网上面带微笑。

如此说来，在心里留下一片沙漠可以算作对抗这个时代幽闭恐惧的良方。把数字时代个人生活中的欢乐、痛苦悉数尽收，统统埋进这片沙漠里。往荒漠里铺就道路只是文明开化初期的需求，如今我们应当问一问现在需要的是什么样的道路，是谷歌那样的街景吗？除了一览无余、配上详尽的批注和路

① 艾敏在1995年创作的艺术品，帐篷上缝有作品的题目“1963—1995年”，内部则绣有装饰和所有在此期间与艾敏有艳遇经历的对象的名字。——译者注

牌之外，互联网还可以是什么样子的？

在数字经济所谓的“信用”不得不仰仗冗长条款和价值数百万美元的保险作为保障的情况下，我们不要忘记口是心非并不是网络的原罪。文明可以教化我们，但是物极必反，过犹不及，只要你仍有一丝对荒野和坦诚的向往，它们终有一天会反过来指引你找到区别于被现代文明过度开化的道路。凭借这种不断自我更新的双面观，我们可能会陷入看不见他人的踽踽独行中，但是与此同时，你会发现水火不容的事物也能在太极两仪上和谐共存，对自己和他人的未知不再让我们压抑得喘不过气，在“此处”和“彼处”之间，横隔着一个人道而又神秘的自由世界。

结语

回望四维，享受片刻未知带来的欢愉

2008年，就在我写下那张葡萄牙明信片的几个月之后，电影界拍下了人类有史以来最长的冰川断裂镜头。两名拍摄者在格陵兰岛巨大的瑟梅哥－库雅雷戈冰川（Sermeq Kujalleq）前捕捉到了长达75分钟的裂冰事件，随后他们把这段镜头剪进了《逐冰之旅》（*Chasing Ice*）里，后者是2012年的一部关于全球气候变暖的纪录片电影。镜头中，断裂伊始冰壁表面的冰层纷纷碎裂成白色的粉末，洋洋洒洒地从悬崖上倾泻而下。随后，大块大块的冰川体断裂沉降，同时伴随着巨大的裂口形成，笨重的冰块从莽莽的冰尘中一跃而出。摄像机里吵闹的声音仿佛闪电、海潮和火炮的混合。操纵摄像机的其中一人试图向观众解释这场裂冰事件的规模，他让观众“想象一下整座曼哈顿在突然之间发出隆隆的轰鸣，所有的建筑开始晃动，顷刻间分崩离析、土崩瓦解。你眼前的，正相当于这座化为烟尘的城市”。

我们这个时代的痛点——生活空间的急剧萎缩，被尽数包含在“离析”

（calving）[①]这个可怕的词中。冰川离析意味着失去本身的一部分，进而变为体积更小的碎块。作为一种自然过程，它的反面则是时下愈演愈烈的冰川反射率正反馈循环[②]，顾名思义，这是一种与冰川消融不同、自我促进的相反过程。

与“离析”有关的习语同时涵盖了生与死，它可以用于指代繁殖后代，也可以表示人口消亡，就像是在影射注定需要迎接死亡的出生。1837 年，在即将大规模开拓荒野的工业革命前夕，这个从丹麦语中借鉴来的单词正式在英语语法和修辞中成型，现在看来，这无疑像是一种讽刺的暗示。相比丹麦语中的原型词，它的英语版本表意更直观，指代也更精确。它的基本含义可以概括为这样的场景：一个人耐心地用一把刀处理一只小鸟，最终没有在骨头上留下一丁点肉，这个过程就可以用“离析”来形容。

《逐冰之旅》的旁白让我想起了《继承者》，我们千方百计打开通往四维世界的大门，却发现自己对眼前的景象一无所知。自然环境崩溃常常反射性地勾起我们对文明世界的批判和反思，而数字技术进步也在蚕食我们的空间确定性，以及我们曾经对孤独的定义，两者之间竟有一种诗意般和谐的悲壮。无论人类在环境破坏中到底扮演了什么样的角色，都是我们集体造成的结果，每个人都有过错，每个人却都对它视而不见。

克里斯托弗·艾什伍德（Christopher Isherwood）曾说“沙漠是一个巨大的空相框，让我们难以抗拒地产生把个人的不幸裱入其中的冲动”。那些亲眼目睹冰川白色断痕的人也无法抗拒将人类面对其他的灾祸以及城市的崩解带入其中的冲动。同理，亮闪闪的互联网相框仿佛在诱惑我们，让我们也在它

---

① 本意为“分离”，英语中可引申为“产犊”“（冰川）断裂”等意思。——译者注

② 指极地冰川消融降低了地球的阳光反射率，增加了地表热量吸收，从而进一步加速冰川消融的反馈机制。——译者注

华美的边框上镌刻下赞美末世的一言半语。《继承者》是一本借古讽今的寓言小说，这样的书总是因为容易被打上危言耸听的标签而被束之高阁。事实上，每一本书都多少有映射现实的成分，现实往往让读者感到索然无味。我总是试图对抗这种慵懒抵触的情绪，当这种情绪降临时，我的脑子里就像在循环播放 20 世纪 80 年代中期的公益广告。你可能对这些广播也有印象。

最著名的禁烟公益广告可能要数《第一个天生烟民》（*The First Natural-Born Smoker*）。广告里面有一个高高瘦瘦、面容苍白的男人生活在实验室里，他看上去似乎随时会烧起来。他坐在烟雾缭绕的空间里，泰然自若地吸着空气中的烟雾，这时一名大夫用深沉的男声向我们逐次介绍了他的适应性生理改变。人类史上第一个为适应吸烟而突变的个体，他的鼻孔为高效吸气而扩大；食指为方便弹烟灰变得颀长；耳道小到几乎看不见（因为他不想听别人唠叨）；为了阻挡香烟熏眼，他还长出了额外的眼皮。

在写这一段的时候，我觉得这些公益广告有些过于危言耸听了。我想象同样的套路如果用在一本讲述互联网革命的书上会怎么样。这本书叫《四维人类》，它会这么说："四维人类"是一种出生时手掌呈碗杯形的人类；他们的食指和"吸烟人"一样颀长，但是很快手指的指纹就会因为无休无止地浏览网页而被磨平；四维人类的脑子里不储存任何记忆；他们没有声带（因为他们根本不想说话）。

那么我们要怎样有效地辨别典型的四维人类呢？现今手掌托举的移动端网络设备的确会让我们养成标志性的阴郁仪态：形单影只、眉眼低垂，一副优柔寡断、慢慢吞吞的苦行僧派头。不过这并不意味着我们就是在互联网上虚度时光。如果要有什么与三维世界的区别是肉眼可见的，那可能就是眼睛，那种小孩子一面全神贯注，一面又不得不注意人行道两边路况的眼神。聚精会神在手头的设备上，余光里的障碍物总会容易给人迎头撞上的错觉。这就如同用眼睛对视闪光灯，不清楚它何时会触发，只能随时保持高度紧张的戒备状态。你可以在四维人类的眼睛里看到很多东西，比如他们感到有一阵震动沿着大腿往上传来，激烈的程度仿佛大地在他们脚下震颤，事实上他们脚下的大地也在逐渐缩水，已经没剩下多少了。

有时候我会在我的同龄人的眼睛里看出一些门道来，在这个广阔而多样的世界里，我们这一代人有幸能在人类的历史上有那么一丝交集。我觉得我在他们很多人的眼神里看到了乡愁，虽然这也没什么值得大惊小怪的。每代人都有每代人的烦恼，对于我们这代人来说，互联网革命的到来正值本应当收起幼稚的年纪。但我们又光明正大地把童年的一切重拾起来，理直气壮，义无反顾。从那以后，互联网开始把消解童年独特性的把戏在每一代人身上如法炮制。至少看起来是这样的。

我有一段小时候的记忆一直萦绕不去。我非常喜欢热热闹闹的肥皂盒赛车大赛[①]，只有终点线让我高兴不起来，但是天下没有不散的宴席。傍晚 6 点一到，小孩子们就该退场了。大人们开始聚拢，站在家里客厅的一角，我能够听到大街上传来晚间比赛的欢呼和助威声。我一口气跑上四楼，地毯上的纤维勾到了我的指甲。我很清楚心里那份米黄色的忧伤是因为什么，我知道在这片居民区高高低低的房子里，此刻正到处都是忍受相同失落的孩子，不过我当时并不在意他们的感受。

也许就是那天，也有可能是另一个比赛的日子，愉快和兴奋的感觉在我

① 以重力驱动无动力车的民间比赛。——译者注

驾车着陆的时候戛然而止，我记得当时在想："如果一个人丢了性命，之后会发生什么呢？"随后，在一片漆黑中我睁开眼，看到自己头发灰白的父亲正冲着视野的主人微笑。我想象过另一个世界与自己有楼梯扶手、有地毯、有门廊的三维世界有什么不同，可是实在不知道答案为几何。

从这段记忆里回过神来：当时我可能正在一列沿海岸线加速的火车上，发现自己回到了被手机包围的世界里，有人在聊天，或柔声轻语，或大声激动；也有人在看视频，从喜剧到戏剧再到卡通，只不过这一切都在无声地进行。早年平淡无聊的童年岁月似乎已经永远离我而去了。我再也不会孤零零地站在空无一人的后街上，再也不用好奇朋友们最近在干什么，那时的人们再也不会回到那个地方，听那首位选手撞过终点线后响起的万年不变的铃声，我再也不会在那段斜坡路上跑来跑去。

我本可以在21世纪的头几年就发现这些，那时候大家用的还都是移动电话，而不是智能手机。我知道这是因为我量入为出的财务观念让自己慢了一拍，毕竟我还要负担其他的日用电器：手表、闹钟、相机和计算器。那时候的我怎么会想到，有朝一日手机可以代替我们家里的电视、电脑、地图、镜子以及所有其他东西。但是，在互联网开始大行其道的那段岁月里，我的确感觉到了某种东西在蠢蠢欲动。

世界在新千禧年发生的这番变化于我而言是一段颇有启发性的记忆。我想象自己躺在一片黑暗里，睡眠将近，脑海里未尽的思考正在逐渐干涸。但是我突然发现房间里的某些东西变了，我睁开眼，房间的墙上随即出现了一块蓝绿色的荧光，房间的地板上升起了蓝色的烟雾，我从来没有见过这样的景象。我的钟——无论它现在在哪里，早就敲过了12点，房间的门是锁上的，屋子的大门同样闩上了，但是房间里依旧来了一个白天见过面的人。一个朋友醉醺醺地缠着我，让我跟他聊天。他可能对我印象不坏，也有可能只是无聊了，想在舞池边上找点分散注意力的事情，以免让别人看出他无所事事或者对周遭的人漠不关心。毕竟，那些年去舞厅跳舞可是时髦的潮流。或许是迈克尔·富里（Michael Furey）准备上场打碟，也可能只是电池充满的提示音，我们约定他早上来找我。

我能在床上慵懒地被手机的荧光照那么久，仅仅是因为夜太深，而被窝外面又太冷，终于我还是关掉了手机，房间又回到了黑暗里。手机屏幕的颜色让我想起了一本书里的东西，其实确切地说，应该是我关掉手机之后才想到的。我发现自己在想艾丽丝·默多克（Iris Murdoch）的《独角兽》（*The Unicorn*），里面有一幕，是一个人在沼泽地里迷了路。

> 他的周围泛起一道弧形的绿光，几乎围合成一个圈……它紧紧贴着他的脚步，他的双脚踏到哪里，哪里就泛起这种淡绿色的光。他的脚面，他的脚印，统统被埋在这种诡异的光亮里。他厌恶，他害怕，当他回身看到自己走过的轨迹，荧荧的绿光仿佛在嘲笑他的徒劳。他知道自己一直在原地打转。现在只有老天知道出路在何方。也许对他来说，最明智的选择就是待在原地不动。

我十分享受那天深夜里安静地躺在床上，享受那片刻由未知带来的欢愉，多年之后仍旧念念不忘。当然，过不了多久，我就不得不起床，以最快的速度踩过门前的地毯去应门。开门的那一瞬间，刺眼的阳光照得我闭上了一只眼睛。

译者后记

《四维人类》最后一段的翻译完成于火车上，为了能在下车之后不用随身带着笨重的书籍，火车到站的广播就成了那天完成任务的“死线”。

当时乘坐的高铁上没有 Wi-Fi,手机信号也疲于追赶时速 300 公里的列车，虽然全程满格，却总是非常迟钝。好在最后的文字部分需要上网查证的事实并不多，这才让既定的任务得以在下车前完成。

邻座是一个学生模样的人，从火车启动就一直目不转睛地盯着手机，专注地玩着一款火爆已久的手游。隔着过道的另一边，有两个带着孩子的年轻妈妈，其中一个在闲聊间把 iPad 交给了还没有座椅高的孩子，后者轻车熟路地打开一个我没有见过的 APP，一气呵成，犹如从前父母把奶嘴交给婴儿后，他们一口叼在嘴里那样顺畅。另外，火车上当然也少不了此起彼伏的电视剧和综艺节目外放的声音。

我意识到这节车厢里其实没有多少人。除了坐在列车的椅子上之外，大部分乘客并没有置身于那个三维空间里，他们籍由手里的智能设备和车厢外的信号电波，漫游在这本书中所说的“四维空间”里。多亏了数字技术，地面交通如今需要运载的只是跟不上数字信号的、我们孱弱的身体而已。有多少乘客在到达之前就已经和目的地有过联系，或是接站的朋友，或是当地的旅馆酒店，再不济，在火车进站之前，想必他们也早早通过网络查清了当地的交通状况。如果不是这具拖后腿的肉体，那真是难以想象我们将成为多么高效的生物。

眼前的景象可以说让我着迷。还记得着手翻译《四维人类》之初，除了作者深厚晦涩的文字之外，于我的印象而言，书中对互联网时代人们生活状态的探讨不过是带有哲学思辨的高谈阔论。而数月之后，在翻译工作接近尾声之际，手指在键盘上敲击出的文字，却在身边、在眼前，隐隐有化为现实的趋势。有关互联网的争论至今没有停歇的迹象，关于互联网到底是何物、应为何用，都尚无定论。唯一明确的，大概只有它在将来对所有文明社会确凿无疑的重塑。

在登上那列火车之前的一个多月里，为了保证翻译进度的推进，我躲进了作者所说的“四维世界的荒漠”里。距离我最近的同学和朋友也在几百公里之外，每天的生活简单到可以用“醒、做、睡”来概括。一面是颇有强度的阅读和翻译工作，一面又是极度压缩的三维世界生活，很难想象如果没有互联网——没有即时聊天软件，没有外卖平台，没有社交媒体，没有搜索引擎，像我这样独自一人的工作和生活要如何才能相对轻松地进行。而现在，那台肩负与外界联系的手机正安安静静地以时速300公里卧在电脑的旁边。

我很庆幸在这最后的一段路上，没有电话和信息中途打搅翻译的收尾工作，更没有人打搅这同样作为休假开始的出行。敲下最后一个字，摘下放着不知道第几遍循环的曲子的耳机，在火车进站前的大约 20 分钟，沉默了一路的手机终于收到了一条信息，是接下去几天提供住宿的房东同学发来的：“上了地铁跟我说。”

也许四维时代的人类一直都搞错了方向，不是从三维向四维的逃避，而是从四维世界再次回到三维世界里的人，才能感觉格外欣慰和安全。

最后，由衷感谢湛庐文化的郝莹老师，感谢她的信任、帮助和宽容。

中文版不免有纰漏，望指正，望海涵。

未来，属于终身学习者

我这辈子遇到的聪明人（来自各行各业的聪明人）没有不每天阅读的——没有，一个都没有。巴菲特读书之多，我读书之多，可能会让你感到吃惊。孩子们都笑话我。他们觉得我是一本长了两条腿的书。

——查理·芒格

互联网改变了信息连接的方式；指数型技术在迅速颠覆着现有的商业世界；人工智能已经开始抢占人类的工作岗位……

未来，到底需要什么样的人才？

改变命运唯一的策略是你要变成终身学习者。未来世界将不再需要单一的技能型人才，而是需要具备完善的知识结构、极强逻辑思考力和高感知力的复合型人才。优秀的人往往通过阅读建立足够强大的抽象思维能力，获得异于众人的思考和整合能力。未来，将属于终身学习者！而阅读必定和终身学习形影不离。

很多人读书，追求的是干货，寻求的是立刻行之有效的解决方案。其实这是一种留在舒适区的阅读方法。在这个充满不确定性的年代，答案不会简单地出现在书里，因为生活根本就没有标准确切的答案，你也不能期望过去的经验能解决未来的问题。

湛庐阅读APP：与最聪明的人共同进化

有人常常把成本支出的焦点放在书价上，把读完一本书当做阅读的终结。其实不然。

时间是读者付出的最大阅读成本

怎么读是读者面临的最大阅读障碍

“读书破万卷”不仅仅在“万”，更重要的是在“破”！

现在，我们构建了全新的“湛庐阅读”APP。它将成为你“破万卷”的新居所。在这里：

- 不用考虑读什么，你可以便捷找到纸书、有声书和各种声音产品；
- 你可以学会怎么读，你将发现集泛读、通读、精读于一体的阅读解决方案；
- 你会与作者、译者、专家、推荐人和阅读教练相遇，他们是优质思想的发源地；
- 你会与优秀的读者和终身学习者为伍，他们对阅读和学习有着持久的热情和源源不绝的内驱力。

从单一到复合，从知道到精通，从理解到创造，湛庐希望建立一个“与最聪明的人共同进化”的社区，成为人类先进思想交汇的聚集地，共同迎接未来。

与此同时，我们希望能够重新定义你的学习场景，让你随时随地收获有内容、有价值的思想，通过阅读实现终身学习。这是我们的使命和价值。

湛庐阅读APP玩转指南

湛庐阅读APP结构图：

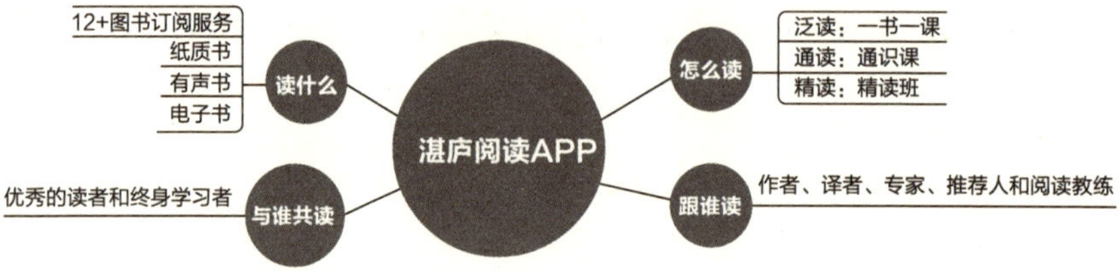

三步玩转湛庐阅读APP：

读一读 ▼

湛庐纸书一站买，
全年好书打包订

听一听 ▼

泛读、通读、精读，
选取适合你的阅读方式

扫一扫 ▼

买书、听书、讲书、
拆书服务，一键获取

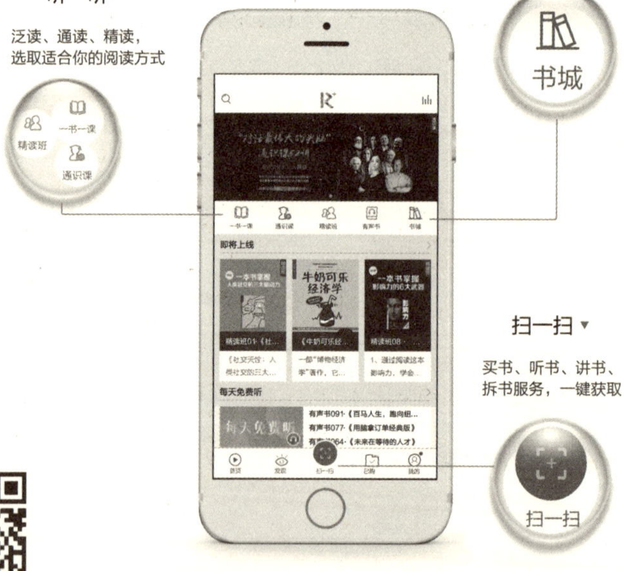

使用APP扫一扫功能，
遇见书里书外更大的世界！

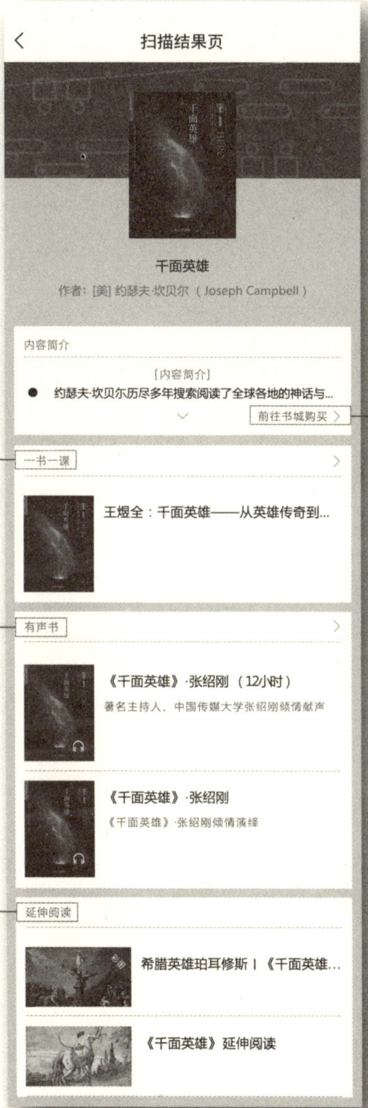

快速了解本书内容，
湛庐千册图书一键购买！

大咖优质课、
献声朗读全本一键了解，
为你读书、讲书、拆书！

你想知道的彩蛋
和本书更多知识、资讯，
尽在延伸阅读！

湛庐CHEERS

延伸阅读

《超级连接者》

◎ 我们需要具备哪些能力，才能对这个错综复杂、扑朔迷离的世界有全面清晰的认识？我们需要借助哪些工具，才能更好地生活在这个互联互通的世界？麻省理工学院媒体实验室资深教授伊桑·祖克曼扛鼎之作，破解新互联时代的成功密码，教你成为超级连接者。

◎ 互联网趋势专家、热销书《认知盈余》《人人时代》作者克莱·舍基鼎力推荐；作者尤查·本科勒盛赞！

使用“湛庐阅读”APP，“扫一扫”获取本书更多精彩内容
ISBN 978-7-213-08862-9

《群体性孤独》

◎ 技术领域的“弗洛伊德”、网络文化领域的“玛格丽特·米德”重磅作品！雪莉·特克尔是麻省理工学院社会学教授，科技与自我创新中心主任，哈佛大学社会学和人格心理学博士。后于麻省理工学院开始研究计算机文化，并成为人与技术关系领域首屈一指的社会心理学家。《连线》杂志创始主编凯文·凯利称她为技术领域的“弗洛伊德”。《商业周刊》盛赞她为网络文化领域的“玛格丽特·米德”！她还是是广受欢迎的TED演讲嘉宾。

◎ 财讯传媒集团首席战略官段永朝、北京大学新闻与传播学院副教授胡泳、海银资本合伙创始人王煜全、电子科技大学教授周涛、《连线》创始主编凯文·凯利、多元智能理论创始人霍华德·加德纳强势推荐！

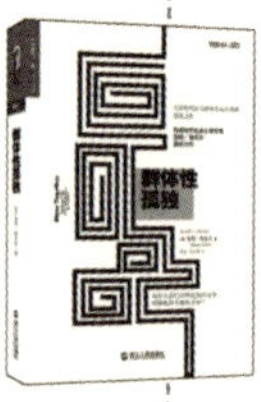

使用“湛庐阅读”APP，“扫一扫”获取本书更多精彩内容
ISBN 978-7-213-05984-1

《村落效应》

◎ 面对面接触的6大原则，帮助你重获村落生活的归属感，让社交接触增强你的免疫力、复原力和影响力！

◎ 腾讯研究院院长司晓专文作序推荐！清华大学心理学系主任彭凯平、北京大学新闻与传播学院教授胡泳、优客工场和优享创智共享际创始人&董事长毛大庆、认知神经科学之父迈克尔·加扎尼加、著名未来学家&趋势专家丹尼尔·平克鼎力推荐！

使用“湛庐阅读”APP，“扫一扫”获取本书更多精彩内容
ISBN 978-7-213-07890-3

《大连接》

◎ 每一个快乐的朋友，让你也快乐的概率大约增加9%。每一个不快乐的朋友，让你也快乐的概率减少7%。不仅仅是朋友，甚至朋友的朋友的朋友也会对你的快乐产生影响力。我们所做或所说的任何事情，都会在网络上泛起涟漪。本书作者提出：“三度影响力，社会网络的强连接原则。”这一观点开启了社会化网络研究的新篇章，成为继六度分隔理论后，社会网络研究领域最具影响力的发现。

◎ 北京大学计算机系教授李晓明，教育部长江学者特聘教授、上海交通大学致远学院常务副院长汪小帆，中国传媒大学教授沈浩，清华大学计算机科学与技术系副教授唐杰，中国互联网发展的重要参与者、知名IT评论人谢文，北京云基地首席顾问、云华时代智能科技有限公司创始人郭昕，中国社科院信息化研究中心秘书长、《互联网周刊》主编姜奇平，海银资本合伙人、互联网研究专家王煜全倾情推荐。

使用“湛庐阅读”APP，“扫一扫”获取本书更多精彩内容
ISBN 978-7-5596-0587-0